U0913575

2024

合肥统计年鉴

（总第 38 期　NO.38）

合　肥　市　统　计　局
国家统计局合肥调查队

中国统计出版社
China Statistics Press

© 中国统计出版社有限公司 2024
版权所有。未经许可，本书的任何部分不得以任何方式在世界任何地区以任何文字翻印、拷贝、仿制或转载。

© 2024 China Statistics Press Co.,Ltd.
All rights reserved. No part of the publication may be reproduced or transmitted in any form or by any means, electronic or mechanical, including photocopying, recording, or any information storage and retrieval system, without written permission from the publisher.

图书在版编目（CIP）数据

合肥统计年鉴. 2024 = HEFEI STATISTICAL YEARBOOK 2024 / 合肥市统计局, 国家统计局合肥调查队编. -- 北京 : 中国统计出版社, 2024. 12. -- ISBN 978-7-5230-0682-5

Ⅰ. C832.541-54

中国国家版本馆 CIP 数据核字第 20242CH351 号

合肥统计年鉴 2024

作　　者/ 合肥市统计局　国家统计局合肥调查队
责任编辑/ 许立舫
出版发行/ 中国统计出版社有限公司
地　　址/ 北京市丰台区西三环南路甲 6 号
邮政编码/ 100073
电　　话/ 邮购（010）63376909　书店（010）68783171
网　　址/ http://www.zgtjcbs.com
印　　刷/ 安徽大翼印刷有限公司
经　　销/ 新华书店
开　　本/ 890mm×1240mm　1/16
字　　数/ 630 千字
印　　张/ 23.5
版　　别/ 2025 年 1 月第 1 版
版　　次/ 2025 年 1 月第 1 次印刷
定　　价/ 360.00 元

版权所有，侵权必究。
如有印装差错，由本社发行部调换。

《合肥统计年鉴2024》编辑委员会

●主　编

徐朝霞　张正东

●副主编

刘晓明　汪为民　张世界　余永健　金　佩　李文龙　胡茂安　田世成　杨　彬　程国胜　姚　闯
朱自超　韩　林　张宣宁　周立新

●编　委(以姓氏笔画为序)

王朝勇　王娜娜　朱　丹　刘　璐　刘永吉　汤旭东　汤志勇　陈　洪　张　颖　沈弋淙　周　娟
施益民　晏　飞　徐　亮　徐小雪　夏亭亭　潘易婷

●编　辑

贲培帅　鹿晴雯　谷瑾琼　李　洁

编 辑 说 明

一、《合肥统计年鉴2024》是一部全面反映合肥市国民经济和社会发展情况的资料性年刊，系统收录了全市及各县（市）、区、开发区经济和社会各方面的2023年统计数据，以及主要历史年份全市主要统计数据，重点反映近年来合肥市经济社会发展的新成就。

二、本年鉴正文内容分为20个篇章，即：综合；国民经济核算；人口；就业人员和职工工资；固定资产投资；能源生产和消费；财政、金融、保险；物价和人民生活；自然资源、环境保护和城市建设；农业；工业；建筑业；服务业；运输和邮电；国内贸易；对外经济贸易和旅游业；教育、科技；文化、体育、卫生；社会服务、公共管理和其他；城市比较。为了进一步帮助读者理解和使用有关数据，各篇章附有主要统计指标解释，介绍了统计范围和统计方法。

三、2011年安徽省调整部分行政区划涉及合肥市。如未特别说明，本年鉴中2010年及以前合肥市数据均为原行政区划口径。2011年以后增长按区划调整后同口径计算。

四、本年鉴中使用的度量衡单位均采用国际统一标准计量单位。

五、本年鉴中部分数据合计数或相对数由于单位取舍不同产生的计算误差，均未作机械调整。

六、符号使用说明：本年鉴各表中的“空格”表示该数据不足本表最小计量单位数或无该项数据；“#”表示其中的主要项。

七、在编辑本年鉴过程中，得到许多部门和单位的支持，在此一并致谢。欢迎读者提出宝贵意见和建议。

目　　录

一、综　　合

二、国民经济核算

三、人　　口

四、就业人员和职工工资

五、固定资产投资

六、能源生产和消费

七、财政、金融、保险

八、物价和人民生活

九、自然资源、环境保护和城市建设

十、农　业

十一、工　业

十二、建 筑 业

十三、服务业

十四、运输和邮电

十五、国内贸易

十六、对外经济贸易和旅游业

十七、教育、科技

十八、文化、体育、卫生

十九、社会服务、公共管理和其他

二十、城市比较

第 一 篇

综 合

简要说明

一、本篇包括我市行政区划、法人单位数、国民经济综合资料等内容。

二、行政区划内容来源于市民政局有关年报资料，各行业法人单位数由市统计局普查中心根据基本单位名录库汇总整理，国民经济总量、速度、结构、比例和效益指标均取自本年鉴各篇。由于行政区划调整、统计制度修订等原因，国民经济综合资料中部分指标统计口径变化，如变化前年份数据未作同口径调整，则增长速度无法计算。

三、按人口平均的国民经济主要指标，未作说明的一律以户籍人口计算。

四、职工人数、职工工资总额、职工平均工资等指标，2013 年（不含）前统计口径为在岗职工。

1—1　行政区划（2023年末）

单位：个

地　　区	镇	乡	街道办事处	社区居民委员会	村民委员会
全　　市	**70**	**11**	**55**	**628**	**1146**
瑶 海 区	1		14	109	
庐 阳 区	1	1	9	70	14
蜀 山 区	3		14	148	50
包 河 区	2		9	105	31
长 丰 县	12	2		40	242
肥 东 县	12	6		30	222
肥 西 县	10	2		53	231
庐 江 县	17		3	33	210
巢 湖 市	12		6	40	146

1—2 镇、乡、街道办事处名录（2023年末）

县 区	乡、镇、街道名称
瑶 海 区	三里街街道、嘉山路街道、和平路街道、明光路街道、红光街道、长淮街道、城东街道、方庙街道、七里站街道、胜利路街道、铜陵路街道、大兴镇
庐 阳 区	海棠街道、林店街道、亳州路街道、逍遥津街道、三孝口街道、杏林街道、杏花村街道、双岗街道、四里河街道、大杨镇、三十岗乡
蜀 山 区	稻香村街道、三里庵街道、南七街道、五里墩街道、西园街道、琥珀街道、荷叶地街道、笔架山街道、井岗镇、南岗镇、小庙镇
包 河 区	义城街道、烟墩街道、望湖街道、芜湖路街道、包公街道、常青街道、骆岗街道、万年埠街道、同安街道、淝河镇、大圩镇
长 丰 县	陶楼镇、水湖镇、双墩镇、岗集镇、下塘镇、杨庙镇、吴山镇、朱巷镇、庄墓镇、杜集镇、左店镇、义井镇、造甲乡、罗塘乡
肥 东 县	店埠镇、梁园镇、撮镇镇、桥头集镇、古城镇、石塘镇、八斗镇、白龙镇、陈集镇、元疃镇、长临河镇、包公镇、众兴乡、张集乡、马湖乡、响导乡、杨店乡、牌坊回族满族乡
肥 西 县	丰乐镇、上派镇、桃花镇、花岗镇、山南镇、官亭镇、三河镇、紫蓬镇、严店镇、铭传乡、柿树岗乡、高店镇
庐 江 县	东顾山街道、岗湾街道、移湖街道、庐城镇、冶父山镇、汤池镇、万山镇、金牛镇、石头镇、郭河镇、白山镇、同大镇、盛桥镇、龙桥镇、白湖镇、矾山镇、泥河镇、罗河镇、乐桥镇、柯坦镇
巢 湖 市	卧牛山街道、天河街道、凤凰山街道、亚父街道、中庙街道、栏杆集镇、苏湾镇、柘皋镇、夏阁镇、中垾镇、烔炀镇、黄麓镇、槐林镇、坝镇镇、散兵镇、银屏镇、庙岗镇
经济技术开发区	海恒社区、莲花社区、芙蓉社区、锦绣社区、临湖社区、高刘街道
新站高新技术产业开发区	磨店街道、三十头街道、七里塘街道
安徽巢湖经济开发区	半汤街道

1—3　主要年份各行业法人单位数

单位：个

行　业　类　别	2020年	2021年	2022年
合　　计	**342058**	**394384**	**442314**
农、林、牧、渔业	**10930**	**11176**	**11687**
农　业	5067	5117	5359
林　业	1464	1529	1609
畜牧业	1388	1382	1385
渔　业	1765	1777	1824
农、林、牧、渔专业及辅助性活动	1246	1371	1510
采矿业	**77**	**73**	**85**
煤炭开采和洗选业			
石油和天然气开采业			
黑色金属矿采选业	9	11	16
有色金属矿采选业	20	19	19
非金属矿采选业	37	32	38
开采专业及辅助性活动	5	6	6
其他采矿业	6	5	6
制造业	**22484**	**25149**	**27270**
农副食品加工业	849	863	880
食品制造业	763	832	890
酒、饮料和精制茶制造业	223	231	249
烟草制品业	1	2	2
纺织业	526	547	580
纺织服装、服饰业	979	1022	1109
皮革、毛皮、羽毛及其制品和制鞋业	238	239	242
木材加工和木、竹、藤、棕、草制品业	397	1369	1391
家具制造业	956	1048	1138
造纸及纸制品业	487	521	555
印刷和记录媒介复制业	799	835	869
文教、工美、体育和娱乐用品制造业	414	426	452
石油、煤炭及其他燃料加工业	43	47	50
化学原料和化学制品制造业	657	674	718
医药制造业	206	219	244
化学纤维制造业	34	40	42
橡胶和塑料制品业	1242	1337	1438
非金属矿物制品业	2034	2096	2244
黑色金属冶炼和压延加工业	111	119	120
有色金属冶炼和压延加工业	101	119	128
金属制品业	2325	2562	2766
通用设备制造业	2164	2386	2677
专用设备制造业	1976	2227	2459

注：2023年经济普查数据尚未发布，法人单位数量等有关数据暂不更新。

1—3 续表1

单位：个

行业类别	2020年	2021年	2022年
汽车制造业	792	849	961
铁路、船舶、航空航天和其他运输设备制造业	94	99	100
电气机械和器材制造业	1592	1727	1932
计算机、通信和其他电子设备制造业	1042	1147	1299
仪器仪表制造业	529	617	718
其他制造业	193	197	210
废弃资源综合利用业	154	173	192
金属制品、机械和设备修理业	563	579	615
电力、热力、燃气及水生产和供应业	**546**	**573**	**665**
电力、热力的生产和供应业	335	362	429
燃气生产和供应业	34	37	44
水的生产和供应业	177	174	192
建筑业	**36869**	**44647**	**52147**
房屋建筑业	6443	8084	9961
土木工程建筑业	7953	9650	11024
建筑安装业	4850	5415	5919
建筑装饰、装修和其他建筑业	17623	21498	25243
批发和零售业	**99573**	**112761**	**126551**
批发业	47799	54816	63054
零售业	51774	57945	63497
交通运输、仓储和邮政业	**7898**	**9207**	**10284**
铁路运输业	20	37	44
道路运输业	5698	6598	7252
水上运输业	97	105	117
航空运输业	25	28	35
管道运输业			
多式联运和运输代理业	1041	1334	1636
装卸搬运和运输代理业	783	848	917
邮政业	234	257	283
住宿和餐饮业	**7524**	**8728**	**9600**
住宿业	1460	1601	1697
餐饮业	6064	7127	7903
信息传输、软件和信息技术服务业	**26353**	**31674**	**36070**
电信、广播电视和卫星传输服务	384	405	431
互联网和相关服务	3145	3555	3950
软件和信息技术服务业	22824	27714	31689
金融业	**1276**	**1343**	**1418**
货币金融服务	350	369	372
资本市场服务	359	409	468
保险业	229	235	246
其他金融业	338	330	332

1—3 续表2

单位：个

行　业　类　别	2020年	2021年	2022年
房地产业	**10978**	**12694**	**13357**
房地产业	10978	12694	13357
租赁和商务服务业	**56721**	**66022**	**73836**
租赁业	5839	7061	8026
商务服务业	50882	58961	65810
科学研究和技术服务业	**27897**	**34092**	**41012**
研究和试验发展	4509	4824	5171
专业技术服务业	13115	14941	17595
科技推广和应用服务业	10273	14327	18246
水利、环境和公共设施管理业	**2360**	**3122**	**3769**
水利管理业	156	165	179
生态保护和环境治理业	275	351	424
公共设施管理业	1665	1948	2182
土地管理业	264	658	984
居民服务、修理和其他服务业	**8505**	**9173**	**9618**
居民服务业	3477	3417	3641
机动车、电子产品和日用产品修理业	3792	4132	4261
其他服务业	1236	1624	1716
教　育	**6445**	**6797**	**6696**
教　育	6445	6797	6696
卫生和社会工作	**2103**	**2260**	**2333**
卫　生	1608	1729	1806
社会工作	495	531	527
文化、体育和娱乐业	**7029**	**8095**	**9186**
新闻和出版业	186	203	210
广播、电视、电影和影视录音制作业	1260	1553	1829
文化艺术业	1951	2330	2715
体　育	738	948	1162
娱乐业	2894	3061	3270
公共管理、社会保障和社会组织	**6490**	**6798**	**6730**
中国共产党机关	106	105	106
国家机构	1320	1277	1310
人民政协、民主党派	25	25	26
社会保障	29	31	37
群众团体、社会团体和其他成员组织	3139	3441	3333
基层群众自治组织及其他组织	1871	1919	1918

1—4 主要年份国民经济和社会发展总量与速度指标

指　　标		总　量　指　标				
		2010年	2015年	2020年	2022年	2023年
人口与就业						
人　口（户籍）	**（万人）**					
年末总人口		494.95	717.72	781.53	800.16	806.60
#城镇人口*		215.84	306.81	430.95	470.67	482.45
乡村人口*		279.11	410.91	350.58	329.49	324.15
#男性人口		258.00	371.21	400.40	408.86	411.62
女性人口		236.95	346.51	381.12	391.30	394.97
年平均人口		493.19	715.26	775.99	796.41	803.38
出生人口		5.47	9.60	9.99	6.59	6.49
死亡人口		2.14	3.81	3.95	2.82	3.14
人口密度	(人/平方公里)	701.5	627.1	682.9	699.1	704.8
年末总户数	(万户)	157.06	241.42	259.55	269.74	274.09
就　　业	**（万人）**					
全社会就业人员		344.50	457.04	490.07	497.11	501.89
城镇非私营单位就业人员数		65.30	143.87	172.99	168.61	171.47
城镇登记失业人员数		5.09	25.60	36.55		
城镇登记失业率	(%)	3.43	2.80	3.06		
宏观经济						
生产总值*	**（亿元）**					
生产总值		2976.08	5830.95	10005.56	12002.08	12673.78
第一产业		172.54	256.53	335.21	382.01	377.20
第二产业		1382.65	2480.46	3535.79	4344.15	4642.21
#工　　业		898.64	1544.78	2051.76	2590.71	2813.31
第三产业		1420.89	3093.96	6134.56	7275.91	7654.38
固定资产投资	**（亿元）**					
固定资产投资额		3066.97	6153.35			
500万元以上项目		2131.13	4869.41			
房地产开发*		819.03	1259.14	1546.99	1457.09	1544.63
固定资产投资按产业分						
第一产业		27.95	162.71			
第二产业		1038.14	2097.99			
第三产业		2000.88	3892.66			
财　　政	**（亿元）**					
一般公共预算收入		259.43	571.54	762.90	909.25	929.63
#增值税		25.56	62.25	254.00	299.77	327.99
企业所得税		22.13	48.66	69.00	78.99	74.57
个人所得税			14.05	19.04	27.66	30.39

注：1．2014年及以前为非农业人口和农业人口分组。
2．2018年及以前生产总值根据第四次全国经济普查结果进行了修订，2023年生产总值为初步核算数（下表同）。
3．“固定资产投资额”中“房地产开发”部分自2023年起总量计入投资库“三大工程”项目，2023年房地产开发投资增速按可比口径计算，2021—2023年平均增长速度使用快报可比增速测算。

速度指标　（%）				
指　数　（2023年比以下各年）				平均增长速度
2010年	2015年	2020年	2022年	2021—2023年
163.0	112.4	103.2	100.8	1.1
223.5	157.2	112.0	102.5	3.8
116.1	78.9	92.5	98.4	-2.6
159.5	110.9	102.8	100.7	0.9
166.7	114.0	103.6	100.9	1.2
162.9	112.3	103.5	100.9	1.2
118.7	67.6	65.0	98.5	-13.4
146.5	82.3	79.4	111.1	-7.4
100.5	112.4	103.2	100.8	1.1
174.5	113.5	105.6	101.6	1.8
	109.8	102.4	101.0	0.8
	119.2	99.1	101.7	-0.3
302.0	173.0	119.3	105.8	6.1
153.3	124.9	113.1	103.5	4.2
312.6	177.9	124.3	107.1	7.5
336.9	192.4	132.8	109.3	9.9
313.1	174.5	116.8	105.1	5.3
			103.0	5.2
			102.2	8.4
188.6	122.7	99.8	106.0	-0.5
			104.6	25.2
			116.7	17.1
			97.5	0.8
358.3	162.7	121.9	102.2	6.8
1283.3	526.9	129.1	109.4	8.9
	153.3	108.1	94.4	2.6
	216.2	159.6	109.9	16.9

1—4 续表1

指标	总量指标				
	2010年	2015年	2020年	2022年	2023年
一般公共预算支出	317.72	772.69	1164.35	1380.18	1411.34
#一般公共服务	30.80	51.94	75.75	81.23	77.30
教　育	37.01	119.29	197.54	236.32	252.17
科学技术	17.96	37.27	163.33	245.67	246.03
社会保障和就业	20.06	65.41	107.24	138.15	160.48
物价总指数* (上年=100)					
居民消费价格指数	102.7	101.6	102.3	102.4	100.0
工业生产者出厂价格指数	102.4	98.7	98.9		
工业生产者购进价格指数	106.7	94.4	98.7		
利用外资* (万美元)					
外商直接投资	109584	250678	359500	120517	103200
能源消费 (万吨标准煤)					
能源消费总量	1575.50	2103.20	2464.29	2771.84	2907.82
产　业					
农　业*					
乡村从业人员数 (万人)	167.52	258.76	231.92		
总播种面积 (千公顷)	497.01	683.29	689.09	701.99	713.95
#粮食播种面积	282.63	526.54	523.36	525.33	527.01
农林牧渔业总产值 (亿元)	227.64	468.24	524.26	584.09	576.28
主要农产品产量					
粮　食 (万吨)	193.52	306.51	288.95	294.23	298.74
棉　花 (万吨)	1.85	2.93	0.51	0.19	0.12
油　料 (万吨)	25.85	31.10	15.71	18.19	19.78
茶　叶 (吨)	41.00	2201.00	2257.00	2647.00	2628.00
肉　类 (万吨)	38.02	49.12	32.79	35.52	36.75
水产品 (万吨)	12.29	24.02	22.56	23.86	24.72
牛　奶 (万吨)	9.20	11.54	6.66	9.69	10.28
农业机械总动力 (万千瓦)	188.38	433.80	503.78	513.71	517.50
耕地灌溉面积 (千公顷)	244.95	458.40	459.91	421.21	424.36
化肥施用量（折纯） (万吨)	19.70	29.69	22.82	20.38	20.29
农村用电量 (亿千瓦时)	5.45	15.93	19.57		
规模以上工业					
主要工业产品产量					
家用电冰箱 (万台)	1701.00	2550.08	1846.82	2079.39	2383.94
房间空气调节器 (万台)	861.00	1177.05	929.82	787.81	873.52
家用洗衣机 (万台)	1252.00	1584.58	2095.45	2249.42	2688.62
彩色电视机 (万台)	305.00	696.82	1110.47	634.00	516.52
发电量 (亿千瓦时)	81.85	174.66	237.22	259.32	273.97
水　泥 (万吨)	401.00	2194.05	1551.46	1446.10	1491.73

注：1. 2021年起工业生产者出厂价格指数、购进价格指数为全省统一。
2. 2021年起外商直接投资调整为商务部口径（FDI），与往年不可比。
3. 农业相关速度指标根据第三次全国农业普查结果进行了修订。

速度指标　（%）				
指　数　（2023年比以下各年）				平均增长速度
2010年	2015年	2020年	2022年	2021—2023年
444.2	182.7	121.2	102.3	6.6
	148.8	102.0	95.2	0.7
	211.4	127.7	106.7	8.5
	660.2	150.6	100.1	14.6
	245.4	149.6	116.2	14.4
133.5	116.3	104.1	100.0	1.4
			85.6	
184.6	138.3	118.0	104.9	5.7
143.6	104.5	103.6	101.7	1.19
186.5	100.1	100.7	100.3	0.2
	127.4	115.0	103.8	4.8
154.4	97.5	103.4	101.5	1.1
6.3	4.0	22.8	61.3	-38.9
76.5	63.6	125.9	108.7	8.0
6409.8	119.4	116.4	99.3	5.2
96.7	74.8	112.1	103.5	3.9
201.1	102.9	109.6	103.6	3.1
111.8	89.1	154.4	106.1	15.6
274.7	119.3	102.7	100.7	0.9
173.2	92.6	92.3	100.7	-2.6
103.0	68.3	88.9	99.6	-3.8
140.1	93.5	129.1	114.6	8.9
101.5	74.2	93.9	110.9	-2.1
214.7	169.7	128.3	119.5	8.7
169.4	74.1	46.5	81.5	-22.5
334.7	156.9	115.5	105.6	4.9
372.0	68.0	96.2	103.2	-1.3

1—4 续表2

指标		总量指标				
		2010年	2015年	2020年	2022年	2023年
企业单位数	(个)	2229	2474	2150	2544	2669
#大型企业		24	81	69	79	84
中型企业		198	260	246	266	280
企业资产总计	(亿元)	2869.25	6882.54	11049.77	15064.24	16854.05
企业负债合计	(亿元)	1711.17	3938.80	6712.66	8614.69	9984.67
企业营业收入*	(亿元)	3342.98	8931.10	8497.24	11459.47	12922.73
#制造业营业收入	(亿元)			7933.08	10696.66	12133.20
企业利润总额	(亿元)	382.38	503.36	401.77	447.79	457.33
建筑业*						
企业单位数	(个)	703	867	1622	1909	1989
从事建筑业活动的平均人数	(万人)	66.83	72.30	84.09	89.14	103.48
建筑业总产值	(亿元)	1359.56	3006.60	4465.96	5613.27	5869.21
房屋建筑施工面积	(万平方米)	9008.11	22429.95	24904.09	22201.79	25905.61
房屋建筑竣工面积	(万平方米)	3290.23	6412.81	5592.05	5015.24	5963.99
#住宅面积			4470.13	4129.37	3523.71	4171.51
交通运输						
货运量	(万吨)	18873.2	32606.3	46907.8	39641.7	46940.9
民航		1.4	5.1	8.8	7.7	11.5
铁路		150.8	116.6	264.0	320.1	415.4
公路*		17401.0	27578.0	39203.0	28546.0	34400.0
水运		1320.0	4906.5	7432.0	10768.0	12114.0
客运量	(万人)	19804.0	14697.3	6953.2	3778.9	7076.2
民航		208.5	356.2	458.7	311.5	596.7
铁路		1587.5	3105.1	3105.5	2434.5	5013.5
公路*		18006.0	11211.0	3355.0	1010.0	1417.0
水运		2.0	25.0	34.0	23.0	49.0
公路里程	(公里)	8512	18860	19981	20154	20583
#等级公路里程		8498	17954	19981	20154	20583
邮电通信业						
邮政业务总量	(亿元)	2.49	41.37	207.82	138.99	142.58
快递业务量	(亿件)		1.85	8.85	13.28	13.37
电信业务总量	(亿元)	49.66	158.70	993.10	135.87	149.12
固定电话用户	(万户)	160.75	149.27	125.69	116.13	112.59
移动电话用户	(万户)	421.36	776.17	1063.02	1145.08	1182.82
国内贸易						
社会消费品零售总额*	(亿元)	1238.96	2861.66	4513.76	5021.62	5270.83
商品零售				4085.79	4521.16	4670.02
餐饮收入				427.97	500.46	600.81
限额以上批发业法人企业数	(个)	311	512	967	1307	1474
限额以上零售业法人企业数	(个)	281	595	948	920	951
限额以上批发零售业购进总额	(亿元)	2435.58	3459.66	5457.99	8717.96	9177.72
限额以上批发零售业销售总额	(亿元)	2625.75	3764.47	6363.85	9808.61	10033.71
限额以上批发零售业库存总额	(亿元)	189.59	309.90	379.61	568.00	547.22

注：1．2018年及以前工业企业营业收入为主营业务收入。
2．2015年交通运输部开展小样本专项调查，公路运输量统计数据调整，与上年口径不同。
3．2019年及以前社会消费品零售总额根据第四次全国经济普查结果进行了修订（下表同）。
4．2023年建筑业相关数据为有建筑活动的总承包和专业承包建筑业口径。

速度指标　（%）				
指　数　（2023年比以下各年）				平均增长速度
2010年	2015年	2020年	2022年	2021—2023年
119.7	107.9	124.1	104.9	7.5
350.0	103.7	121.7	106.3	6.8
141.4	107.7	113.8	105.3	4.4
587.4	244.9	152.5	111.9	15.1
583.5	253.5	148.7	115.9	14.2
386.6	144.7	152.1	112.8	15.0
		152.9	113.4	15.2
119.6	90.9	113.8	102.1	4.4
282.9	229.4	122.6	104.2	7.0
154.8	143.1	123.1	116.1	7.2
431.7	195.2	131.4	104.6	9.5
287.6	115.5	104.0	116.7	1.3
181.3	93.0	106.7	118.9	2.2
93.3	93.3	101.0	118.4	0.3
	144.0	100.1	118.4	0.0
	223.4	130.2	149.7	9.2
	356.1	157.4	129.8	16.3
	124.7	87.7	120.5	-4.3
	246.9	163.0	112.5	17.7
	48.1	101.8	187.3	0.6
	167.5	130.1	191.6	9.2
	161.5	161.4	205.9	17.3
	12.6	42.2	140.3	-25.0
	196.0	144.1	213.0	13.0
	109.1	103.0	102.1	1.0
	114.6	103.0	102.1	1.0
	344.6	68.6	102.6	-11.8
	722.8	151.1	100.7	14.8
	94.0	15.0	109.8	-46.8
	75.4	89.6	97.0	-3.6
	152.4	111.3	103.3	3.6
425.4	184.2	116.8	105.0	5.3
		114.3	103.3	4.6
		140.4	120.1	12.0
474.0	287.9	152.4	112.8	15.1
338.4	159.8	100.3	103.4	0.1
376.8	265.3	168.2	105.3	18.9
382.1	266.5	157.7	102.3	16.4
288.6	176.6	144.2	96.3	13.0

1—4 续表3

指　　标		总　量　指　标				
		2010年	2015年	2020年	2022年	2023年
对外经济贸易						
进出口总额	(亿美元)	99.58	203.38	374.87	542.81	509.08
进口额		43.32	66.29	146.91	197.58	178.47
出口额		56.26	137.09	227.96	345.23	330.61
旅　游						
接待入境游客人数	(万人次)	24.28	41.31	1.64	1.11	6.21
#外国人		18.94	30.67	1.35	0.70	4.20
国内旅游人数	(万人次)	2670	7784	8108	8177	13886
国际旅游外汇收入	(万美元)	15000	33100	1200	779	5771
国内旅游总收入	(亿元)	237.00	953.22	975.97	1005.97	1866.68
旅游星级宾馆个数	(个)	49	68	46	43	37
金融保险						
金融机构人民币存款余额	(亿元)	4541.78	10967.91	18296.74	22630.26	24967.00
#居民储蓄存款*		1233.73	3018.54	5589.40	7958.04	9387.14
金融机构人民币贷款余额	(亿元)	4214.08	9636.57	17678.66	23207.00	27494.83
保险公司保费收入	(亿元)	65.69	154.05	393.09	389.39	408.36
#财　险		23.63	69.21	140.02	138.13	142.79
保险公司赔款及给付	(亿元)	16.45	56.53	117.94	144.63	157.56
#财 险		9.98	37.47	75.49	91.18	97.39
教育、卫生、文化						
教　育						
学龄儿童入学率	(%)	100.0	101.7	108.1	108.2	107.5
小学毕业升学率	(%)	107.0	104.7	103.5	102.7	100.7
初中毕业升学率	(%)	127.9	112.9	122.5	106.0	100.8
各类学校数	(个)	1538	1973	2229	2490	2470
#普通高等学校		44	50	54	54	54
普通中等专业学校*		38	34	52	49	48
普通中学		246	360	340	317	315
技工学校		28	28	26	26	26
小　学		663	584	481	470	441
幼儿园		460	866	1266	1563	1573
专任教师数	(万人)	6.72	9.52	12.04	13.98	14.38
#普通高等学校		2.03	2.56	2.81	3.33	3.58
普通中等专业学校*		0.22	0.26	0.42	0.57	0.51
普通中学		1.96	2.92	3.35	3.49	3.54
#高　中		0.65	1.11	1.22	1.31	1.37
技工学校		0.15	0.12	0.21	0.39	0.39
小　学		1.69	2.46	3.26	3.65	3.81
幼儿园		0.47	1.02	1.90	2.49	2.49
在校学生数	(万人)	136.73	183.49	228.27	253.43	259.80
#普通高等学校		37.26	61.54	75.97	87.65	92.20
普通中等专业学校*		8.08	7.95	11.59	11.12	8.95
普通中学		33.02	36.46	42.96	44.08	44.87
#高　中		10.95	15.24	16.44	17.20	17.51
技工学校		2.86	1.43	6.33	8.50	8.18
小　学		32.79	46.37	57.28	63.81	69.11
幼儿园		9.51	23.06	32.48	36.12	33.98

注：1. 2015年起居民储蓄存款变更为住户存款（下表同）。

2. 2018年起普通中等专业学校口径变化，包含成人中等专业学校和职业中学（下表同）。

速度指标 (%)				
指　数 (2023年比以下各年)				平均增长速度
2010年	2015年	2020年	2022年	2021—2023年
511.2	250.3	135.8	93.8	10.7
412.0	269.2	121.5	90.3	6.7
587.7	241.2	145.0	95.8	13.2
		377.7	560.6	55.7
		311.1	601.3	46.0
		171.3	169.8	19.6
		480.9	741.2	68.8
		191.3	185.6	24.1
		80.4	86.0	-7.0
549.7	227.6	136.5	110.3	10.9
760.9	311.0	167.9	118.0	18.9
652.5	285.3	155.5	118.1	15.9
621.6	265.1	103.9	104.9	1.3
604.3	206.3	102.0	103.4	0.7
957.8	278.7	133.6	108.9	10.1
975.4	259.9	129.0	106.8	8.9
				-0.2
				-0.9
				-6.3
	125.2	110.8	99.2	3.5
	108.0	100.0	100.0	0.0
	141.2	92.3	98.0	-2.6
	87.5	92.6	99.4	-2.5
	92.9	100.0	100.0	0.0
	75.5	91.7	93.8	-2.9
	181.6	124.2	100.6	7.5
	151.1	119.4	102.9	6.1
	139.5	127.2	107.3	8.4
	199.4	121.3	90.4	6.6
	121.2	105.8	101.4	1.9
	123.6	112.5	104.5	4.0
	333.9	182.3	98.5	22.2
	154.9	116.9	104.5	5.4
	244.5	130.9	100.0	9.4
	141.6	113.8	102.5	4.4
	149.8	121.4	105.2	6.7
	112.6	77.2	80.5	-8.3
	123.0	104.4	101.8	1.5
	114.9	106.5	101.8	2.1
	573.3	129.2	96.2	8.9
	149.0	120.6	108.3	6.5
	147.3	104.6	94.1	1.5

1—4 续表4

指标		总量指标				
		2010年	2015年	2020年	2022年	2023年
毕业生数	(万人)	39.19	49.10	56.58	66.20	71.17
#普通高等学校		9.69	16.50	18.77	24.11	26.47
普通中等专业学校		2.57	2.09	3.70	4.37	4.59
普通中学		9.85	12.65	13.35	14.92	14.39
#高　中		3.67	5.27	5.31	5.49	5.54
技工学校		1.23	0.50	1.54	1.79	1.99
小　学		6.53	6.63	8.47	8.72	9.28
幼儿园		3.23	7.83	10.23	11.73	13.79
科　技						
研究与试验发展经费支出	(亿元)		174.87	353.48	469.48	506.41
规模以上工业企业科技						
R&D经费内部支出	(亿元)		104.10	192.23	254.98	292.88
R&D人员	(人)		42880	46455	64280	63156
专利申请数	(件)		15186	18982	28599	26861
卫　生						
卫生机构数	(个)	779	2217	3498	3703	4013
#医院、卫生院、社区中心（站）		393	470	500	500	490
卫生机构床位数	(张)	25386	43516	67871	70891	78390
#医院、卫生院、社区中心（站）		24870	42113	67197	68623	75646
卫生工作人员	(万人)	4	5.95	9.01	10.07	11.17
#卫生技术人员	(万人)	2.92	4.79	7.56	8.70	9.67
#执业（助理）医师		1.08	1.77	2.90	3.27	3.61
注册护士		1.24	2.24	3.63	4.29	4.77
文　化						
公共图书馆个数	(个)	7	9	9	9	9
公共图书馆总藏书量	(万册)	355.94	490.97	776.28	945.46	992.82
广播覆盖率	(%)	100	100	99.9	99.9	99.9
电视覆盖率	(%)	98.0	99.0	99.8	99.9	99.9
家庭、生活						
家　庭	**(人)**					
城镇居民平均每户人口		2.84	2.86	2.98	3.10	2.82
城镇居民平均每户就业人口数		1.60	1.63	1.53	1.66	1.46
城镇居民平均每一就业者负担人数		1.78	1.76	1.95	1.86	1.93
农村居民平均每户常住人口		3.85	2.87	2.64	2.61	2.63
农村居民平均每户整、半劳动力		3.13	2.05	1.84	1.93	1.32
农村居民平均每个劳动力负担人口		1.24	1.40	1.43	1.35	1.99
婚　姻	**(对)**					
结婚数		66437	88522	61231	50362	59588
离婚数		9580	22605	34592	16807	22230
居　住	**(平方米)**					
城镇居民人均住房面积		26.30	35.30	34.90	34.05	34.56
农村居民人均住房面积		33.40	38.80	46.60	47.43	49.53
生　活*	**(元)**					
城镇居民人均可支配收入		19051	31989	48283	56177	59609
城镇居民人均消费支出		14012	20049	28002	32964	34382
#食品烟酒支出		5010	6651	8090	9210	9420
农村居民人均可支配收入		7118	15733	24282	28727	31140
农村居民人均消费支出		4188	9879	14191	18044	19001
#食品烟酒支出		2037	3627	4803	5832	6063

注：2014年起居民生活数据为城乡一体化住户调查数据，以前年份农村居民收入口径为农民人均纯收入（下表同）。

速度指标 (%)				
指　数 (2023年比以下各年)				平均增长速度
2010年	2015年	2020年	2022年	2021—2023年
	144.9	125.8	107.5	7.9
	160.4	141.0	109.8	12.1
	219.5	124.1	104.9	7.5
	113.7	107.8	96.4	2.5
	105.1	104.4	100.9	1.4
	400.3	129.4	111.5	9.0
	140.0	109.5	106.4	3.1
	176.2	134.8	117.6	10.5
	289.6	143.3	107.9	12.7
	281.3	152.4	114.9	15.1
	148.1	136.7	98.8	11.0
	176.9	141.5	93.9	12.3
	181.0	114.7	108.4	4.7
	104.3	98.0	98.0	-0.7
	180.1	115.5	110.6	4.9
	179.6	112.6	110.2	4.0
	187.6	123.9	110.9	7.4
	201.9	127.8	111.2	8.5
	203.6	124.3	110.3	7.5
	213.1	131.3	111.1	9.5
			100.0	0.0
	202.2	127.9	105.0	8.5
			100.0	0.0
			100.0	0.0
	98.4	94.6	91.0	-1.8
	89.5	95.4	87.7	-1.5
	109.9	99.0	103.8	-0.3
	91.5	99.5	100.5	-0.2
	64.3	71.6	68.4	-10.5
	142.3	139.3	147.1	11.7
	67.3	97.3	118.3	-0.9
	98.3	64.3	132.3	-13.7
	97.9	99.0	101.5	-0.3
	127.7	106.3	104.4	2.1
312.9	186.3	123.5	106.1	7.3
		122.8	104.3	7.1
		116.4	102.3	5.2
437.5	197.9	128.2	108.4	8.6
	192.3	133.9	105.3	10.2
	167.2	126.2	104.0	8.1

1—4 续表5

指标		总量指标				
		2010年	2015年	2020年	2022年	2023年
工资和福利						
城镇非私营单位就业人员工资总额	(亿元)	250.26	904.51	1622.27	1870.23	2013.15
城镇非私营单位就业人员平均工资	(元)	38483	63626	96831	112019	119182
城镇居民最低生活保障人数	(万人)	4.60	3.84	2.36	1.97	1.90
农村居民最低生活保障人数	(万人)	10.95	16.12	15.40	12.53	12.61
公用事业、市政建设、环境						
公用事业						
供水总量	(万立方米)	29453	43568	60317	66754	69777
#居民家庭用水		14282	20951	29684	34776	32193
用水人口	(万人)	240.62	375.18	474.40	650.35	652.21
天然气供气量	(万立方米)	22411	52333	114772	136264	140097
#家庭用量		6806	20930	40993	48357	52738
液化石油气供气量	(吨)	65284	30000	39000	39502	35000
#家庭用量		27474	15000	10850	7483	5081
全社会用电量	(亿千瓦时)	123.91	243.26	382.55	500.92	539.54
#工业用电量		64.10	130.93	189.98	239.87	270.54
城乡居民生活用电量	(亿千瓦时)	29.18	42.24	70.42	93.98	88.64
市政建设						
道路长度	(公里)	2012.7	2206.5	3157.0	3331.6	3501.1
道路面积	(万平方米)	4323.3	6347.5	8912.5	9699.5	10340.2
排水管长度	(公里)	7222.0	5934.7	8532.6	9078.9	9324.7
生活垃圾清运总量	(万吨)	66.4	129.2	189.0	208.8	227.6
生活垃圾处理总量	(万吨)	66.4	129.2	189.0	208.8	227.6
垃圾粪便无害化处理	(万吨)	68.2	131.9	191.0	211.3	231.0
城市公共交通运营车数	(辆)	2836	5324	8370	6497	5989
出租汽车数	(辆)	8395	11553	11553	11552	11628
建成区公园绿地数量*	(个)	43	51	210	358	394
环境、灾害						
化学需氧量排放量	(万吨)	3.18	11.40	4.41	2.25	9.39
二氧化硫排放量	(万吨)	3.33	4.49	0.47	0.48	0.52
氨氮排放总量	(万吨)	0.29	0.92	0.08	0.06	0.81
工业废水排放量	(万吨)	3289.80	5334.98	5845.37	6841.30	8778.80
工业固体废物综合利用量	(万吨)	335.26	749.73	922.86	1041.44	1296.82
火灾事故						
发生数	(起)	1251	2904	2275	4578	5551
死亡人数	(人)	4	9	11	8	16
直接经济损失	(万元)	553.0	795.2	10972.7	7269.5	3553.9
交通事故						
发生数	(起)	961	2385	1695	1348	1389
损失金额	(万元)	376.20	1209.90	1639.70	1318.40	631.90

注：2018年起公园数量和面积统计口径调整，2000m²以上纳入统计。

速度指标　(%)				
指　数　(2023年比以下各年)				平均增长速度
2010年	2015年	2020年	2022年	2021—2023年
	222.6	124.1	107.6	7.5
	187.3	123.1	106.4	7.2
	49.4	80.3	96.1	-7.0
	78.2	81.9	100.6	-6.4
	160.2	115.7	104.5	5.0
	153.7	108.5	92.6	2.7
	173.8	137.5	100.3	11.2
	267.7	122.1	102.8	6.9
	252.0	128.7	109.1	8.8
	116.7	89.7	88.6	-3.5
	33.9	46.8	67.9	-22.3
	221.8	141.0	107.7	12.1
	206.6	142.4	112.8	12.5
	209.8	125.9	94.3	8.0
	158.7	110.9	105.1	3.5
	162.9	116.0	106.6	5.1
	157.1	109.3	102.7	3.0
	176.1	120.4	109.0	6.4
	176.2	120.4	109.0	6.4
	175.2	121.0	109.3	6.5
	112.5	71.6	92.2	-10.6
	100.6	100.6	100.7	0.2
916.3	772.5	187.6	110.1	23.3
	82.4	213.0	418.1	28.7
	11.5	108.9	107.0	2.9
	88.0	1012.5	1263.7	116.3
	164.6	150.2	128.3	14.5
	173.0	140.5	124.5	12.0
	191.2	244.0	121.3	34.6
	177.8	145.5	200.0	13.3
	446.9	32.4	48.9	-31.3
	58.2	81.9	103.0	-6.4
	52.2	38.5	47.9	-27.2

1—5 主要年份市区国民经济主要指标

指标		1978年	1980年	1985年	1990年	1995年	2000年
年末总户数	(万户)	16.75	18.50	22.76	28.10	33.36	38.44
年末总人口	(万人)	71.00	77.00	88.10	100.20	115.93	134.47
#城镇人口	(万人)	46.50	51.80	62.50	73.33	90.42	107.50
年平均人口	(万人)	70.60	75.50	86.70	99.00	114.31	132.37
年末在岗职工人数	(万人)						
在岗职工工资总额	(亿元)						
生产总值	(亿元)	7.98	8.59	18.82	35.64	110.87	235.22
农林牧渔业总产值	(亿元)	0.32	0.45	1.11	2.46	6.87	8.47
固定资产投资额	(亿元)	1.08	1.71	5.74	8.85	52.59	112.83
建筑业总产值	(亿元)			3.32	5.16	22.62	51.83
社会消费品零售总额	(亿元)	2.59	3.87	8.28	23.64	63.75	125.27
财政收入*	(亿元)	3.41	2.94	4.72	6.90	14.73	36.24
一般公共预算支出	(亿元)	0.41	0.49	1.22	2.63	5.01	18.47
金融机构人民币各项存款	(亿元)	9.66	9.81	14.25	43.80	183.82	519.51
#居民储蓄存款		0.47	0.79	3.31	15.01	62.98	152.05
金融机构人民币各项贷款	(亿元)	5.41	7.17	23.60	64.57	176.86	542.13
在校学生数	(万人)						
普通高等院校		1.24	1.69	2.44	2.56	3.57	5.89
普通中等专业学校		0.39	0.65	1.21	2.12	4.19	6.40
普通中学		7.87	6.40	5.96	5.30	5.80	4.38
小　　学		10.43	10.33	8.21	9.21	9.72	12.24
幼儿园							
学龄儿童入学率	(%)				99.80	100	100
医院床位数	(张)	4090	4483	5516	6694	8163	9853
卫生技术人员	(万人)	1.05	1.15	1.46	1.60	1.74	1.27
#医　生		0.29	0.37	0.51	0.59	0.65	0.60

注：2020年起财政收入为一般公共预算收入口径。

2005年	2010年	2014年	2015年	2020年	2021年	2022年	2023年	比上年增长(%)
51.49	68.28	83.01	86.71	104.21	108.79	112.44	115.95	3.1
175.31	215.58	245.37	251.04	300.84	312.10	320.02	327.21	2.2
150.28	178.34	195.99	240.84	289.31	304.29	312.06	319.08	2.2
169.42	214.65	243.08	248.21	295.83	306.47	316.06	323.62	2.4
	53.58	100.64	100.93	111.73	112.88	119.64	119.69	0.0
	209.85	625.90	692.25	1197.59	1291.74	1437.72	1525.53	6.1
674.16	1920.45	3407.06	3766.96	6784.56	7696.55	8048.18	8404.31	4.6
8.12	20.32	31.91	32.11	19.90	15.93	16.41	15.02	-3.2
419.97	2410.40	3531.15	3984.53					
263.76	1176.69	2450.50	2588.06	3746.05	4211.92	4483.55	4534.92	1.1
287.10	954.37	1950.33	2204.63	3320.94	3726.44	3612.42	3840.32	6.3
115.82	418.29	705.38	808.44	1118.71	624.84	671.83	664.49	-1.1
56.09	246.58	481.11	521.37	735.29	803.51	879.90	875.44	-0.5
1403.91	4165.71	7670.52	9309.84	14996.40	16540.82	18499.60	20244.28	9.4
432.89	1032.58	1821.66	1998.80	3638.46	4152.18	5219.11	6183.63	18.5
1350.83	4026.36	7206.46	8557.98	15052.47	16910.18	19591.46	23023.77	17.5
24.21	37.26	51.81	47.31	49.01	60.43	63.67	67.97	6.7
6.55	6.90	5.66	5.64	6.77	7.51	6.86	5.61	-18.2
11.54	13.92	14.85	15.32	20.48	21.55	22.29	23.06	3.5
13.30	15.87	21.28	22.89	32.66	35.53	38.71	42.89	10.8
	5.07	11.85	12.62	20.01	21.45	22.53	21.42	-5.0
100.00	100.00	144.66	145.55	136.74	132.99	130.15	126.11	-3.1
12148	19650	27540	29165	43725	47456	44264	48847	10.4
1.44	2.39	3.27	3.43	5.62	6.02	6.36	7.08	11.3
0.60	0.88	1.17	1.22	2.09	2.20	2.34	2.61	11.4

1—6　主要年份国民经济和社会发展比例指标

单位：%

指　　标	1985年	1990年	1995年	2000年	2005年
城乡人口结构*	100.0	100.0	100.0	100.0	100.0
乡　村	75.9	74.0	70.3	55.9	44.3
城　镇	24.1	26.0	29.7	44.1	55.7
三次产业就业人员结构	100.0	100.0	100.0	100.0	100.0
第一产业	60.5	57.2	44.9	46.0	36.5
第二产业	21.4	23.5	31.1	25.8	26.8
第三产业	18.1	19.3	24.0	28.2	36.7
合肥生产总值产业结构	100.0	100.0	100.0	100.0	100.0
第一产业	30.5	28.7	18.2	12.4	7.8
第二产业	47.6	45.3	46.1	42.8	41.4
第三产业	21.6	26.0	35.7	44.8	50.8
农林牧渔业产值结构	100.0	100.0	100.0	100.0	100.0
农　业	74.6	66.1	64.1	47.9	49.3
林　业	1.1	1.6	1.8	2.6	2.3
牧　业	22.1	29.5	29.7	38.9	37.7
渔　业	2.2	2.8	4.4	10.6	9.4
农林牧渔服务业					1.3
固定资产投资相当于生产总值比例	21.4	16.5	34.0	35.5	53.5
一般公共预算收入相当于生产总值比例	16.5	13.6	10.4	5.0	5.4
财政支出相当于生产总值比例	5.7	6.7	4.9	7.0	7.9

注：1995年及以前城乡人口结构为户籍人口中农业和非农业人口比例，2010年起人口结构根据第七次全国人口普查结果进行了修订。

1—6　续表

单位：%

指　　标	2010年	2015年	2020年	2022年	2023年
城乡人口结构*	100.0	100.0	100.0	100.0	100.0
乡　村	37.2	27.7	17.7	15.4	14.4
城　镇	62.8	72.3	82.3	84.6	85.6
三次产业就业人员结构	100.0	100.0	100.0		
第一产业	23.6	16.3	10.2		
第二产业	33.5	35.1	32.6		
第三产业	42.9	48.6	57.2		
合肥生产总值产业结构	100.0	100.0	100.0	100.0	100.0
第一产业	5.8	4.4	3.4	3.2	3.0
第二产业	46.5	42.5	35.3	36.2	36.6
第三产业	47.7	53.1	61.3	60.6	60.4
农林牧渔业产值结构	100.0	100.0	100.0	100.0	100.0
农　业	46.9	50.2	52.4	52.4	51.6
林　业	2.3	3.2	4.6	4.9	5.7
牧　业	38.2	30.3	24.5	22.4	23.2
渔　业	10.8	14.3	15.9	17.5	16.4
农林牧渔服务业	1.8	2.1	2.6	2.8	3.1
固定资产投资相当于生产总值比例	113.5	108.7			
一般公共预算收入相当于生产总值比例	8.7	9.8	7.6	7.6	7.3
财政支出相当于生产总值比例	11.8	13.7	11.6	11.5	11.1

1—7　主要年份按户籍人口平均的国民经济主要指标

指　　标		1985年	1990年	1995年	2000年	2005年
合肥生产总值*	(元/人)	904	1547	4265	8505	16139
粮食产量	(公斤/人)	449.0	446.0	364.0	329.0	341.9
棉花产量	(公斤/人)	1.80	2.16	4.48	2.81	2.98
油料产量	(公斤/人)	59.30	47.12	52.50	62.36	75.21
肉类产量	(公斤/人)	16.29	26.78	31.38	52.77	69.62
水产品产量	(公斤/人)	3.73	4.79	9.84	23.66	25.83
电冰箱产量	(台/万人)	68.2	532.0	1852.0	3135	9081
家用洗衣机产量	(台/万人)	376.7	905.0	3139.0	3034	9720
电视机产量	(台/万人)	568.7	829.0	933.0	2017	6035
发电量	(千瓦时/人)	152.0	288.0	507.0	407.0	1334.0
钢　材	(公斤/人)	77.00	96.00	149.00	147.00	171.22
固定资产投资	(元/人)	194	255	1449	3016	11001
社会消费品零售总额	(元/人)	371	803	2444	4573	9517
财政收入	(元/人)	150	210	444	965	1280
财政支出	(元/人)	51	103	211	594	1631
居民储蓄存款余额	(元/人)	121	475	1908	4198	11327
普通高等院校在校学生	(人/万人)	70	67	87	134	531
卫生机构床位数	(张/万人)	23	26	29	29	34
卫生技术人员	(人/万人)	40	41	42	39	41
#医　生	(人/万人)	18	20	20	19	17
城镇居民人均可支配收入*	(元)	705	1556	4657	6389	9684
农村居民人均可支配收入*	(元)	369	576	1300	1975	3207

注：1.2005年起人均生产总值为常住人口口径。
　　2.城镇居民人均可支配收入、农村居民人均可支配收入为常住人口口径。

1—7　续表

指　　标		2010年	2015年	2020年	2022年	2023年
合肥生产总值*	(元/人)	41274	70893	107993	125798	130074
粮食产量	(公斤/人)	390.9	428.5	372.4	369.4	371.9
棉花产量	(公斤/人)	3.74	4.10	0.66	0.24	0.15
油料产量	(公斤/人)	52.23	43.48	20.25	22.84	24.62
肉类产量	(公斤/人)	76.82	68.67	42.25	44.60	45.74
水产品产量	(公斤/人)	24.83	33.58	29.07	29.96	30.77
电冰箱产量	(台/万人)	34357	35652	23800	26109	29674
家用洗衣机产量	(台/万人)	25295	22154	27004	28244	33466
电视机产量	(台/万人)	6166	9742	14310	7961	6429
发电量	(千瓦时/人)	1622.0	2441.9	3057.0	3256.1	3410.2
钢　材	(公斤/人)	514.00	176.20	209.76	173.01	282.83
固定资产投资	(元/人)	61965	86029			
社会消费品零售总额	(元/人)	25121	40008	58168	63053	65608
财政收入	(元/人)	5260	7991	9831	11417	11571
财政支出	(元/人)	6419	10803	15011	17330	17568
居民储蓄存款余额	(元/人)	24926	42057	72030	99924	116846
普通高等院校在校学生	(人/万人)	753	857	979	1101	1148
卫生机构床位数	(张/万人)	51	61	87	89	98
卫生技术人员	(人/万人)	59	67	97	109	120
#医　生	(人/万人)	22	25	34	41	45
城镇居民人均可支配收入*	(元)	19051	31989	48283	56177	59609
农村居民人均可支配收入*	(元)	7118	15733	24282	28727	31140

1—8 各时期国民经济主要指标年平均增长速度

指　　标	1950－1952年	“一五”时　期	“二五”时　期	1963－1965年	“三五”时　期	“四五”时　期
全市总人口	3.3	3.3	-2.4	1.3	3.3	2.8
合肥生产总值	8.6	16.1	-4.3	13.4	7.6	7.8
第一产业						
第二产业						
#工　业						
第三产业						
财政收入		49.7	24.4	16.9	15.6	8.7
财政支出		37.0	-0.1	12.7	9.8	7.6
社会消费品零售总额	24.4	24.7	5.3	-1.8	3.3	11.7
固定资产投资						
粮食产量	9.7	6.3	-12.3	7.0	8.3	6.2
棉花产量	5.3	-7.9	3.9	49.7	-4.1	0.4
油料产量	7.7	9.6	-25.3	32.1	1.1	14.6
水产品产量	6.0	21.8	-1.2	持平	9.5	7.0
肉类产量	2.3	-2.8	-4.9	17.0	-1.5	12.8
发电量						2.4
卷　烟		35.1	-19.7	141.0	14.9	8.4
农用化肥				87.9	-6.7	31.4
成品钢材					持平	14.9
汽　车						18.3
家用电冰箱						
家用洗衣机						

注：“十三五”时期财政收入年均增速为一般公共预算收入口径。

单位：%

“五五”时　期	“六五”时　期	“七五”时　期	“八五”时　期	“九五”时　期	“十五”时　期	“十一五”时　期	“十二五”时　期	“十三五”时　期
2.1	1.4	1.8	1.5	1.3	0.8	1.7	0.4	1.7
4.3	14.3	6.5	16.3	14.5	16.7	17.9	12.2	7.7
	12.8	1.5	0.8	6.9	3.1	6.4	4.2	2.0
	15.2	7.2	18.0	14.8	17.8	22.8	13.9	7.4
	13.8	8.0	19.2	14.9	16.5	23.9	15.1	7.7
	15.1	12.0	24.6	16.5	18.1	13.8	10.9	8.3
5.0	9.8	8.7	18.0	18.3	25.6	29.5	15.4	5.9
9.0	15.7	16.9	17.2	24.6	23.3	34.0	15.7	8.5
10.7	15.1	18.7	21.0	13.6	17.0	20.9	16.9	8.9
	24.4	10.3	46.8	17.9	30.5	44.0	19.6	7.4
-1.8	7.8	1.5	-2.5	-0.5	1.5	4.7	2.7	-1.1
-11.3	6.6	5.5	17.5	-7.7	1.9	6.7	-1.1	-8.8
4.5	26.3	-2.9	3.8	4.8	4.6	-5.3	-2.3	-2.2
-1.9	26.8	6.8	17.3	20.7	2.5	1.1	4.2	0.5
-0.6	12.4	12.3	4.9	12.4	6.5	3.9	2.0	-5.1
2.6	0.6	15.6	13.8	-3.0	27.7	6.4	2.9	6.0
9.6	12.3	5.3	-11.4	1.2	5.9	12.0	0.7	-1.0
16.9	2.5	10.6	13.7	12.5	-1.3	-2.2	12.2	-12.0
6.2	10.4	4.0	19.7	-0.4	8.1	27.0	-3.7	-6.9
-0.6	13.0	-10.8	58.6	29.0	16.3	89.2	4.0	0.0
		53.3	30.4	12.6	24.6	33.0	9.4	-3.7
		21.2	30.3	0.6	27.2	23.4	4.8	5.7

1—9 主要年份人民物质文化生活水平

指 标		1985年	1990年	1995年	2000年	2005年
城镇居民人均可支配收入	(元)	705	1556	4657	6389	9684
农村居民人均可支配收入	(元)	369	576	1300	1975	3207
城镇居民人均消费支出	(元)	664	1342	4094	5040	7398
农民居民人均消费支出	(元)		559	1169	1309	2534
城镇非私营单位就业人员年平均工资	(元)	1017	1970	5352	8881	19027
城镇居民人均住房面积	(平方米)	7.20	9.10	9.70	14.60	24.31
居民储蓄存款余额	(亿元)	4.24	18.09	78.45	183.95	516.16
平均每人储蓄额	(元)	121	475	1908	4198	11327
每万人民用汽车拥有量	(辆)					
每万人拥有移动电话	(部)				715.65	3991.24

指 标		2010年	2015年	2020年	2022年	2023年
城镇居民人均可支配收入	(元)	19051	31989	48283	56177	59609
农村居民人均可支配收入	(元)	7118	15733	24282	28727	31140
城镇居民人均消费支出	(元)	14012	20049	28002	32964	34382
农民居民人均消费支出	(元)	4188	9879	14191	18044	19001
城镇非私营单位就业人员年平均工资	(元)	39292	63626	96831	112019	119182
城镇居民人均住房面积	(平方米)	26.30	35.30	34.90	34.05	34.56
居民储蓄存款余额	(亿元)	1233.73	3018.54	5589.40	7958.04	9387.14
平均每人储蓄额	(元)	24926	42057	72030	99924	116846
每万人民用汽车拥有量	(辆)	797.36	1634.09	3016.84	3424.77	3634.83
每万人拥有移动电话	(部)	7392.22	10851.48	13698.72	14378.01	14723.10

1—10　国民经济和社会发展主要指标占全省比重（2023年）

指　　标		全　省		合肥市		合肥市占全省比重(%)
		总　量	比上年增长(%)	总　量	比上年增长(%)	
年末常住人口	(万人)	6121.0	-0.1	985.3	2.3	16.1
地区生产总值	(亿元)	47050.6	5.8	12673.8	5.8	26.9
彩色电视机	(万台)	835.7		516.5	-18.5	61.8
家用电冰箱	(万台)	3166.9		2383.9	14.6	75.3
家用洗衣机	(万台)	3031.4		2688.6	19.5	88.7
合成洗涤剂	(万吨)	107.9		49.9	-1.9	46.2
卷　烟	(亿支)	1227.0		299.6	0.6	24.4
钢　材	(万吨)	4229.0		227.2	64.9	5.4
农用化肥	(万吨)	237.2		27.9	6.1	11.8
集成电路	(亿块)	60.6		12.2	-24.4	20.2
工业机器人	(套)	31318.0		14953.0	408.1	47.7
汽　车	(万辆)	208.8		85.8	50.0	41.1
农林牧渔业总产值	(亿元)	6247.9	4.4	576.3	3.8	9.2
粮食产量	(万吨)	4150.8	1.2	298.7	1.5	7.2
棉花产量	(万吨)	2.0	-20.8	0.1	-38.7	5.8
油料产量	(万吨)	189.0	9.0	19.8	8.7	10.5
肉类总产量	(万吨)	497.1	4.6	36.8	3.5	7.4
水产品产量	(万吨)	254.0	3.5	24.7	3.6	9.7
社会消费品零售总额	(亿元)	23008.3	6.9	5270.8	5.0	22.9
一般公共预算收入	(亿元)	3939.2	9.8	929.6	2.2	23.6
财政支出	(亿元)	8643.6	3.1	1411.3	2.3	16.3
城镇非私营单位年末就业人员	(万人)	591.3	2.5	171.5	1.7	29.0
城镇非私营单位就业人员工资总额	(亿元)	6061.8	7.4	2013.1	7.6	33.2
普通高校在校生人数	(万人)	158.0	1.7	92.2	5.2	58.4
医院、卫生院、社区中心（站）个数	(个)	4491.0	-0.3	490.0	-2.0	10.9
卫生技术人员	(万人)	51.0	8.2	9.7	11.2	19.0
#医　生	(万人)	20.1	7.8	3.6	10.3	18.0
城镇非私营单位就业人员平均工资	(元)	103688	5.1	119182	6.4	
城镇居民人均可支配收入	(元)	47446	5.1	59609	6.1	
农村居民人均可支配收入	(元)	21144	8.0	31140	8.4	

主要统计指标解释

可比价格

指计算各种总量指标所采用的扣除了价格变动因素的价格，可进行不同时期总量指标的对比。按可比价格计算总量指标有两种方法：一种是直接用产品产量乘某一年的不变价格计算；另一种是用价格指数进行缩减。

平均增长速度

我国计算平均增长速度有两种方法：一种是习惯上经常使用的“水平法”，又称几何平均法，是以间隔期最后一年的水平同基期水平对比来计算平均每年增长（或下降）速度；另一种是“累计法”，又称代数平均法或方程法，是以间隔期内各年水平的总和同基期水平对比来计算平均每年增长(或下降）速度。在一般正常情况下，两种方法计算的平均每年增长速度比较接近；但在经济发展不平衡、出现大起大落时，两种方法计算的结果差别较大。

本《年鉴》内所列的平均增长速度，均用“水平法”计算。从某年到某年平均增长速度的年份，均不包括基期年在内。如建国四十三年的平均增长速度是以 1949 年为基期计算的，则写为 1950-1992 年平均增长速度，其余类推。

企业（单位）登记注册类型

以市场监管部门登记注册的各类企业为划分对象，以市场监管部门对企业登记注册的类型为依据，将企业登记注册类型分为内资企业、港澳台商投资企业和外商投资企业三大类。内资企业包括国有企业、集体企业、股份合作企业、联营企业、有限责任公司、股份有限公司、私营公司和其他企业；港澳台商投资企业和外商投资企业分别包括合资经营企业、合作经营企业、独资经营企业和股份有限公司。

对不在市场监管部门进行登记注册的行政机关、事业单位和社会团体，主要按其经费来源和管理方式进行划分。

法人单位

指具备以下条件的单位：（一）依法成立，有自己的名称、组织机构和场所，能够独立承担民事责任；（二）独立拥有和使用（或授权使用）资产，承担负债，有权与其他单位签订合同；（三）会计上独立核算，能够编制资产负债表。法人单位包括企业法人、事业单位法人、机关法人、社会团体法人和其他法人。按照下属是否有产业活动单位，又分为单产业法人和多产业法人。

国有企业

指企业全部资产归国家所有，并按《中华人民共和国企业法人登记管理条例》规定登记注册的非公司制的经济组织。不包括有限责任公司中的国有独资公司。

集体企业

指企业资产归集体所有，并按《中华人民共和国企业法人登记管理条例》规定登记注册的经济组织。

股份合作企业

指以合作制为基础，由企业职工共同出资入股，吸收一定比例的社会资产投资组建，实行自主经营，自负盈亏，共同劳动，民主管理，按劳分配与按股分红相结合的一种集体经济组织。

联营企业

指两个及两个以上相同或不同所有制性质的企业法人或事业单位法人，按自愿、平等、互利的原则，共同投资组成的经济组织。联营企业包括国有联营企业、集体联营企业、国有与集体联营企业和其他联营企业。

有限责任公司

指根据《中华人民共和国公司登记管理条例》规定登记注册，由两个以上、五十个以下的股东共同出资，每个股东以其所认缴的出资额对公司承担有限责任，公司以其全部资产对其债务承担责任的经济组织。有限责任公司包括国有独资公司以及其他有限责任公司。

股份有限公司

指根据《中华人民共和国公司登记管理条例》规定登记注册，其全部注册资本由等额股份构成并通过发行股票筹集资本，股东以其认购的股份对公司承担有限责任，公司以其全部资产对其债务承担责任的经济组织。

私营企业

指由自然人投资设立或由自然人控股，以雇佣劳动为基础的营利性经济组织。包括按照《公司法》《合伙企业法》《私营企业暂行条例》规定登记注册的私营有限责任公司、私营股份有限公司、私营合伙企业和私营独资企业。

其他内资企业

指上述企业之外的其他内资经济组织。

与港澳台商合资经营企业

指港澳台地区投资者与内地企业依照《中华人民共和国外商投资法》及有关法律的规定，按合同规定的比例投资设立、分享利润和分担风险的企业。

与港澳台商合作经营企业

指港澳台地区投资者与内地企业依照《中华人民共和国外商投资法》及有关法律的规定，依照合作合同的约定进行投资或提供条件设立、分配利润和分担风险的企业。

港澳台商独资经营企业

指依照《中华人民共和国外商投资法》及有关法律的规定，在内地由港澳台地区投资者全额投资设立的企业。

港澳台商投资股份有限公司

指根据国家有关规定，经外经贸部依法批准设立，其中港、澳、台商的股本占公司注册资本的比例达25%以上的股份有限公司。凡其中港、澳、台商的股本占公司注册资本的比例小于25%的，属于内资企业中的股份有限公司。

中外合资经营企业

指外国企业或外国人与中国内地企业依照《中华人民共和国外商投资法》及有关法律的规定，按合同规定的比例投资设立、分享利润和分担风险的企业。

中外合作经营企业

指外国企业或外国人与中国内地企业依照《中华人民共和国外商投资法》及有关法律的规定，依照合作合同的约定进行投资或提供条件设立、分配利润和分担风险的企业。

外资企业

依照《中华人民共和国外商投资法》及有关法律的规定，在中国内地由外国投资者全额投资设立的企业。

外商投资股份有限公司

指根据国家有关规定，经外经贸部依法批准设立，其中外资的股本占公司注册资本的比例达25%以上的股份有限公司。凡其中外资股本占公司注册资本的比例小于25%的，属于内资企业中的股份有限公司。

行政机关、事业单位和社会团体

参照企业登记注册类型，主要按其经费来源和管理方式划分。具体规定如下：

(1)行政机关：包括国家机关和政党机关，原则上均列为“国有”。但有特殊规定的，如供销社等，则列为“集体”。

(2)事业单位：包括经国家机构编制部门和有关业务主管部门批准成立的各类事业单位，不包括实行企业化管理的事业单位。事业单位的划分办法如下：

①由国家财政预算拨款或列入财政预算外资金管理以及经费主要来源于国有主管部门或国有上级单位的事业单位，列为“国有”。

②经费主要来源于集体单位的事业单位，列为“集体”。

③公民个人（或个人合伙）开办的事业单位，列为“私营”。

④上述以外的其他事业单位，如果其经费来源不明确，按管理方式进行归类。

(3)社会团体：包括经民政部门批准成立以及未纳入社会团体管理条例范围的工会、妇联等各类社会团体。社会团体的划分办法如下：

①未纳入民政部社会团体管理条例范围的工会、妇联、共青团、青联、工商联、科协、侨联等社会团体，国家拨款设立的基金会或基金管理组织以及经费主要来源于国有业务主管部门或国有上级单位的社会团体，列为“国有”。

②经费主要来源于集体单位的社会团体，列为“集体”。

③公民个人（或个人合伙）开办的社会团体，划为“私营”。

④上述以外的其他社会团体，如果其经费来源不明确，改按管理方式进行归类。

第 二 篇

国民经济核算

简要说明

一、本篇包括国民经济核算资料等内容。

二、有关“指数”部分“以上年为 100 的指数”表中 2000 年以前(含 2000 年)的数据按 1990 年价格计算，2001-2005 年的数据按 2000 年价格计算，2006-2010 年的数据按 2005 年价格计算，2011-2015 年的数据按 2010 年价格计算，2016-2020 年的数据按 2015 年价格计算，2021 年以后数据按 2020 年价格计算。

三、2000-2018 年生产总值相关数据根据第四次全国经济普查结果进行了修订，2023 年数据为初步核算数。

四、本篇资料由市统计局国民经济核算处整理编制。

2—1 合肥生产总值

本表按当年价格计算 单位：亿元

年份	生产总值	第一产业	第二产业			第三产业					按常住人口人均生产总值(元)
				工业	建筑业		交通运输、仓储和邮政业	批发和零售业	金融业	房地产业	
1980	14.15	4.18	6.80	6.16		3.17	0.42	1.06			
1985	31.39	9.58	14.93	13.05		6.88	0.98	1.81	1.60	0.49	
1990	58.19	16.72	26.36	22.83		15.11	2.18	2.72	3.67	1.05	
1995	173.53	31.59	80.02	69.22		61.93	11.23	18.73	8.53	3.77	
2000	487.51	60.60	208.71	178.47	30.24	218.19	43.57	57.22	19.40	16.23	7655
2002	644.56	65.06	263.73	213.46	50.26	315.77	42.21	64.78	24.25	26.08	9967
2003	754.83	65.78	305.90	232.89	73.01	383.15	49.89	75.08	28.80	33.97	11554
2004	896.67	83.20	353.16	257.08	96.08	460.31	62.69	91.31	31.80	42.79	13595
2005	1074.38	84.01	444.77	323.48	121.30	545.60	71.38	104.67	48.24	55.11	16139
2006	1271.84	92.33	537.96	386.84	151.12	641.55	87.17	128.49	62.32	69.50	18920
2007	1604.87	108.22	691.97	488.38	203.59	804.67	103.70	165.78	102.46	96.38	23722
2008	1994.59	137.04	871.71	581.86	289.85	985.84	125.87	207.28	114.32	126.90	29182
2009	2339.96	145.13	1066.99	695.86	371.13	1127.84	139.00	229.49	129.07	153.29	33805
2010	2976.08	172.54	1382.65	898.64	484.01	1420.89	175.95	291.25	168.27	215.44	41274
2011	3642.30	201.05	1728.28	1116.20	612.08	1712.97	202.56	385.26	193.46	241.47	47988
2012	4167.98	220.71	1958.06	1258.62	699.44	1989.21	231.20	451.29	232.80	264.49	53436
2013	4696.01	237.39	2156.10	1378.09	779.87	2302.52	264.60	516.99	294.97	323.60	58995
2014	5250.09	246.47	2390.31	1506.73	885.54	2613.31	298.71	588.31	344.09	335.98	64896
2015	5830.95	256.53	2480.46	1544.78	937.98	3093.96	313.23	649.18	438.69	387.71	70893
2016	6544.26	262.32	2719.86	1719.65	1002.76	3562.08	344.87	704.59	551.34	440.71	77769
2017	7366.64	270.07	2909.34	1772.72	1139.48	4187.23	396.52	799.01	570.32	528.01	85410
2018	8605.13	277.59	3169.98	1834.78	1338.03	5157.56	468.35	910.30	790.12	803.26	97453
2019	9370.21	291.86	3341.51	1920.48	1424.06	5736.84	501.63	965.66	866.39	883.71	103595
2020	10005.56	335.21	3535.79	2051.76	1486.76	6134.56	461.24	1022.64	946.83	1009.62	107993
2021	11392.75	358.26	4103.56	2440.05	1666.91	6930.94	542.39	1146.85	1048.07	1081.05	120974
2022	12002.08	382.01	4344.15	2590.71	1757.00	7275.91	571.09	1207.84	1116.29	976.76	125683
2023	12673.78	377.20	4642.21	2813.31	1833.47	7654.38	631.99	1262.38	1196.43	960.96	130074

注：1．2001年及以前交通运输、仓储和邮政业中含电信业，批发和零售业中含餐饮业。

2．2000年及以后数据为含巢湖、庐江口径。

3．2011—2019年人均生产总值根据七人普结果进行了修订。

4．2023年数据为初步核算数（下同）。

2—2 合肥生产总值指数

本表按不变价格计算（上年为100）

年份	生产总值	第一产业	第二产业			第三产业					按常住人口人均生产总值(元)
				工业	建筑业		交通运输、仓储和邮政业	批发和零售业	金融业	房地产业	
1980	104.4	104.4	104.8	102.9		103.8					
1985	118.4	108.1	126.1	120.4		112.3					
1990	101.7	107.2	96.7	95.6		105.7					
1995	121.2	110.7	121.7	121.2		125.0					
2000	112.0	101.0	112.7	113.2		114.1					
2002	115.4	104.8	112.6	109.6	127.6	120.4	119.3	117.5	108.6	128.1	114.5
2003	116.0	98.5	115.3	110.2	137.0	120.2	118.0	118.5	118.2	127.4	114.8
2004	116.1	110.0	113.3	110.2	124.0	119.4	121.3	119.8	107.7	124.9	115.0
2005	116.2	99.7	119.9	118.9	122.9	115.9	111.5	112.7	149.4	125.5	115.1
2006	117.1	103.8	120.4	118.3	126.0	116.4	115.3	123.1	128.7	124.5	116.0
2007	117.5	103.4	121.0	120.3	122.7	116.5	113.6	119.8	127.7	125.3	116.7
2008	115.4	107.2	117.8	117.9	117.7	114.3	115.5	117.2	113.8	118.8	114.2
2009	116.6	105.0	119.9	120.3	118.8	114.9	111.6	112.2	116.9	122.5	115.1
2010	116.4	103.7	119.8	119.7	119.9	114.5	116.9	121.9	107.4	116.2	111.7
2011	115.2	103.4	117.8	119.4	114.8	114.1	114.0	121.0	106.4	107.6	109.4
2012	112.4	105.0	112.4	112.7	112.0	113.2	111.2	113.9	117.5	107.1	109.4
2013	111.3	103.4	110.6	110.5	111.2	112.8	111.3	112.7	122.7	117.4	109.1
2014	109.8	104.7	109.9	108.8	111.9	110.2	111.4	112.2	115.1	99.9	108.0
2015	110.3	104.4	109.2	108.2	111.3	111.8	103.6	107.9	121.4	107.3	108.5
2016	109.9	101.3	108.2	108.1	108.4	112.0	108.4	111.0	119.8	104.7	107.4
2017	108.5	103.7	107.7	107.4	108.2	109.5	108.6	109.1	110.2	102.5	105.9
2018	108.5	102.2	107.7	107.4	108.0	109.5	106.3	107.9	106.9	106.0	105.9
2019	107.5	101.7	107.3	108.3	105.8	107.9	106.5	104.5	107.3	104.5	104.9
2020	104.3	101.2	106.3	107.4	104.4	103.0	98.9	102.1	107.5	104.5	101.8
2021	109.1	105.1	110.4	115.5	103.3	108.5	107.2	107.8	106.0	109.7	107.3
2022	103.5	104.0	105.2	105.2	105.2	102.4	100.2	100.5	108.3	92.5	102.0
2023	105.8	103.5	107.1	109.3	103.6	105.1	105.1	104.2	109.8	99.1	103.6

2—3 主要年份合肥生产总值构成

本表按当年价格计算　　单位：%

指　　标	2010年	2015年	2019年	2020年	2021年	2022年	2023年
生产总值	**100.0**	**100.0**	**100.0**	**100.0**	**100.0**	**100.0**	**100.0**
第一产业	5.8	4.4	3.1	3.4	3.1	3.2	3.0
第二产业	46.5	42.5	35.7	35.3	36.0	36.2	36.6
工　业	30.2	26.5	20.5	20.5	21.4	21.6	22.2
建筑业	16.3	16.1	15.2	14.9	14.6	14.6	14.5
第三产业	47.7	53.1	61.2	61.3	60.8	60.6	60.4
批发和零售业	9.8	11.1	10.3	10.2	10.1	10.1	10.0
交通运输、仓储和邮政业	5.9	5.4	5.4	4.6	4.8	4.8	5.0
住宿餐饮业	1.8	2.0	2.1	1.7	1.8	1.7	1.9
金融业	5.7	7.5	9.2	9.5	9.2	9.3	9.4
房地产业	7.2	6.6	9.4	10.1	9.5	8.1	7.6
其他服务业	17.3	20.3	24.7	25.1	25.4	26.5	26.4

2—4 三次产业贡献率

本表按不变价格计算 单位：%

年 份	生产总值	第一产业	第二产业	工 业	第三产业
2005	100.0	-0.1	49.0	35.0	51.2
2010	100.0	1.2	55.5	39.4	43.3
2015	100.0	1.9	42.4	24.5	55.7
2016	100.0	0.6	35.2	21.6	64.2
2017	100.0	1.8	37.9	22.6	60.4
2018	100.0	1.0	37.6	22.6	61.4
2019	100.0	0.8	40.6	28.3	58.5
2020	100.0	1.0	59.9	44.0	39.1
2021	100.0	1.9	40.4	35.0	57.8
2022	100.0	3.7	53.7	32.7	42.6
2023	100.0	2.0	44.6	35.6	53.5

2—5 三次产业拉动率

本表按不变价格计算 单位：百分点

年 份	生产总值	第一产业	第二产业	工 业	第三产业
2005	16.2	-0.02	7.9	5.7	8.3
2010	16.4	0.2	9.1	6.5	7.1
2015	10.3	0.2	4.4	2.5	5.7
2016	9.9	0.1	3.5	2.1	6.4
2017	8.5	0.2	3.2	1.9	5.2
2018	8.5	0.1	3.2	1.9	5.2
2019	7.5	0.1	3.0	2.1	4.4
2020	4.3	0.04	2.6	1.9	1.7
2021	9.1	0.2	3.7	3.2	5.2
2022	3.5	0.1	1.9	1.1	1.5
2023	5.8	0.1	2.6	2.0	3.1

2—6　主要年份按行业、产业构成分的合肥生产总值

本表按当年价格计算　　单位：亿元

指　　标	2015年	2020年	2022年	2023年
合肥生产总值	**5830.95**	**10005.56**	**12002.08**	**12673.78**
按行业分				
农林牧渔业	261.10	342.58	391.20	387.38
工　业	1544.78	2051.76	2590.71	2813.31
建筑业	937.98	1486.76	1757.00	1833.47
批发和零售业	649.18	1022.64	1207.84	1262.38
交通运输、仓储和邮政业	313.23	461.24	571.09	631.99
住宿餐饮业	115.52	173.08	206.52	241.93
金融业	438.69	946.83	1116.29	1196.43
房地产业	387.71	1009.62	976.76	960.96
其他服务业	1182.76	2511.04	3184.67	3345.94
按产业分				
第一产业	256.53	335.21	382.01	377.20
第二产业	2480.46	3535.79	4344.15	4642.21
第三产业	3093.96	6134.56	7275.91	7654.38

2-7 县（市）区生产总值（2023年）

本表按当年价格计算　　　　单位：万元

指　　标	瑶海区	庐阳区	蜀山区	包河区	高新区	经开区
地区生产总值	**7609870**	**12788514**	**14009792**	**17354518**	**13717419**	**14099469**
按行业分						
农林牧渔业	1332	20148	10958	46982	33	15848
工　业	231942	412864	633329	1239869	5914271	4869589
建筑业	2254279	1593390	2009606	3205078	1754657	1633946
批发和零售业	808560	1359473	1386142	2164662	598504	1905196
交通运输、仓储和邮政业	740202	493356	423546	498231	1329415	555753
住宿和餐饮业	102931	231885	529913	433612	126134	258219
金融业	1185114	3819943	2241076	2182898	330776	313282
房地产业	552389	992231	1180011	1837752	274723	910603
其他服务业	1733121	3865226	5595211	5745435	3388907	3637031
按产业分						
第一产业	1281	19708	9758	45575	33	15848
第二产业	2481815	2004535	2638780	4440662	7658967	6497032
第三产业	5126775	10764271	11361255	12868281	6058420	7586588
人均生产总值（按常住人口）（元）	**86085**	**176029**	**128471**	**134688**	**444648**	**234211**

2—7 续表

本表按当年价格计算　　　　单位：万元

指　　标	新站区	安巢经开区	长丰县	肥东县	肥西县	庐江县	巢湖市
地区生产总值	**4463567**	**614252**	**9464282**	**9020081**	**11538164**	**6334587**	**5715366**
按行业分							
农林牧渔业	3990		885077	886190	787744	676318	539173
工　业	2160584	193945	4185474	1892087	3299812	1548515	1550774
建筑业	409347	108769	905818	1277105	1630326	928500	623879
批发和零售业	245997	25482	727976	996225	1253884	692620	459097
交通运输、仓储和邮政业	36354	40744	593167	643541	570214	109928	277492
住宿和餐饮业	81705	8135	87599	177617	170137	109400	101990
金融业	134949	12059	343128	342916	421607	307821	328709
房地产业	581340	46109	527196	621514	1303684	418591	363489
其他服务业	809302	179008	1208848	2182885	2100758	1542895	1470763
按产业分							
第一产业	3990		865369	863854	767905	653967	524676
第二产业	2568932	302286	5086024	3166990	4927187	2474929	2173962
第三产业	1890645	311966	3512889	4989237	5843071	3205691	3016728
人均生产总值（按常住人口）（元）	**88039**	**100705**	**115913**	**99615**	**115787**	**71255**	**85560**

主要统计指标解释

国内生产总值（GDP）

指按市场价格计算的一个国家（或地区）所有常住单位在一定时期内生产活动的最终成果。国内生产总值有三种表现形态，即价值形态、收入形态和产品形态。从价值形态看，它是所有常住单位在一定时期内生产的全部货物和服务价值超过同期投入的全部非固定资产货物和服务价值的差额，即所有常住单位的增加值之和；从收入形态看，它是所有常住单位在一定时期内创造并分配给常住单位和非常住单位的初次收入之和；从产品形态看，它是所有常住单位在一定时期内最终使用的货物和服务价值减去货物和服务进口价值。在实际核算中，国内生产总值有三种计算方法，即生产法、收入法和支出法。三种方法分别从不同的方面反映国内生产总值及其构成。

生产法是从生产的角度衡量常住单位在一定时期内新创造价值的方法。即从生产的全部货物和服务总产品价值中，扣除生产过程中消耗和使用的中间货物和服务价值得到增加价值。国民经济各产业部门生产法增加值核算公式如下：

增加值＝总产出－中间投入

将国民经济各产业部门生产法增加值相加，得到生产法 GDP。

收入法也称分配法，是从常住单位从事生产活动形成收入的角度来核算生产活动最终成果的方法。国民经济各产业部门收入法增加值由劳动者报酬、生产税净额、固定资产折旧和营业盈余四个部分组成，称为收入法构成项。核算公式为：

增加值＝劳动者报酬+生产税净额+固定资产折旧+营业盈余

将国民经济各产业部门收入法增加值相加，得到收入法 GDP。

支出法国内生产总值是从最终使用的角度反映一个国家(或地区)一定时期内生产活动最终成果的一种方法，包括最终消费支出、资本形成总额及货物和服务净出口三部分。计算公式为：

支出法国内生产总值＝最终消费支出+资本形成总额+货物和服务净出口

三次产业

根据《国民经济行业分类》(GB/T 4754—2017)

和《三次产业划分规定》，我国的三次产业划分是：

第一产业是指农、林、牧、渔业（不含农、林、牧、渔专业及辅助性活动）。

第二产业是指采矿业（不含开采专业及辅助性活动），制造业（不含金属制品、机械和设备修理业），电力、热力、燃气及水生产和供应业，建筑业。

第三产业即服务业，是指除第一产业、第二产业以外的其他行业。第三产业包括：批发和零售业，交通运输、仓储和邮政业，住宿和餐饮业，信息传输、软件和信息技术服务业，金融业，房地产业，租赁和商务服务业，科学研究和技术服务业，水利、环境和公共设施管理业，居民服务、修理和其他服务业，教育，卫生和社会工作，文化、体育和娱乐业，公共管理、社会保障和社会组织，以及农、林、牧、渔业中的农、林、牧、渔专业及辅助性活动，采矿业中的开采专业及辅助性活动，制造业中的金属制品、机械和设备修理业。

劳动者报酬

指劳动者因从事生产活动所获得的全部报酬。包括劳动者获得的各种形式的工资、奖金和津贴，既包括货币形式的，也包括实物形式的，还包括劳动者所享受的公费医疗和医药卫生费、上下班交通补贴、单位支付的社会保险费、住房公积金等。对于个体经济来说，其所有者所获得的劳动报酬和经营利润不易区分，这两部分统一作为劳动者报酬处理。

生产税净额

指生产税减生产补贴后的余额。生产税指政府对生产单位从事生产、销售和经营活动以及因从事生产活动使用某些生产要素（如固定资产、土地、劳动力）所征收的各种税、附加费和规费。生产补贴与生产税相反，指政府对生产单位的单方面转移支出，因此视为负生产税，包括政策亏损补贴、价格补贴等。

固定资产折旧

指一定时期内为弥补固定资产损耗按照规定的固定资产折旧率提取的固定资产折旧，或按国民经济核算统一规定的折旧率虚拟计算的固定资产折旧。它反映了固定资产在当期生产中的转移价值。各类企业和企业化管理的事业单位的固定资产折旧是指实际计提的折旧费；不计提折旧的政府机关、非企业化管理的事业单位和居民住房的固定资产折旧是按照统一规定的折旧率和固定资产原值计算的虚拟折旧。原则上，固定资产折旧应按固定资产当期的重置价值计算，但是目前我国尚不具备对全社会固定资产进行重估价的基础，所以暂时只能采用上述办法。

营业盈余

指常住单位创造的增加值扣除劳动者报酬、生产税净额和固定资产折旧后的余额。它相当于企业的营业利润加上生产补贴，但要扣除从利润中开支的工资和福利等。

第三篇

人口

简要说明

一、本篇资料反映我市2023年及主要年份人口方面的基本情况，包括全市主要人口统计数据，主要指标有：总户数、总人口、农业人口、非农业人口、少年儿童系数、老年系数、老少比、少年儿童抚养系数、老年抚养系数、总抚养系数、出生率、死亡率、增加人口、减少人口、女性初婚人数等。

二、本篇资料来源主要有以下三个方面：

1. 有关少年儿童和老年系数、老少比及抚养系数，根据历年人口变动抽样调查和人口普查数据整理计算。

2. 有关户籍人口、城镇人口、乡村人口，根据市公安局提供的年度户籍人口统计年报资料整理。

3. 有关婚育基本情况，根据市卫生健康委员会提供的年度婚育统计资料整理。

三、本篇资料均由市统计局人口与就业统计处整理编制。

3—1　主要年份户籍人口

年　　份	年末总户数（万户）	年末总人口（万人）	男　性	女　性	城镇人口	乡村人口
2005	137.24	455.70	239.75	215.95	184.91	270.79
2010	157.06	494.95	258.00	236.95	215.84	279.11
2015	241.42	717.72	371.21	346.51	306.81	410.91
2019	255.33	770.44	395.24	375.21	404.99	365.46
2020	259.55	781.53	400.40	381.12	430.95	350.58
2021	265.39	792.67	405.51	387.16	455.83	336.84
2022	269.74	800.16	408.86	391.30	470.67	329.49
2023	274.09	806.60	411.62	394.97	482.45	324.15

注：本表为公安户籍年报统计数，城镇人口和乡村人口分组在2014年及以前为农业人口和非农业人口。

3—2　主要年份常住人口

年　　份	常住人口（万人）	城镇人口	城镇人口比重（%）
2005	463.0	258.0	55.7
2010	745.7	468.0	62.8
2015	831.4	600.7	72.3
2019	916.3	740.1	80.8
2020	937.0	770.9	82.3
2021	946.5	795.1	84.0
2022	963.4	815.4	84.6
2023	985.3	842.9	85.6

注：2010年、2020年为普查数据，其余年份为人口变动抽样调查数。

3—3　主要年份按常住计算人口系数

单位：%

年　　份	少年儿童系　　数	老年系数	老 少 比	少年儿童抚养系数	老年抚养系　　数	总抚养系数
2005	20.27	9.35	46.13	28.80	13.28	42.09
2010	14.05	8.46	60.21	18.13	10.92	29.05
2015	14.94	11.63	77.84	20.35	15.83	36.18
2019	15.61	12.90	82.63	21.83	18.04	39.86
2020	16.52	11.99	72.58	23.11	16.77	39.88
2021	16.71	12.44	74.45	23.59	17.56	41.14
2022	16.34	12.74	77.97	23.04	17.96	41.00
2023	15.78	12.82	81.24	22.10	17.96	40.06

注：2010年、2020年为普查数据，其余年份为人口变动抽样调查数。

3—4 近五次全市人口普查基本情况

指　　标		1982年	1990年	2000年	2010年	2020年
总 人 口	**(万人)**	**332.8**	**386.4**	**446.7**	**745.7**	**937.0**
男		176.0	202.8	234.6	386.8	482.2
女		156.8	183.6	212.2	358.9	454.8
育龄妇女 (15—49岁)		78.8	105.3	124.1	224.0	239.4
总 户 数	**(万户)**	**72.8**	**91.5**	**128.1**	**255.7**	**358.0**
家 庭 户		72.4	91.0	123.4	238.8	321.7
集 体 户		0.4	0.5	4.7	16.9	36.4
家庭户规模	**(人/户)**	**4.4**	**4.1**	**3.4**	**2.7**	**2.5**
各年龄组人口	**(万人)**	**332.8**	**386.4**	**446.7**	**745.7**	**937.0**
0—6岁		44.4	50.1	37.6	51.1	80.7
7—14岁		70.8	53.0	62.7	58.1	74.1
15—64岁		205.7	264.0	314.7	568.1	669.9
65岁以上		11.9	19.3	31.8	68.5	112.3
劳动年龄人口		182.8	238.0	283.8	524.1	629.7
男60岁、女55岁以上人口		26.5	38.2	55.4	123.7	175.0
民族人口	**(万人)**	**332.8**	**386.4**	**446.7**	**745.7**	**937.0**
汉　　族		330.6	383.3	442.8	740.9	930.1
少数民族		2.2	3.1	3.9	4.8	6.9
15岁及以上人口	**(万人)**	**217.6**	**283.3**	**346.4**	**636.6**	**782.2**
未　　婚		68.0	84.9	78.8	167.3	172.1
有 配 偶		133.5	181.3	247.7	434.5	561.3
丧　　偶		14.6	15.4	17.0	28.1	33.4
离　　婚		1.5	1.7	2.8	6.7	15.4
每十万人拥有受教育程度人口	**(人)**					
大专以上		1574	3333	6974	16035	26390
高　　中		6282	8444	12755	14980	14934
初　　中		17307	22781	34145	31790	26931
小　　学		29703	31121	29272	15912	19791
文盲人口及文盲率						
文盲人口	(万人)	88.4	79.6	34.4	46.8	34.8
文 盲 率	(%)	40.6	28.1	9.9	6.3	3.7

注：1953年人口普查总人口170.8万人，1964年人口普查总人口205.1万人。

3—5　主要年份户籍人口自然变动情况

年　份	出　生		死　亡		自然增长	
	人　数（人）	出生率（‰）	人　数（人）	死亡率（‰）	人　数（人）	自然增长率（‰）
1980	41299	12.81	13121	4.07	28178	8.74
1985	37909	10.95	14679	4.24	23230	6.71
1990	80757	21.47	20161	5.36	60596	16.11
1995	52125	12.81	19490	4.79	32635	8.02
2000	56460	13.01	19842	4.57	36618	8.44
2005	45322	10.07	26225	5.83	19097	4.24
2006	55998	12.10	9960	2.15	46038	9.95
2007	53030	11.18	9567	2.02	43463	9.16
2008	51156	10.60	18005	3.73	33151	6.87
2009	50036	10.23	16050	3.28	33986	6.95
2010	54692	11.09	21408	4.34	33284	6.75
2011	76031	10.80	42056	5.97	33975	4.83
2012	89275	12.60	56427	7.97	32848	4.64
2013	84499	11.88	53589	7.54	30910	4.35
2014	93313	13.10	43492	6.11	49821	7.00
2015	96049	13.40	38135	5.30	57914	8.10
2016	118739	16.40	34490	4.80	84249	11.60
2017	146841	19.94	73278	9.95	73563	9.99
2018	127157	16.95	35105	4.68	92052	12.27
2019	103646	13.56	29369	3.84	74277	9.72
2020	99872	12.87	39502	5.09	60370	7.78
2021	76990	9.78	32145	4.08	44845	5.70
2022	65917	8.28	28215	3.54	37702	4.73
2023	64932	8.08	31355	3.90	33577	4.18

3—6 户籍人口及其变动情况（2023年）

指　标		全　市	市		区	
			瑶海区	庐阳区	蜀山区	包河区
年末总户数	(户)	2740931	183644	192975	253628	288625
年末总人口	(人)	8065967	508109	552713	707214	806758
#男　性		4116229	254365	274503	351868	401479
女　性		3949738	253744	278210	355346	405279
#城镇人口		4824460	501687	539427	685666	786597
本年出生人口	(人)	64932	3855	4149	6070	8197
男　性		34397	2037	2156	3253	4314
女　性		30535	1818	1993	2817	3883
人口出生率	(‰)	8.08	7.64	7.56	8.65	10.32
本年死亡人口	(人)	31355	1530	1413	1644	1456
男　性		18046	864	787	947	838
女　性		13309	666	626	697	618
人口死亡率	(‰)	3.90	3.03	2.57	2.34	1.83
自然增长人数	(人)	33577	2325	2736	4426	6741
自然增长率	(‰)	4.18	4.61	4.98	6.30	8.49
本年迁入人口	(人)	238261	59803	24390	28582	56416
省内迁入	(人)	222925	58329	23038	26547	53160
省外迁入	(人)	15336	1474	1352	2035	3256
本年迁出人口	(人)	207476	55215	19827	22729	37754
迁往省内	(人)	180437	53819	17719	19465	33850
迁往省外	(人)	27039	1396	2108	3264	3904
机械增长人数	(人)	30785	4588	4563	5853	18662
机械增长率	(‰)	3.83	9.09	8.31	8.34	23.50
全年平均人口	(人)	8033786	504653	549064	702075	794057

市区			安巢经开区	长丰县	肥东县	肥西县	庐江县	巢湖市
高新区	经开区	新站区						
57369	104534	78728	12137	272668	356646	260795	377619	301563
161677	305284	230308	31471	817967	1086909	860281	1184890	812386
81514	154471	114387	15772	424251	570927	440628	613904	418160
80163	150813	115921	15699	393716	515982	419653	570986	394226
158504	305284	213632	26962	265978	356103	340978	362648	280994
2193	3555	3111	197	7292	8254	6998	6966	4095
1143	1883	1678	97	3905	4385	3677	3713	2156
1050	1672	1433	100	3387	3869	3321	3253	1939
13.78	11.80	13.76	6.27	8.93	7.60	8.14	5.86	5.02
402	675	300	159	1355	3722	4768	8379	5552
234	390	184	95	874	2231	2789	4701	3112
168	285	116	64	481	1491	1979	3678	2440
2.53	2.24	1.33	5.06	1.66	3.43	5.55	7.05	6.81
1791	2880	2811	38	5937	4532	2230	-1413	-1457
11.26	9.56	12.44	1.21	7.27	4.17	2.60	-1.19	-1.79
8576	14415	11499	635	4953	4295	9434	10829	4434
7888	13356	10525	582	4204	3285	8430	9748	3833
688	1059	974	53	749	1010	1004	1081	601
5201	9058	5779	553	7645	7797	9692	17440	8786
4331	7757	5282	466	5349	5272	8369	12976	5782
870	1301	497	87	2296	2525	1323	4464	3004
3375	5357	5720	82	-2692	-3502	-258	-6611	-4352
21.21	17.79	25.30	2.61	-3.30	-3.22	-0.30	-5.56	-5.34
159094	301166	226043	31411	816345	1086394	859295	1188902	815291

3—7 城镇户籍人口变动情况（2023年）

单位：人

指标	全市	市区					
		瑶海区	庐阳区	蜀山区	包河区	高新区	经开区
年末城镇人口	3217759	501687	539427	685666	786597	158504	305284
本年增加人口	219663	61023	28401	34307	57392	10711	17970
出生	30314	3683	4044	5887	8031	2167	3555
城镇人口迁入	160629	55618	17936	24744	41653	8510	9004
农业转移人口落户城镇	28057	1640	6318	3523	7491	3	5372
招生	43		2	9	13		15
录（聘）用	470		65	107	45		88
务工经商	68	32	16	1	9		
投资（创业）	1						
购（租）房	17171	1112	3733	2039	4528	1	3459
投靠亲属	9971	496	2502	1367	2637	2	1810
移民搬迁							
城中村改造							
城乡属性调整	74						
其他	259				259		
退出现役	640	82	103	149	201	30	37
由港、澳、台和国外迁入	23			4	16	1	2
本年减少人口	149295	54358	21139	24004	32087	5563	9733
死亡	7328	1517	1404	1517	1419	381	675
城镇人口迁出	141653	52822	19689	22408	30542	5165	9050
迁往港、澳、台和国外	147	5	40	53	30	10	5
服现役	167	14	6	26	96	7	3
其他							
本年净增人口	70368	6665	7262	10303	25305	5148	8237

指标	市区	安巢经开区	长丰县	肥东县	肥西县	庐江县	巢湖市
	新站区						
年末城镇人口	213632	26962	265978	356103	340978	362648	280994
本年增加人口	9398	461	5787	4510	48954	3382	8952
出生	2774	173	2455	2651	2931	2094	1179
城镇人口迁入	2990	174	999	1129	1487	335	787
农业转移人口落户城镇	3600	110	2282	662	44507	888	6941
招生	4				1		
录（聘）用	165			3		2	1
务工经商	10				1		
投资（创业）	1						
购（租）房	2278	21	514	202	3413	146	108
投靠亲属	1142	15	478	457	1324	740	111
移民搬迁							
城中村改造							
城乡属性调整		74	1167		39656		6721
其他			123		112		
退出现役	34	4	51	68	29	65	45
由港、澳、台和国外迁入							
本年减少人口	2113	298	4183	4206	6238	5906	3614
死亡	281	134	531	947	1556	2488	1024
城镇人口迁出	1815	162	3644	3239	4677	3406	2577
迁往港、澳、台和国外	3	1	1	5	1	3	5
服现役	14	1	7	15	4	9	8
其他							
本年净增人口	7285	163	1604	304	42716	-2524	5338

3—8　婚育基本情况（2023年）

指　标		全　市	市区 瑶海区	庐阳区	蜀山区	包河区	高新区	经开区
女性初婚人数	(人)	16093	483	445	1196	2316	201	278
一孩率	(%)	50.1	59.40	53.91	53.65	55.06	53.86	47.07
二孩率	(%)	40.81	35.12	39.92	40.67	38.76	40.14	44.61
多孩率	(%)	9.09	5.49	6.17	5.68	6.18	5.99	8.32
一孩妇女数	(人)	741923	54419	54947	80016	77061	17319	26888
领独生子女光荣证率	(%)	48.81	54.14	56.57	48.97	46.18	46.26	51.19
已婚育龄妇女数	(人)	1489921	86718	90359	131757	139214	31972	52552
采取节育措施人数	(人)	1277233	73169	84229	125607	128538	29151	50126
节育率	(%)	85.72	84.38	93.22	95.33	92.33	91.18	95.38

指　标		市区 新站区	长丰县	肥东县	肥西县	庐江县	巢湖市
女性初婚人数	(人)	601	2593	3107	1587	1454	1832
一孩率	(%)	51.25	43.12	51.18	45.44	45.20	53.66
二孩率	(%)	39.24	43.21	38.99	44.40	43.15	38.19
多孩率	(%)	9.51	13.67	9.83	10.16	11.65	8.15
一孩妇女数	(人)	18542	61347	87306	78919	97151	88008
领独生子女光荣证率	(%)	48.48	42.40	43.02	53.11	55.67	42.79
已婚育龄妇女数	(人)	40206	161458	205381	168589	226293	155422
采取节育措施人数	(人)	34898	130881	153817	143707	186821	136289
节育率	(%)	86.80	81.06	74.89	85.24	82.56	87.69

主要统计指标解释

人口数

指一定时点、一定地区范围内的有生命的个人的总和。

常住人口

是指具有中华人民共和国国籍并在中华人民共和国境内常住的人。

（1）居住本乡、镇、街道，户口在本乡、镇、街道的人；

（2）居住本乡、镇、街道半年以上，户口在外乡、镇、街道的人；

（3）在本乡、镇、街道居住不满半年，离开户口登记地半年以上的人；

（4）居住本乡、镇、街道，户口待定的人；

（5）原住本乡、镇、街道，现在国外工作学习，暂无户口的人；

常住户口在本乡、镇、街道，但已离开本乡、镇、街道半年以上的人，在户口所在地只登记人数，不计入户口所在地的常住人口数内。

文盲率

15 岁及以上不识字人数与总人口数的比例。

出生率（又称粗出生率）

指在一定时期内（通常为一年）平均每千人所出生的人数的比率，一般用千分率表示。计算公式为：

出生率＝年出生人数/年平均人数×1000‰

式中：出生人数指活产婴儿，即胎儿脱离母体时（不含怀孕月数），有过呼吸或其他生命现象。年平均人数指年初、年底人口数的平均数，也可用年中人口数代替。

死亡率（又称粗死亡率）

指在一定时期内（通常为一年）一定地区的死亡人数与同期平均人数（或期中人数）之比，一般用千分率表示。计算公式为：

死亡率＝年死亡人数/年平均人数×1000‰

人口自然增长率

指在一定时期内（通常为一年）人口自然增加数（出生人数减死亡人数）与该时期内平均人数（或期中人数）之比，一般用千分率表示。计算公式为：

人口自然增长率＝（年出生人数－年死亡人数）/年平均人数×1000‰＝人口出生率－人口死亡率

抚养系数

指被抚养人口（0-14 岁和 65 岁以上人口）与 15-64 岁人口的比例。计算公式为：

抚养系数＝被抚养人口/15-64 岁人口×100%

老年抚养系数

指老年人口（65 岁以上人口）与 15-64 岁人口的比例。计算公式为：

老年抚养系数＝老年人口/15-64 岁人口×100%

少年儿童抚养系数

指 0-14 岁少年儿童与 15-64 岁人口的比例。计算公式为：

少年儿童系数抚养＝少年儿童人口/15-64 岁人口×100%

第四篇

就业人员和职工工资

简要说明

一、本篇资料反映我市 2023 年及主要年份劳动经济方面的基本情况，包括全市和 13 个县（市）区、开发区的主要劳动统计数据，主要指标有：就业人员、工资总额和平均工资等。

二、“四上”单位是指纳入联网直报范围的规模以上工业、有资质的建筑业、限额以上批发和零售业、限额以上住宿和餐饮业、有开发经营活动的全部房地产开发经营业和规模以上服务业企业。

三、本篇资料来源主要有以下两个方面：

1. 就业人员、在岗职工、工资总额、平均工资根据《2023 年度全市劳动统计年报》汇总整理提供。

2. 劳动力资源平衡配置表根据全市劳动统计年报、全市年度人口变动抽样调查资料、市统计局农业统计年报、市市场监督管理局私营、个体统计年报等综合编制。

四、本篇资料均由市统计局人口与就业统计处整理编制。

4—1 按三次产业分的全社会就业人员数

年份	就业人员（万人）	第一产业	第二产业	第三产业	构成（%）第一产业	第二产业	第三产业
1980	145.9	102.9	24.8	18.2	70.5	17.0	12.5
1985	181.3	109.6	38.9	32.8	60.5	21.4	18.1
1990	203.7	116.6	47.8	39.3	57.2	23.5	19.3
1994	232.2	103.0	71.4	57.8	44.4	30.7	24.9
1995	234.1	105.0	72.8	56.3	44.9	31.1	24.0
1996	243.1	110.5	71.8	60.8	45.5	29.5	25.0
1997	260.8	113.2	77.4	70.2	43.4	29.7	26.9
1998	242.7	116.8	60.9	65.0	48.1	25.1	26.8
1999	244.0	118.8	59.4	65.8	48.7	24.3	27.0
2000	237.2	109.0	61.3	66.9	46.0	25.8	28.2
2001	240.4	109.2	61.5	69.7	45.4	25.6	29.0
2002	250.4	111.5	67.4	71.5	44.5	26.9	28.6
2003	250.5	113.2	58.8	78.5	45.2	23.5	31.3
2004	262.4	98.4	61.5	102.5	37.5	23.4	39.1
2005	256.3	93.5	68.7	94.1	36.5	26.8	36.7
2006	270.5	85.9	61.3	123.3	31.7	22.7	45.6
2007	286.5	74.0	104.2	108.3	25.8	36.4	37.8
2008	301.4	73.1	113.0	115.3	24.3	37.5	38.2
2009	307.0	71.1	113.7	122.2	23.2	37.0	39.8
2010	416.0	98.2	139.3	178.5	23.6	33.5	42.9
2011	428.0	103.6	140.8	183.6	24.2	32.9	42.9
2012	439.0	96.6	148.8	193.6	22.0	33.9	44.1
2013	447.0	90.7	155.6	200.7	20.3	34.8	44.9
2014	450.0	81.0	158.8	210.2	18.0	35.3	46.7
2015	457.0	74.5	160.4	222.1	16.3	35.1	48.6
2016	463.0	71.3	161.6	230.1	15.4	34.9	49.7
2017	469.0	68.0	164.2	236.8	14.5	35.0	50.5
2018	476.0	61.9	166.1	248.0	13.0	34.9	52.1
2019	483.0	53.5	172.6	256.9	11.1	35.7	53.2
2020	490.1	50.1	159.8	280.1	10.2	32.6	57.2
2021	493.2						
2022	497.1	50.3	164.8	282.0	10.1	33.1	56.7
2023	501.9	47.4	165.9	288.6	9.4	33.1	57.5

注：1．2021年全省未反馈地市就业人口构成。
2．根据七人普人口数据，对2010年—2019年全社会就业人员数进行了修订。

4—2 “四上”单位就业人员和工资情况（2023年）

行业	单位数（个）	就业人员期末人数（人）	就业人员平均人数（人）	就业人员平均工资（元）
合计	**10858**	**1894417**	**1852237**	**95892**
按国民经济行业分组				
采矿业	10	2936	2941	116868
制造业	2582	559445	554016	107798
电力、热力、燃气及水生产和供应业	67	40098	40367	175603
建筑业	2133	468711	455922	84010
批发和零售业	2425	140962	144329	94967
交通运输、仓储及邮政业	336	83730	76533	99651
住宿和餐饮业	534	66403	65303	54191
信息传输、软件和信息技术服务业	485	101776	101435	137060
房地产业	980	82356	82563	69924
租赁和商务服务业	590	233847	218380	68097
科学研究和技术服务业	400	58984	57001	147864
水利、环境和公共设施管理业	35	13681	12286	54216
居民服务、修理和其他服务业	70	11292	11381	48608
教育	38	8347	7842	98487
卫生和社会工作	77	14843	14955	105246
文化、体育和娱乐业	96	7006	6983	106709

4—3 “四上”单位就业人员情况（2023年）

单位：人

行　　业	就业人员期末人数	#女　性	按人员类型分		
			在岗职工	劳务派遣	其他就业人　员
合　　计	**1894417**	**616128**	**1529294**	**252977**	**112146**
按国民经济行业分组					
采矿业	2936	485	2484	173	279
制造业	559445	180227	500213	45483	13749
电力、热力、燃气及水生产和供应业	40098	10008	38378	1675	45
建筑业	468711	66757	266653	153765	48293
批发和零售业	140962	80561	131582	7895	1485
交通运输、仓储及邮政业	83730	23755	65251	15618	2861
住宿和餐饮业	66403	42494	56564	5832	4007
信息传输、软件和信息技术服务业	101776	39574	93864	1474	6438
房地产业	82356	40718	65349	9133	7874
租赁和商务服务业	233847	82719	208219	2709	22919
科学研究和技术服务业	58984	16093	54885	2405	1694
水利、环境和公共设施管理业	13681	6525	7954	4679	1048
居民服务、修理和其他服务业	11292	6530	10208	358	726
教　育	8347	5392	6987	983	377
卫生和社会工作	14843	10802	14324	307	212
文化、体育和娱乐业	7006	3488	6379	488	139

4—3 续表

单位：人

行业	按职业类型分				
	中层及以上管理人员	专业技术人员	办事人员和有关人员	社会生产服务和生活服务人员	生产制造及有关人员
合计	**149653**	**360518**	**362708**	**357131**	**664407**
按国民经济行业分组					
采矿业	203	315	137	32	2249
制造业	39651	94416	56974	15066	353338
电力、热力、燃气及水生产和供应业	5482	26251	1747	1822	4796
建筑业	34141	96685	65127	16299	256459
批发和零售业	18955	15537	62703	37815	5952
交通运输、仓储及邮政业	3759	4280	13360	51437	10894
住宿和餐饮业	7404	2905	7132	45783	3179
信息传输、软件和信息技术服务业	9052	46760	28846	15246	1872
房地产业	8759	6792	22940	42527	1338
租赁和商务服务业	10971	14621	84171	103435	20649
科学研究和技术服务业	6850	37947	10051	2358	1778
水利、环境和公共设施管理业	681	687	862	10364	1087
居民服务、修理和其他服务业	567	588	797	8794	546
教育	559	2748	2872	2144	24
卫生和社会工作	1527	7834	3178	2247	57
文化、体育和娱乐业	1092	2152	1811	1762	189

4—4 “四上”单位工资总额情况（2023年）

单位：万元

行业	就业人员工资总额	按人员类型分		
		在岗职工	劳务派遣	其他就业人员
合计	**17761392**	**15381090**	**1716073**	**664225**
按国民经济行业分组				
采矿业	34371	29805	1414	3152
制造业	5972199	5601046	297093	74059
电力、热力、燃气及水生产和供应业	708855	696897	11760	198
建筑业	3830178	2415302	1107332	307546
批发和零售业	1370650	1307207	54134	9309
交通运输、仓储及邮政业	762662	649138	96505	17018
住宿和餐饮业	353882	316222	27907	9753
信息传输、软件和信息技术服务业	1390272	1327338	15109	47824
房地产业	577313	511945	40125	25242
租赁和商务服务业	1487101	1329875	15587	141638
科学研究和技术服务业	842837	807284	24682	10871
水利、环境和公共设施管理业	66609	45440	13251	7919
居民服务、修理和其他服务业	55320	49565	1465	4290
教育	77234	70298	3845	3090
卫生和社会工作	157395	153213	2249	1934
文化、体育和娱乐业	74515	70517	3614	384

4—4 续表

单位：万元

行业	按职业类型分				
	中层及以上管理人员	专业技术人员	办事人员和有关人员	社会生产服务和生活服务人员	生产制造及有关人员
合计	**2876954**	**4754147**	**2997712**	**2142633**	**4989925**
按国民经济行业分组					
采矿业	5795	4983	953	163	22477
制造业	901332	1418950	639442	165766	2846700
电力、热力、燃气及水生产和供应业	187293	419557	22031	17898	62075
建筑业	502533	1052795	465068	106832	1702952
批发和零售业	322458	176533	527380	278103	66171
交通运输、仓储及邮政业	74264	49104	134549	414184	90561
住宿和餐饮业	70953	19822	44427	204781	13899
信息传输、软件和信息技术服务业	247130	717842	290891	117790	16617
房地产业	150830	83509	160564	171697	10712
租赁和商务服务业	160518	126661	530740	537963	131219
科学研究和技术服务业	173624	534152	97136	22130	15794
水利、环境和公共设施管理业	13781	8042	7622	31651	5513
居民服务、修理和其他服务业	5982	5403	4837	35707	3391
教育	9685	26425	31890	9113	121
卫生和社会工作	28986	84025	25368	18708	308
文化、体育和娱乐业	21793	26343	14814	10148	1416

4—5 “四上”单位平均工资情况（2023年）

单位：元

行业	就业人员年平均工资	按人员类型分		
		在岗职工	劳务派遣	其他就业人员
合计	**95892**	**102061**	**73647**	**59215**
按国民经济行业分组				
采矿业	116868	120960	70020	114618
制造业	107798	112590	68504	56212
电力、热力、燃气及水生产和供应业	175603	180258	70803	44000
建筑业	84010	91464	77496	62812
批发和零售业	94967	96918	69715	55212
交通运输、仓储及邮政业	99651	103572	88238	58260
住宿和餐饮业	54191	57585	47437	21644
信息传输、软件和信息技术服务业	137060	141887	98304	75325
房地产业	69924	76494	52178	31763
租赁和商务服务业	68097	68609	53090	65543
科学研究和技术服务业	147864	152764	98101	66284
水利、环境和公共设施管理业	54216	67238	36423	41899
居民服务、修理和其他服务业	48608	47290	45794	73966
教育	98487	103016	47124	152985
卫生和社会工作	105246	106140	75714	86722
文化、体育和娱乐业	106709	112521	64876	24151

4—5 续表

单位：元

行业	按职业类型分				
	中层及以上管理人员	专业技术人员	办事人员和有关人员	社会生产服务和生活服务人员	生产制造及有关人员
合计	**193617**	**132509**	**84822**	**62725**	**76784**
按国民经济行业分组					
采矿业	279928	160232	68576	58071	99634
制造业	230049	152380	113909	110555	81198
电力、热力、燃气及水生产和供应业	340038	158563	126982	100384	127177
建筑业	147669	109896	70896	65217	69761
批发和零售业	169804	107067	82331	72263	104867
交通运输、仓储及邮政业	195534	116030	99977	93138	85637
住宿和餐饮业	96851	67769	65517	45265	45856
信息传输、软件和信息技术服务业	278582	150148	100609	85784	78717
房地产业	171125	121768	71232	40109	69467
租赁和商务服务业	149695	90137	70556	55306	62151
科学研究和技术服务业	257909	146031	100596	85412	109373
水利、环境和公共设施管理业	209124	120212	86813	35234	50254
居民服务、修理和其他服务业	103131	86310	62170	40270	63989
教育	176093	93640	122794	49287	50333
卫生和社会工作	189324	106455	79400	82088	54053
文化、体育和娱乐业	199935	123215	85681	55364	73358

4—6 主要年份城镇非私营单位就业人员数和工资

年份	年末人数（人）		工资总额（万元）		年平均工资（元）	
	就业人员	在岗职工	就业人员	在岗职工	就业人员	在岗职工
2000	540467	427800	413271	385633	7556	8881
2005	428777	393087	757883	739131	17794	19027
2006	473193	437491	962097	941118	20639	21905
2007	487354	462120	1192392	1170785	24827	25973
2008	489541	473440	1456393	1439192	29786	30603
2009	601067	583003	1961015	1944479	33331	34143
2010	671385	652954	2502558	2482395	38483	39292
2011	977213	892376	4237245	3960744	44342	45442
2012	1155690	1032612	5673109	5161141	49712	50722
2013	1444973	1258743	7747263	6847198	54210	55006
2014	1450120	1292425	8294727	7608753	58222	60082
2015	1438665	1285845	9045072	8372431	63626	65806
2016	1480175	1327277	9902747	9220629	68416	71054
2017	1513899	1348945	11073439	10272245	74683	77484
2018	1832891	1578665	15358072	13815993	85074	89022
2019	1709072	1438930	15154717	13559447	90115	95156
2020	1729908	1408078	16222746	14522719	96831	104818
2021	1662716	1432689	17135391	15781449	104729	111672
2022	1686058	1507943	18702288	17570012	112019	117760
2023	1714687	1576848	20131489	19172972	119182	123864

注：城镇非私营单位就业人员和工资中的“在岗职工”均包含“劳务派遣”，下同。

4—7 主要年份城镇非私营单位在岗职工年平均工资

单位：元

年 份	全 市	市 区	长丰县	肥东县	肥西县	庐江县	巢湖市
2000	8881	9432	6423	7110	6415	5724	6591
2005	19027	20008	13525	16343	15220	11119	13319
2006	21905	22901	16301	18594	18100	13383	16348
2007	25873	26692	20773	23806	22430	17169	18767
2008	30603	31498	24573	28143	27256	22061	22331
2009	34143	35467	28350	29442	28655	25214	24007
2010	39292	40652	32530	33516	33432	27874	28872
2011	45442	48401	38703	38515	39088	32146	35772
2012	50722	52799	47347	44936	44087	37087	43986
2013	55006	57702	46653	43531	50175	40984	43545
2014	60082	63270	51415	45459	52630	44320	46827
2015	65806	69187	54344	51613	57212	49854	51590
2016	71054	74855	55246	56414	60838	54239	56773
2017	77484	80690	64258	70719	65820	61470	64379
2018	89022	91947	85436	74454	83221	72452	78260
2019	95156	98724	82251	79620	81084	77368	86265
2020	104818	108988	90436	85079	89473	85380	94800
2021	111672	115990	99088	90491	96306	91584	101536
2022	117760	121920	106961	95781	102837	98993	106555
2023	123864	129196	108988	103789	106680	105508	108748

4—8 城镇非私营单位就业人员数和工资（2023年）

项目	年末人数（人）		工资总额（万元）		年平均工资（元）	
	就业人员	在岗职工	就业人员	在岗职工	就业人员	在岗职工
合计	**1714687**	**1576848**	**20131489**	**19172972**	**119182**	**123864**
按地区分						
市区	1310048	1196929	16062253	15255338	123723	129196
长丰县	82275	78872	8615671	8419749	106811	108988
肥东县	88094	83327	8234376	7932414	101348	103789
肥西县	99610	95643	10369963	10141396	104857	106680
庐江县	58397	50426	5703651	5206706	100580	105508
巢湖市	76264	71651	7768704	7476075	105863	108748
按国民经济行业分						
农、林、牧、渔业	2048	2005	212102	211503	101513	103048
采矿业	1156	893	176497	148269	157101	171476
制造业	422840	412658	48304645	47793002	115637	117106
电力、热力、燃气及水生产和供应业	42406	42359	7388900	7386811	172931	173075
建筑业	378517	312641	32784614	27980563	88007	92999
批发和零售业	99321	96717	10532470	10388179	102182	103550
交通运输、仓储及邮政业	79939	77484	7416072	7315774	102205	104355
住宿和餐饮业	29440	25161	1632679	1558678	57920	62955
信息传输、软件和信息技术服务业	76786	71017	11275263	10837123	146196	151782
金融业	60444	49287	11637051	10641369	193765	218569
房地产业	65149	58480	4808250	4584685	75182	80237
租赁和商务服务业	76692	62031	6346834	5372776	87501	90329
科学研究和技术服务业	62361	60185	9582885	9409625	159104	161456
水利、环境和公共设施管理业	9233	8262	795651	727330	87686	99547
居民服务、修理和其他服务业	3428	3364	267235	264026	77046	77490
教育	125429	121641	18337964	18164710	148583	151381
卫生和社会工作	73630	72037	14211285	14015090	194299	195744
文化、体育和娱乐业	13519	13163	1552641	1538498	112750	114833
公共管理、社会保障和社会组织	92348	87461	14051852	13391709	152156	153141

主要统计指标解释

就业人员

指在一定年龄以上，有劳动能力，为取得劳动报酬或经营收入而从事一定社会劳动的人员。具体指年满 16 周岁，为取得报酬或经营利润，在调查周内从事了 1 小时（含 1 小时）以上劳动的人员；或由于学习、休假等原因在调查周内暂时处于未工作状态，但有工作单位或场所的人员；或由于临时停工放假、单位不景气放假等原因在调查周内暂时处于未工作状态，但不满三个月的人员。

单位就业人员

指报告期末最后一日在本单位工作，并取得工资或其他形式劳动报酬的人员数。该指标为时点指标，不包括最后一日当天及以前已经与单位解除劳动合同关系的人员，是在岗职工、劳务派遣人员及其他就业人员之和。

城镇私营和个体就业人员

城镇私营就业人员指在工商管理部门注册登记，其经营地址设在县城关镇（含县城关镇）以上的私营企业就业人员，包括私营企业投资者和雇工。城镇个体就业人员指在工商管理部门注册登记，并持有城镇户口或在城镇长期居住，经批准从事个体工商经营的就业人员，包括个体经营者和在个体工商户劳动的家庭帮工和雇工。

在岗职工

指在本单位工作且与本单位签订劳动合同，并由单位支付各项工资和社会保险、住房公积金的人员，以及上述人员中由于学习、病伤、产假等原因暂未工作仍由单位支付工资的人员。在岗职工还包括：1. 应订立劳动合同而未订立劳动合同人员；2. 处于试用期人员；3. 编制外招用的人员，如临时人员；4. 派往外单位工作，但工资或其他形式劳动报酬仍由本单位发放的人员（如挂职锻炼、外派工作等情况）。

劳务派遣人员

根据《中华人民共和国劳动合同法》规定，指与劳务派遣单位签订劳动合同，并被劳务派遣单位派遣到实际用工单位工作，且劳务派遣单位与实际用工单位签订《劳务派遣协议》的人员。

其他就业人员

指在本单位工作，不能归入在岗职工、劳务派遣人员中的人员。此类人员是实际参加本单位生产或工作并从本单位取得劳动报酬的人员。具体包括：非全日制人员、聘用的正式离退休人员、兼职人员（包括利用课余时间打工的在校学生）以及在本单位中工作的外籍和港澳台方人员。

专业技术人员

指专门从事各种科学研究和专业技术工作的人员。从事本类职业工作的人员，一般都要求接受过系统的专业教育，具备相应的专业理论知识，并且按规定的标准条件评聘专业技术职务，以及未聘任专业技术职务，但在专业技术岗位上工作的人员。具体包括科学研究人员、工程技术人员、农业技术人员、飞机和船舶技术人员、卫生专业技术人员、经济和金融专业人员、法律、社会和宗教专业人员、教学人员、文学艺术、体育专业人员、新闻出版、文化专业人员、其他专业技术人员。

就业人员工资总额

指本单位在月度或年度直接支付给本单位全部就业人员的劳动报酬总额。不论是计入成本的还是不计入成本的，不论是以货币形式支付的还是以实物形式支付的，均应列入工资总额的计算范围。需要明确的是，工资总额是税前工资，包括单位从个人工资中直接为其代扣或代缴的个人所得税、社会保险基金和住房公积金等个人缴纳部分以及房费、水电费等，但不包括从单位工会经费或工会账户中发放的现金或实物，入股分红、股权激励兑现的收益和各种资本性收益等。工资总额具体包括：

1. 工资，包括基本工资和绩效工资。基本工资指本单位支付给本单位就业人员的按照法定工作时间提供正常工作的劳动报酬，各单位给个人确定的底薪可作为基本工资；绩效工资指根据本单位利润增长和工作业绩定期支付给本单位就业人员的奖励性工资。

2. 奖金，指支付给本单位就业人员的超额劳动报酬和增收节支的劳动报酬。具体包括：年终奖、全勤奖、生产奖、节约奖、劳动竞赛奖和其他名目的奖金以及某工作事项完成后的提成工资、年底双薪等。

3. 津贴和补贴，指本单位制定的员工相关工资政策中，为补偿本单位就业人员特殊或额外的劳动消耗和因其他特殊原因支付的津贴，以及为保证其工资水平不受物价影响而支付的物价补贴。具体包括：补偿特殊或额外劳动消耗的津贴及岗位性津贴、保健性津贴、技术性津贴、地区津贴和其他津贴。如：过节费、通讯补贴、交通补贴、公车改革补贴、取暖补贴、物业补贴、不休假补贴、无食堂补贴、单位发的可自行支配的住房补贴以及为员工缴纳的各种商业性保险等。

4. 其他工资，指单位发放给就业人员除工资、奖金、津贴和补贴外的劳动报酬。如补发上一年度的工资等。

在岗职工工资总额

指本单位直接支付给本单位全部在岗职工的劳动报酬总额。

就业人员平均工资

指本单位就业人员平均每人所得的工资额。计算公式为：

就业人员平均工资＝就业人员工资总额/就业人员平均人数

在岗职工平均工资

指本单位在岗职工平均每人所得的工资额。计算公式为：

在岗职工平均工资＝在岗职工工资总额/在岗职工平均人数

第五篇

固定资产投资

简要说明

一、自2011年起，投资项目起报点为500万元；2016年以后，固定资产投资（不含农户）统计范围包括500万元及以上项目投资、房地产开发投资，以前年份均为全社会固定资产投资（含农户）。

二、本篇资料由市统计局固定资产投资统计处整理提供。

5—1 固定资产投资增长速度

单位：%

年份	总计	内资	外商投资经济	港澳台投资经济
2010	28.4	20.9	76.5	22.7
2015	15.4	1.1	-17.8	57.1
2016	11.1	9.4	-65.6	58.9
2017	5.0	31.5	-50.7	-2.3
2018	7.1	7.1		11.6
2019	9.0	10.8	625.8	7.0
2020	4.7	5.0	-69.2	6.1
2021	3.5	13.6	-54.5	0.6
2022	9.1	18.9	17.5	5.0
2023	3.0	2.7	11.7	9.4

注：本表2010年、2015年固定资产投资增速计算口径含农村个体投资。

5—2 固定资产投资按构成分及资金来源增长速度

单位：%

年份	按构成分			资金来源			
	建筑安装工程	设备工具器具购置	其他费用	国家预算内资金	国内贷款	利用外资	自筹和其他资金
2010	21.2	26.7	36.7	108.2	-5.4	-58.9	-4.3
2015	26.3	-27.0	-1.0	12.3	7.9	-77.1	10.7
2016	10.7	0.8	30.5	-0.4	41.1	49.0	7.7
2017	-9.7	66.3	79.5	49.7	23.4	60.2	-4.6
2018	4.9	-7.9	20.8	179.7	-14.7	150.0	-2.2
2019	10.2	6.5	8.2	3.1	13.8	115.3	13.6
2020	4.5	17.1	-0.8	-4.1	28.7	-49.6	5.3
2021	14.7	-2.3	-13.8	8.0	-22.8	-62.9	23.4
2022	7.0	18.3	8.3	63.5	28.4	23.3	-1.5
2023	-6.1	25.8	8.9	-30.9	15.4	-91.5	-6.3

注：2018年—2020年，因固定资产投资统计改革，到位资金统计范围为5000万元以上项目及房地产开发投资，2021年恢复到500万元以上项目及房地产开发投资。

5—3　主要年份分行业固定资产投资比上年增长情况

单位：%

行　　业	2015年	2019年	2020年	2021年	2022年	2023年
合　　计	**15.6**	**9.0**	**4.7**	**3.5**	**9.1**	**3.0**
农、林、牧、渔业	85.1	-23.0	36.0	21.7	52.2	6.8
采掘业	-15.2	-6.0	21.3	18.0	-25.6	25.2
制造业	10.0	12.1	-9.0	10.0	30.1	15.7
电力、热力、燃气及水生产和供应业	16.4	-8.4	42.8	5.6	-6.7	27.2
建筑业	12.4	-85.9	37.1	6.1	-76.7	-21.1
批发和零售业	15.8	4.0	-62.8	48.1	-4.3	-19.2
交通运输、仓储和邮政业	11.1	1.3	21.2	-0.3	16.0	-3.8
住宿和餐饮业	33.3	87.3	15.0	-29.8	36.0	72.2
信息传输、软件和信息技术服务业	54.9	11.1	221.6	30.2	2.2	23.8
金融业	-32.3	64.5	-3.3	-1.6	-47.8	-44.5
房地产业	15.4	4.8	2.7	-0.5	-1.1	3.4
租赁和商务服务业	87.2	40.1	-28.8	18.6	46.6	-11.6
科学研究和技术服务业	39.1	-35.8	113.9	-7.3	-25.0	77.5
水利、环境和公共设施管理业	3.4	18.6	4.7	0.4	13.9	-27.7
居民服务、修理和其他服务业	13.7	277.3	22.6	-39.6	56.9	83.3
教　育	40.9	92.7	27.2	3.3	2.9	-2.4
卫生和社会工作	9.2	98.5	23.0	78.6	8.5	-18.8
文化、体育和娱乐业	23.5	34.0	10.1	-11.6	2.4	-3.0
公共管理、社会保障和社会组织	6.8	-21.0	86.3	-9.4	-9.5	-1.9

5—4　分行业固定资产投资占比情况

单位：%

行　业	2020年	2022年	2023年
合　　计	**100.00**	**100.00**	**100.00**
农、林、牧、渔业	0.32	0.53	0.55
采掘业	0.17	0.13	0.16
制造业	20.56	26.07	29.31
电力、热力、燃气及水生产和供应业	2.53	2.21	2.73
建筑业	0.07	0.02	0.01
批发和零售业	0.18	0.22	0.18
交通运输、仓储和邮政业	7.86	8.05	7.52
住宿和餐饮业	0.24	0.20	0.34
信息传输、软件和信息技术服务业	1.97	2.32	2.79
金融业	0.48	0.22	0.12
房地产业	46.44	40.48	40.66
租赁和商务服务业	0.58	0.89	0.77
科学研究和技术服务业	1.04	0.64	1.10
水利、环境和公共设施管理业	12.32	12.48	8.77
居民服务、修理和其他服务业	0.08	0.06	0.11
教　育	3.00	2.83	2.68
卫生和社会工作	1.02	1.76	1.39
文化、体育和娱乐业	0.71	0.57	0.53
公共管理、社会保障和社会组织	0.44	0.32	0.30

5—5 固定资产投资比上年增长情况（2023年）

指 标	全 市	瑶 海 区	庐 阳 区	蜀 山 区	包 河 区
计划总投资	2.3	5.6	-2.4	-16.7	5.5
本年新开工项目计划总投资	-6.7	35.7	-37.4	-58.8	35.3
自开始建设累计完成投资	6.7	1.3	-0.3	-11.0	5.9
本年完成投资	**3.0**	**5.1**	**-9.2**	**0.9**	**0.5**
#5000万元以上项目	3.1	-9.2	-27.0	-7.2	2.5
#国有经济控股	-0.2	-3.9	-7.7	-9.3	2.5
按登记注册类型分					
内 资	2.7	5.3	-14.3	-0.9	0.8
港澳台商投资	9.4		-13.1	3472.7	81.4
外商投资	11.7		-72.7	-57.5	17.1
按建设性质分					
新 建	-2.6	9.2	-10.8	1.2	2.8
扩 建	28.0	-89.6	-52.0	25.9	-35.0
改建和技术改造	24.5	-41.8	-27.3	13.5	-33.8
按构成分					
建筑安装工程	-6.1	-6.8	-17.2	17.0	-9.2
设备工器具购置	25.8	40.8	-29.8	-10.7	-33.7
其他费用	8.9	20.7	28.8	-25.0	11.4
本年资金来源合计	**-3.4**	**21.0**	**-36.0**	**-19.7**	**14.0**
上年末结余资金	8.2	0.5	-49.8	4.4	12.7
本年资金来源小计	-6.3	27.1	-31.6	-25.1	14.5
国家预算内资金	-30.9	-69.8	-48.2	-20.1	-19.8
国内贷款	15.4	53.3	-56.5	-31.8	-11.8
利用外资	-91.5			-100.0	
自筹资金	-15.7	-3.7	-37.0	-21.8	-1.1
其他资金来源	3.5	35.8	-14.0	-28.1	26.1

单位：%

高新区	经开区	新站区	安巢经开区	长丰县	肥东县	肥西县	庐江县	巢湖市
9.3	5.9	-8.6	-9.2	5.0	-11.5	28.1	-6.9	5.2
108.1	5.2	-39.2	-51.6	-9.0	-25.0	2.3	-19.1	-20.2
-0.7	27.4	3.1	-6.0	21.3	-0.2	28.6	-12.1	11.8
7.0	**25.9**	**-10.8**	**-42.1**	**-5.7**	**-11.9**	**24.9**	**1.1**	**1.9**
15.1	19.2	-8.5	-29.1	-2.6	-9.7	18.9	-2.5	16.8
-6.1	4.6	-10.3	-40.0	4.4	-6.7	13.0	-1.5	13.0
7.0	25.0	-13.3	-41.9	-6.6	-10.8	30.2	0.3	2.2
-31.7	35.6	-46.0	-100.0	-40.3	123.4	-60.0	-14.0	-64.1
41.9	9.1	78.7		218.9	-82.3	-55.4	125.2	-12.7
6.6	-17.8	-13.5	-36.7	-23.7	-13.4	34.5	-1.2	-3.4
14.5	124.0	-10.9	-77.1	-18.6	-20.0	-19.5	-14.3	98.1
-1.8	22.4	16.0	-46.0	264.6	20.8	8.5	40.3	-21.0
-10.1	-25.2	-12.0	-44.0	-15.4	-20.4	19.8	1.9	6.5
0.8	68.3	-1.3	-21.0	17.6	18.8	59.5	41.0	-4.6
93.6	68.4	-18.2	-66.4	-9.1	-2.9	48.9	-22.9	-11.2
19.7	**4.5**	**-19.1**	**-38.3**	**-13.2**	**-30.4**	**7.9**	**-4.6**	**-15.6**
92.2	31.2	8.8	-61.5	-28.8	-42.9	35.2	36.8	-67.4
1.5	0.9	-27.2	-36.7	-8.4	-27.4	1.4	-8.1	-3.6
-45.1	-19.3	-50.5	456.6	-35.7	-13.8	-38.5	-49.6	-7.6
66.3	137.2	-10.7	-16.3	-3.1	-47.1	-25.4	-53.1	15.3
-85.1	-100.0	-100.0			-100.0	-86.7	-100.0	
-0.2	-66.3	-34.8	-39.7	10.4	-19.4	54.1	12.5	-4.9
-1.1	55.7	-21.3	-52.0	-29.2	-30.3	15.0	-12.5	-4.3

5—6 分行业固定资产投资比上年增长情况（2023年）

行业	全市	瑶海区	庐阳区	蜀山区	包河区
合计	**3.0**	**5.1**	**-9.2**	**0.9**	**0.5**
农、林、牧、渔业	6.8		-100.0	35.5	
采掘业	25.2				
制造业	15.7	15.9	9.8	9.1	35.1
电力、热力、燃气及水生产和供应业	27.2	0.3	4.4	1.2	-68.0
建筑业	-21.1	-8.4	108.9	-100.0	-51.8
批发和零售业	-19.2	320.7	-68.4	3.3	-58.5
交通运输、仓储和邮政业	-3.8	12.7	-34.6	-36.3	-40.5
住宿和餐饮业	72.2		-93.8	144.9	-3.1
信息传输、软件和信息技术服务业	23.8	-100.0	103.7	12.5	13.0
金融业	-44.5	-100.0	-100.0	30.3	-61.7
房地产业	3.4	22.7	5.1	4.6	1.8
租赁和商务服务业	-11.6	-78.4	-86.9	28.7	-48.4
科学研究和技术服务业	77.5	26.5	-19.3	24.7	39.5
水利、环境和公共设施管理业	-27.7	-40.6	-32.4	3.8	22.0
居民服务、修理和其他服务业	83.3	-90.1	-80.9	805.0	151.8
教育	-2.4	-30.0	-42.9	24.4	45.0
卫生和社会工作	-18.8	60.0	42.2	-35.6	-51.4
文化、体育和娱乐业	-3.0	-8.5	90.2	-10.8	-9.7
公共管理、社会保障和社会组织	-1.9	-63.0	203.2	162.0	-55.1

单位：%

高新区	经开区	新站区	安巢经开区	长丰县	肥东县	肥西县	庐江县	巢湖市
7.0	**25.9**	**-10.8**	**-42.1**	**-5.7**	**-11.9**	**24.9**	**1.1**	**1.9**
				-33.9	15.5	22.4	44.2	11.4
							6.3	2681.0
-3.0	39.1	5.7	-31.0	3.7	-3.1	67.2	2.2	1.5
19.2	208.2	49.2	-12.7	38.4	142.5	0.1	49.3	36.9
-1.9	-100.0	-100.0		-57.2	154.5	-41.3	160.2	-92.6
16.7	53.0	-23.3		4.9	23.4	31.4	-40.1	24.6
-100.0	772.0	-25.8	-51.3	-81.3	97.9	142.1	88.5	41.9
27.1	-83.0				-47.5			
		-70.8		-70.8	-14.5			
-7.8	44.9	-13.8	-75.0	-16.5	-22.9	48.0	13.8	-26.7
318.1		-45.1	-48.9	81.8	-16.6	-42.8	-28.8	23.9
276.8	41.2		125.1	-58.5	-14.9	1300.7	-100.0	
-12.4	-67.8	-49.3	-11.6	-32.8	-36.3	-39.3	-28.6	-0.6
				-76.7	-74.4	-24.7	-86.3	450.1
-97.7	59.7	-47.7	-49.5	-53.9	-28.6	28.6	35.9	38.1
152.5	-87.4	17.4	-25.6	-57.5	23.9	-22.9	13.4	-5.8
-99.7		2.7		59.2	-62.3	-24.8	247.8	-82.7
-100.0				-10.2	-80.8	-89.8	135.9	-9.9

5—7 分行业固定资产投资占比情况（2023年）

行业	全市	瑶海区	庐阳区	蜀山区	包河区
农、林、牧、渔业	0.55	0.10		0.01	
采掘业	0.16				
制造业	29.31	0.88	5.12	5.12	2.39
电力、热力、燃气及水生产和供应业	2.73	1.74	1.57	0.76	0.31
建筑业	0.01	0.15	0.17		0.01
批发和零售业	0.18	0.27	0.55	0.09	0.13
交通运输、仓储和邮政业	7.52	5.92	11.39	11.26	3.40
住宿和餐饮业	0.34		0.01	0.23	0.06
信息传输、软件和信息技术服务业	2.79		4.67	9.37	0.01
金融业	0.12			0.59	0.34
房地产业	40.66	73.79	57.05	41.43	72.73
租赁和商务服务业	0.77	0.47	0.26	1.91	0.62
科学研究和技术服务业	1.10	0.02	3.25	1.97	0.80
水利、环境和公共设施管理业	8.77	9.57	10.61	15.48	13.76
居民服务、修理和其他服务业	0.11	0.01	0.01	0.34	0.40
教　育	2.68	4.22	2.24	6.34	3.40
卫生和社会工作	1.39	1.91	2.28	1.41	0.69
文化、体育和娱乐业	0.53	0.87	0.56	0.92	0.70
公共管理、社会保障和社会组织	0.30	0.09	0.28	2.76	0.25

注：县区分行业占比均为该行业投资占所在县区比重。

单位：%

高新区	经开区	新站区	安巢经开区	长丰县	肥东县	肥西县	庐江县	巢湖市
	0.02			0.86	1.65	1.47	1.02	1.61
							2.22	0.75
30.83	67.02	49.91	43.90	54.05	21.75	20.19	25.48	25.40
0.84	1.30	0.37	7.86	4.05	3.79	4.53	8.35	9.44
0.37				0.05	0.47	0.06	0.68	0.02
5.05	6.37	2.12		7.44	17.61	9.22	8.12	10.18
	0.19	0.03	0.06	0.04	0.11	0.67	2.84	0.12
26.25	0.06				0.07	0.08		
		0.003		0.002	0.35			
23.06	19.10	35.51	15.80	25.66	40.34	48.77	30.69	23.57
1.80	0.22	0.28	1.32	1.26	0.71	0.71	0.39	0.32
7.48	0.46		5.62	0.24	0.21	0.19		
3.65	3.66	6.75	19.53	3.89	9.78	9.14	12.75	9.46
				0.003	0.02	0.07	0.02	0.58
0.06	1.52	2.26	2.79	0.72	1.09	2.22	1.42	16.74
0.59	0.06	2.07	3.11	0.97	1.57	2.40	3.21	1.72
0.003		0.70		0.39	0.41	0.22	2.59	0.04
	0.03			0.39	0.07	0.04	0.22	0.06

5—8 各县（市）区固定资产投资增长情况（2023年）

单位：%

地　区	固定资产投资	项目投资	工业投资	基础设施投资	其他投资
合　计	**3.0**	**2.2**	**16.7**	**-16.3**	**2.5**
瑶 海 区	5.1	-12.1	5.1	-27.6	2.1
庐 阳 区	-9.2	-26.8	8.5	-24.6	-39.4
蜀 山 区	0.9	-7.9	8.1	-11.7	-5.2
包 河 区	0.5	2.4	-1.6	1.0	4.9
高 新 区	7.0	13.4	-2.5	4.7	118.6
经 开 区	25.9	22.1	40.5	-36.6	26.0
新 站 区	-10.8	-9.4	6.0	-44.8	-30.1
巢湖经开区	-42.1	-32.9	-28.8	-11.6	-51.1
长 丰 县	-5.7	-3.9	5.5	-11.4	-38.2
肥 东 县	-11.9	-9.3	6.4	-7.7	-27.3
肥 西 县	24.9	13.8	48.9	-18.8	18.7
庐 江 县	1.1	-0.6	10.5	-33.6	24.5
巢 湖 市	1.9	12.1	11.4	-6.2	23.4

5—9 房地产开发情况（2023年）

单位：万元

指　　标	总　计	内资企业	港 澳 台 投资企业	外　　商 投资企业
企业数 (个)	756	739	13	4
计划总投资	141169422	137243994	3742800	182628
自开始建设累计完成投资	97532509	94417253	2947694	167562
本年完成投资	15446256	15315332	123150	7774
按构成分				
建筑工程	6528946	6476527	45645	6774
安装工程	159042	155474	3568	
设备工器具购置	14249	13845	329	75
其他费用	8744019	8669486	73608	925
#土地购置费	7846322	7777795	68527	
按工程用途分				
住　宅	11978207	11913845	57614	6748
#90平方米以下住房	2247563	2200785	42085	4693
#144平方米以上住房	1364983	1364983		
办公楼	500374	486085	14289	
商业营业用房	1101777	1051743	49628	406
其　他	1865898	1863659	1619	620
本年新增固定资产	12762336	12525334	237002	
本年资金来源合计	34335467	33811810	505097	18560
上年末结余资金	11730621	11627699	96226	6696
本年资金来源小计	22604846	22184111	408871	11864
#国内贷款	2641709	2639489	2220	
利用外资				
自筹资金	4470608	4247022	222981	605
定金及预收款	8490230	8457248	27261	5721
个人按揭贷款	5502681	5352154	144989	5538
其他到位资金	1499618	1488198	11420	
本年各项应付款合计	5671020	5170157	486922	13941
#工程款	2913015	2804212	101229	7574
待开发土地面积 (平方米)	1903781	1903781		

5—9 续表

单位：万元

指 标	总 计	内资企业	港澳台投资企业	外商投资企业
年初存货	47541571	46738367	669213	133991
流动资产合计	97160406	94856907	1961275	342223
#存 货	48707572	47806731	767195	133645
固定资产原价	3203357	3051104	134131	18123
累计折旧	672359	616421	47492	8446
#本年折旧	103948	98856	4376	716
资产总计	124008560	120938075	2694820	375666
负债合计	92419548	90466201	1735827	217519
所有者权益合计	31589013	30471874	958992	158147
#实收资本	18597965	17903425	632308	62232
主营业务收入	16268881	16013980	238393	16508
#商品房屋销售收入	15117318	14885989	215746	15584
自持物业收入	198988	183081	15606	301
其他收入	952575	944911	7041	624
主营业务成本	13633048	13404401	221607	7041
税金及附加	411038	403432	5330	2276
其他业务利润	25036	21141	3858	38
销售费用	465647	455102	8050	2494
管理费用	362041	342471	17203	2367
财务费用	242655	236665	1381	4610
#利息费用	258692	249676	4347	4668
营业利润	1426279	1398909	29651	-2281
营业外收入	27218	25407	762	1049
营业外支出	72899	68492	4291	117
资产减值损失（损失以“—”号记）	-44756	-44758	2	
公允价值变动收益	2011	2011		
投资收益	348308	300399	47909	
利润总额	1384325	1359551	26123	-1349
所得税费用	370130	367405	2689	36
应付职工薪酬	303388	295042	7455	892

注：以往年度资产减值损失以正数填报，2022年起年报制度变化，损失以“—”号记。

5—10 市区房地产开发情况（2023年）

单位：万元

指 标		总 计	内资企业	港澳台投资企业	外商投资企业
企业数	(个)	495	483	9	3
计划总投资		106432214	104331114	2001100	100000
自开始建设累计完成投资		75979645	74289902	1592302	97441
本年完成投资		11174968	11106024	68944	
按构成分					
建筑工程		4659589	4634773	24816	
安装工程		117827	117064	763	
设备工器具购置		13179	12850	329	
其他费用		6384373	6341337	43036	
#土地购置费		5746413	5706413	40000	
按工程用途分					
住 宅		8337505	8327955	9550	
#90平方米以下住房		1213575	1213575		
#144平方米以上住房		1286521	1286521		
办公楼		456770	442481	14289	
商业营业用房		786620	742715	43905	
其 他		1594073	1592873	1200	
本年新增固定资产		10272872	10155630	117242	
本年资金来源合计		26780332	26340791	436136	3405
上年末结余资金		8447635	8392699	52136	2800
本年资金来源小计		18332697	17948092	384000	605
#国内贷款		2098778	2096558	2220	
利用外资					
自筹资金		3679700	3458419	220676	605
定金及预收款		6927214	6910880	16334	
个人按揭贷款		4269384	4136034	133350	
其他到位资金		1357621	1346201	11420	
本年各项应付款合计		3966942	3941407	25535	
#工程款		1989420	1974435	14985	
待开发土地面积	(平方米)	1259503	1259503		

注：市区不含五县市及安巢经开区，不分共建项目。

5—10 续表

单位：万元

指 标	总 计	内资企业	港澳台投资企业	外商投资企业
年初存货	32773674	32441173	223439	109062
流动资产合计	71398969	69751962	1423962	223044
#存 货	32711175	32223451	380507	107217
固定资产原价	2306028	2165862	126511	13656
累计折旧	557897	510831	42719	4347
#本年折旧	78338	73586	4077	675
资产总计	93999480	91831732	1913490	254258
负债合计	69628758	68349788	1143929	135042
所有者权益合计	24370722	23481945	769561	119216
#实收资本	14665706	14178316	467158	20232
主营业务收入	12136933	11997110	135050	4773
#商品房屋销售收入	11459491	11339959	115683	3849
自持物业收入	176052	163425	12326	301
其他收入	501390	493726	7041	624
主营业务成本	10020131	9887489	129920	2722
税金及附加	359082	345863	10994	2225
其他业务利润	23729	19845	3847	38
销售费用	305908	301960	3928	20
管理费用	286716	273280	11279	2156
财务费用	127344	134977	-7626	-8
#利息费用	152942	152448	494	
营业利润	1271185	1242143	31385	-2343
营业外收入	20217	18705	474	1038
营业外支出	61938	60314	1580	44
资产减值损失（损失以“—”号记）	-29462	-29464	2	
公允价值变动收益	8083	8083		
投资收益	286195	238286	47909	
利润总额	1233192	1204261	30280	-1349
所得税费用	338624	335950	2638	36
应付职工薪酬	225554	220482	4429	644

5—11 房地产开发企业施工和销售情况（2023年）

单位：平方米

指　　标	总　计	住　宅	办公楼	商业营业用　　房	其　他
全　　市					
房屋施工面积	74123263	47920988	4494551	6521870	15185854
#新开工面积	15864092	11132982	443504	663493	3624113
房屋竣工面积	23451915	15231324	1500602	1693106	5026883
#不可销售面积	810753	124080	105527	139450	441696
竣工房屋价值　（万元）	9885706	6631719	728713	980966	1544308
商品房销售面积	11092544	9376062	510580	411701	794201
现房销售面积	883587	233325	257719	215342	177201
期房销售面积	10208957	9142737	252861	196359	617000
商品房销售额　（万元）	15934617	14560769	516849	560511	296488
现房销售额	804504	305373	246154	184655	68322
期房销售额	15130113	14255396	270695	375856	228166
待售面积	5363919	827050	936642	1170071	2430156
#待售1−3年面积	1561707	350046	146537	287598	777526
待售3年以上面积	1246224	23144	326957	358410	537713
市　　区					
房屋施工面积	51014173	31188527	4092887	4221205	11511554
#新开工面积	11117822	7807896	404252	405304	2500370
房屋竣工面积	17544811	11003935	1263346	1276717	4000813
#不可销售面积	522913	104039	68745	93240	256889
竣工房屋价值　（万元）	7266482	4591514	645228	807093	1222647
商品房销售面积	7556113	6450964	482073	263888	359188
现房销售面积	644262	143904	248957	120738	130663
期房销售面积	6911851	6307060	233116	143150	228525
商品房销售额　（万元）	12419058	11295876	499692	415336	208154
现房销售额	640217	216671	240629	122255	60662
期房销售额	11778841	11079205	259063	293081	147492
待售面积	3846437	310014	885842	785941	1864640
#待售1−3年面积	948226	109800	137211	117614	583601
待售3年以上面积	1032490	8046	311849	222346	490249

5—12　各县（市）区房地产开发企业个数（2023年）

单位：个

地　区	企业个数	内资企业	港澳台投资企业	外商投资企业
合　计	**756**	**739**	**13**	**4**
瑶海区	46	45	1	
庐阳区	54	53	1	
蜀山区	61	59	1	1
包河区	159	154	5	
高新区	58	57	1	
经开区	46	45		1
新站区	71	70		1
安巢经开区	14	14		
长丰县	66	64	2	
肥东县	62	62		
肥西县	57	55	2	
庐江县	38	38		
巢湖市	24	23		1

5—13　各县（市）区房地产开发企业从业人数（2023年）

单位：人

地　区	从业人员平均人数	内资企业	港澳台投资企业	外商投资企业
合　计	**13076**	**12594**	**391**	**91**
瑶海区	690	655	35	
庐阳区	1317	1317		
蜀山区	1070	1028		42
包河区	2504	2356	148	
高新区	1236	1236		
经开区	869	864		5
新站区	827	801		26
安巢经开区	523	523		
长丰县	984	875	109	
肥东县	817	817		
肥西县	1203	1104	99	
庐江县	524	524		
巢湖市	512	494		18

5—14 各县（市）区房地产开发投资总规模及完成投资（2023年）

单位：万元

地 区	计划总投资	自开始建设累计完成投资	本年完成投资	全部建成尚需投资
合 计	**141169422**	**97532509**	**15446256**	**43636913**
瑶海区	8733505	5241024	1070501	3492481
庐阳区	8053360	5564794	781993	2488566
蜀山区	10009193	6867846	1064437	3141347
包河区	46791107	35738262	4764491	11052845
高新区	8367494	6144681	781705	2222813
经开区	8743837	3850060	1169434	4893777
新站区	10224306	8515967	1257996	1708339
安巢经开区	1341716	887246	31282	454470
长丰县	13381704	9788327	1159290	3593377
肥东县	7020988	4803002	1109498	2217986
肥西县	13728492	6462034	1809125	7266458
庐江县	2992034	2556019	285061	436015
巢湖市	1781687	1113248	161444	668439

5—15 各县（市）区按用途分的房地产开发投资（2023年）

单位：万元

地 区	本年完成投资	住 宅	#90平方米以下	#144平方米以上	办公楼	商业营业用房	其 他
合 计	**15446256**	**11978207**	**2247563**	**1364983**	**500374**	**1101777**	**1865898**
瑶海区	1070501	825439	172350	73665	13014	56970	175078
庐阳区	781993	623161	150737	28614	4614	66425	87793
蜀山区	1064437	747892	63673	17948	35161	98897	182487
包河区	4764491	3578041	213579	805488	255936	377384	553130
高新区	781705	508564	12727	227013	75699	84117	113325
经开区	1169434	863450	203581	67015	59213	68512	178259
新站区	1257996	956311	326002	1196	10474	23216	267996
安巢经开区	31282	26938	11601	892		2976	1368
长丰县	1159290	1003231	296277	4384	4790	66938	84332
肥东县	1109498	913392	237404	1854	33052	92507	70547
肥西县	1809125	1542716	533745	104252	6433	144676	115301
庐江县	285061	250571	7649	19359		11572	22918
巢湖市	161444	138503	18240	13303	1988	7588	13365

5—16 各县（市）区房地产开发企业施工情况（2023年）

地　　区	房屋施工面积（平方米）	新开工	竣工房屋面积（平方米）	房屋建筑面积竣工率（%）	竣工房屋价值（万元）	竣工房屋造价（元/平方米）
合　　计	**74123263**	**15864092**	**23451915**	**31.6**	**9885706**	**4215**
瑶 海 区	3821523	1861899	901457	23.6	350198	3885
庐 阳 区	4184829	597984	945635	22.6	444565	4701
蜀 山 区	4463155	718974	1334125	29.9	508008	3808
包 河 区	21791352	3215386	9617471	44.1	3968188	4126
高 新 区	4830484	700185	1877701	38.9	935548	4982
经 开 区	4346837	1816048	906554	20.9	323187	3565
新 站 区	5778745	2207346	1407664	24.4	598231	4250
安巢经开区	442686	60000	118709	26.8	48577	4092
长 丰 县	5938819	805625	1629845	27.4	681490	4181
肥 东 县	5444310	1248364	2538960	46.6	1109952	4372
肥 西 县	9556379	2365529	1590443	16.6	612678	3852
庐 江 县	2189021	221240	363773	16.6	174327	4792
巢 湖 市	1335124	45512	219580	16.4	130757	5955

5—17 各县（市）区按用途分的房地产开发企业新开工房屋面积（2023年）

单位：平方米

地　　区	本年新开工房屋面积	住　宅	办公楼	商业营业用房	其　他
合　　计	**15864092**	**11132982**	**443504**	**663493**	**3624113**
瑶 海 区	1861899	1240991	17619	121212	482077
庐 阳 区	597984	365256		23995	208733
蜀 山 区	718974	600006	24810	45280	48878
包 河 区	3215386	2405835	119893	77782	611876
高 新 区	700185	547872	30268	27431	94614
经 开 区	1816048	1110531	211662	71957	421898
新 站 区	2207346	1537405		37647	632294
安巢经开区	60000	60000			
长 丰 县	805625	547605		32800	225220
肥 东 县	1248364	750189	27701	71013	399461
肥 西 县	2365529	1810727	11551	152729	390522
庐 江 县	221240	124202		1647	95391
巢 湖 市	45512	32363			13149

5—18　各县（市）区商品房销售情况（2023年）

地　　区	商品房销售面积（平方米）	#住　宅	现　房	期　房	商品房销售额（万元）	#住　宅	现　房	期　房
合　　计	**11092544**	**9376062**	**883587**	**10208957**	**15934617**	**14560769**	**804504**	**15130113**
瑶 海 区	756077	686841	14891	741186	1375093	1315216	11255	1363838
庐 阳 区	261005	218698	16519	244486	509612	467027	21833	487779
蜀 山 区	609894	552537	132011	477883	1004290	945601	157447	846843
包 河 区	2612746	1941366	394901	2217845	5159461	4439044	400939	4758522
高 新 区	386245	313685	28256	357989	765237	692172	17147	748090
经 开 区	1141918	1020220	12500	1129418	1913873	1785563	10263	1903610
新 站 区	1365129	1309100	40148	1324981	1186494	1156733	18837	1167658
安巢经开区	34937	34521	21866	13071	33968	33725	23674	10294
长 丰 县	654456	573600	88588	565868	614282	559639	62150	552133
肥 东 县	729961	653241	50283	679678	740196	698671	32584	707612
肥 西 县	2027141	1607243	51455	1975686	2229286	2076375	19781	2209506
庐 江 县	391490	345185	16090	375400	266673	257028	9428	257245
巢 湖 市	121547	119825	16080	105467	136153	133977	19168	116985

5—19 各县（市）区按用途分的商品房销售面积（2023年）

单位：平方米

地区	商品房销售面积	住宅	#90平方米以下	#144平方米以上	办公楼	商业营业用房	其他
合计	**11092544**	**9376062**	**1171155**	**632246**	**510580**	**411701**	**794201**
瑶海区	756077	686841	1995	74214	3335	26473	39428
庐阳区	261005	218698	912		233	16768	25306
蜀山区	609894	552537	38731	50276	14176	19872	23309
包河区	2612746	1941366	100878	344601	384516	128361	158503
高新区	386245	313685	805	16558	21324	28980	22256
经开区	1141918	1020220	1172	33852	49903	26043	45752
新站区	1365129	1309100	177041	12305	8586	13875	33568
安巢经开区	34937	34521	2935	1699		416	
长丰县	654456	573600	161345		6040	36109	38707
肥东县	729961	653241	28520	41370	21800	25405	29515
肥西县	2027141	1607243	656161	14799		75926	343972
庐江县	391490	345185	660	34296	667	11753	33885
巢湖市	121547	119825		8276		1722	

主要统计指标解释

固定资产投资

固定资产投资额是以货币表现的建造和购置固定资产活动的工作量，它是反映固定资产投资规模、速度、比例关系和使用方向的综合性指标。固定资产投资按经济类型可分为国有、集体、个体、联营、股份制、外商、港澳台商、其他等。按照管理渠道，固定资产投资统计的范围包括：⑴500万元以上项目投资；⑵房地产开发投资。

房地产开发投资

指房地产开发公司、商品房建设公司及其他房地产开发法人单位和附属于其他法人单位实际从事房地产开发或经营的活动单位统一开发的包括统代建、拆迁还建的住宅、厂房、仓库、饭店、宾馆、度假村、写字楼、办公楼等房屋建筑物和配套的服务设施，土地开发工程（如道路、给水、排水、供电、供热、通讯、平整场地等基础设施工程）的投资；不包括单纯的土地交易活动。

固定资产投资的资金来源

根据固定资产投资的资金来源不同，分为国家预算内资金、国内贷款、利用外资、自筹资金和其他资金来源。

⑴国家预算内资金：指中央财政和地方财政中由国家统筹安排的基本建设拨款和更新改造拨款，以及中央财政安排的专项拨款中用于基本建设的资金和基本建设拨款改贷款的资金等。

⑵国内贷款：指报告期内企、事业单位向银行及非银行金融机构借入的用于固定资产投资的各种国内借款。包括银行利用自有资金及吸收的存款发放的贷款、上级主管部门拨入的国内贷款、国家专项贷款（包括煤代油贷款、劳改煤矿专项贷款等)、地方财政专项资金安排的贷款、国内储备贷款、周转贷款等。

⑶利用外资：指报告期内收到的用于固定资产投资的国外资金，包括统借统还、自借自还的国外贷款，中外合资项目中的外资，以及对外发行债券和股票等。国家统借统还的外资指由我国政府出面同外国政府、团体或金融组织签订贷款协议、并负责偿还本息的国外贷款。

⑷自筹资金：指建设单位报告期内收到的，用于进行固定资产投资的上级主管部门、地方和企、事业单位自筹资金。

⑸其他资金来源：指报告期内收到的除以上各种拨款。

固定资产投资按建设性质分

建设项目的性质一般分为新建、扩建、改建、迁建、恢复。基本建设按建设项目划分建设性质，更新改造、国有单位其他固定资产投资及城镇集体投资等按整个企业、事业单位的建设情况确定建设性质，房地产开发单位、农村投资等投资不划分建设性质。

⑴新建：一般是指从无到有、“平地起家”新开始建设的单位。有的单位原有的基础很小，经过建设后其新增加的固定资产价值超过原有固定资产价值（原值）三倍以上的也算新建。

⑵扩建：一般是指为扩大原有产品的生产能力，在厂内或其他地点增建主要生产车间（或主要工程)、独立的生产线或分厂的企业；事业单位和行政单位在原单位增建业务用房（如学校增建教学用房、医院增建门诊部或病床用房、行政机关增建办公楼等）也作为扩建。

⑶改建：一般是指现有企业、事业单位为了技术进步，提高产品质量，增加花色品种，促进产品升级换代，降低消耗和成本，加强资源综合利用和三废治理、劳保安全等，采用新技术、新工艺、新设备、新材料等对现有设施、工艺条件进行技术改造或更新（包括相应配套的辅助性生产、生活福利设施)。有的企业为充分发挥现有生产能力，进行填平补齐而增建不增加本单位主要产品生产能力的车间等，也属于改建。

固定资产投资按构成分

固定资产投资活动按其工作内容和实现方式分为建筑安装工程，设备、工具、器具购置，其他费用三个部分。

⑴建筑安装工程（建筑安装工作量）：指各种房屋、建筑物的建造工程和各种设备、装置的安装工程。包括各种房屋建造工程，各种用途设备基础和各种工业窑炉的砌筑工程；为施工而进行的各种准备工作和临时工程以及完工后的清理工作等；铁路、道路的铺设，矿井的开凿及石油管道的架设等；水利工程；防空地下建筑等特殊工程；以及各种机械设备的安装工程；为测定安装工程质量，对设备进行的试运工作。在安装工程中，不包括被安装设备本身的价值。

⑵设备、工具、器具购置：指购置或自制达到固定资产标准的设备、工具、器具的价值，固定资产的标准按财务部门规定。新建单位、扩建单位的新建车间按照设计和计划要求购置或自制的全部设备、工具、器具，不论是否达到固定资产标准均计入“设备、工具、器具购置”中。

⑶其他费用：指在固定资产建造和购置过程中发生的，除建筑安装工程和设备、工具、器具购置以外的各种应摊入固定资产的费用。

土地购置费

指房地产开发企业通过各种方式取得土地使用权而支付的费用及全部涉税费用，如契税、印花税、耕地占用税、城镇土地使用税等，但不包含商品房销售后缴纳的土地增值税。

土地购置费包括：⑴通过划拨方式取得的土地使用权所支付的土地补偿费、附着物和青苗补偿费、安置补偿费及土地征收管理费等；⑵通过“招、拍、挂”等出让方式取得土地使用权所支付的资金。以划拨方式取得土地所支付的资金在房地产项目竣工后计入新增固定资产，以出让方式取得土地所有权所支付的出让金不计入新增固定资产。土地购置费按实际发生额填报，分期付款的应分期计入。项目分期开发的，只计入与本期项目有关的土地购置费，前期支付的土地购置费，项目纳入统计后计入。

住宅

指专供居住用的房屋。包括普通商品房、保障性住房、别墅、公寓、各部门的职工家属宿舍和集体宿舍（包括职工单身宿舍和学生宿舍）等供居住的房屋。不包括住宅楼中作为人防工程用的房屋，也不包括不住人的地下室。

办公楼

指企业、事业、机关、团体、学校、医院等单位的办公用房，也包括商务办公楼。

商业营业用房

包括批发和零售用房、宾馆用房屋、餐饮用房屋、商务会展用房屋和其他商业及服务用房屋五类。

房屋施工面积

指报告期内施工的全部房屋建筑面积。包括本期新开工的房屋建筑面积、上期跨入本期继续施工的房屋建筑面积、上期停缓建在本期恢复施工的房屋建筑面积、本期竣工的房屋建筑面积以及本期施工后又停缓建的房屋建筑面积。多层建筑应填各层建筑面积之和。

房屋竣工面积

指报告期内房屋建筑按照设计要求已全部完工，达到住人和使用条件，经验收鉴定合格或达到竣工验收标准，可正式移交使用的各栋房屋建筑面积的总和。

商品房销售面积

指报告期内出售商品房屋的合同总面积（即双方签署的正式买卖合同中所确定的建筑面积）。本月销售面积指从本月 1 日起至本月最后一天止出售商品房屋的合同总面积。商品房销售面积由现房销售面积和期房销售面积两部分组成。

商品房销售额

指报告期内出售商品房屋的合同总价款（即双方签署的正式买卖合同中所确定的合同总价）。本月销售额指从本月 1 日起至本月最后一天止出售商品房屋的合同总价款。该指标与商品房销售面积同口径，由现房销售额和期房销售额两部分组成。

待售面积

指报告期末已竣工的可供销售或出租的商品房屋建筑面积中，尚未销售或出租的商品房屋建筑面积，包括以前年度竣工和本期竣工的房屋面积，但不包括报告期已竣工的拆迁还建、统建代建、公共配套建筑、房地产公司自用及周转房等不可销售或出租的房屋面积。按照商品房待售时间的长短可以划分为待售一年以下、待售一到三年（含一年）和待售三年以上（含三年）。

第六篇

能源生产和消费

简要说明

一、本篇包括的主要内容有：能源消费及品种构成，能源生产和消费弹性系数，地区能源消费和单位GDP能耗，分行业分主要能源品种的消费量等。

二、本篇6-6、6-7、6-8表由市供电公司提供；其他资料取自市统计局能源处，按照国家统计局报表制度逐级汇总整理。

6—1 能源消耗指标

年份	单位GDP能耗（等价值）		单位工业增加值能耗（规模以上，当量值）		单位GDP电耗	
	指标值（吨标准煤/万元）	比上年上升或下降(±%)	指标值（吨标准煤/万元）	比上年上升或下降(±%)	指标值（千瓦时/万元）	比上年上升或下降(±%)
2010	0.53	-3.50	0.50	-18.41	586.24	-0.49
2015	0.40	-6.44	0.37	-13.48	462.13	-2.62
2020	0.29	-1.97		-6.40	452.23	-2.35
2022	0.25	2.80		-1.91	443.69	9.00
2023	0.24	-0.90		-3.20	451.91	1.80

6—2 能源消费弹性系数

年份	能源消费比上年增长(%)	电力消费比上年增长(%)	合肥生产总值比上年增长(%)	能源消费弹性系数	电力消费弹性系数
2010	13.44	16.97	16.4	0.82	1.03
2015	3.35	7.57	10.3	0.33	0.73
2020	2.28	1.89	4.3	0.53	0.44
2022	6.40	12.80	3.5	1.83	3.66
2023	4.90	7.70	5.8	0.84	1.33

6—3 主要年份地区能源消费与单位GDP能耗

指标	2015年	2020年	2022年	2023年
能源消费总量（等价值）（万吨标准煤）	**2103.20**	**2464.29**	**2771.84**	**2907.82**
农、林、牧、渔业能源消费	46.28	54.89	60.06	62.22
工业和建筑业能源消费	1078.53	1158.97	1298.40	1400.22
工业能源消费	937.84	1018.78	1149.82	1254.46
规模以上工业能源消费	781.22	895.43	1057.11	1172.07
规模以下工业能源消费	156.62	123.35	92.71	82.39
建筑业能源消费	140.69	140.19	148.58	145.76
服务业能源消费	661.09	844.29	934.55	982.20
#交通运输、仓储、邮政业能源消费	240.67	281.48	301.75	317.14
居民生活用能	317.30	406.14	478.83	463.18
城市居民	220.86	287.19	341.25	329.31
农村居民	96.44	118.95	137.58	133.87

6—4 能源消费总量及电力生产和消费量

年 份	能源消费总量（万吨标准煤）	电力生产量（亿千瓦时）	电力消费量（亿千瓦时）
2010	1575.50	80.30	123.91
2015	2103.20	172.07	243.26
2020	2464.29	237.22	382.55
2022	2771.84	259.32	500.92
2023	2907.82	273.97	539.54

6—5 电力生产弹性系数

年 份	电力生产比上年增长（%）	合肥生产总值比上年增长（%）	电力生产弹性系数
2010	9.79	16.4	0.60
2015	-7.37	10.3	
2020	-3.20	4.3	
2022	5.70	3.5	1.63
2023	5.60	5.8	0.97

6—6 主要年份全社会用电情况

单位：万千瓦时

指 标	2015年	2020年	2022年	2023年
全社会用电量总计	**2432570**	**3825530**	**5009234**	**5395426**
全行业用电量合计	2010149	3121308	4069457	4509065
第一产业	20054	24475	37539	33728
第二产业	1378605	1985119	2514155	2810176
第三产业	611488	1111714	1517763	1665161
城乡居民生活用电量合计	422420	704222	939777	886361
城镇居民	294716	517235	690299	649377
乡村居民	127705	186987	249479	236985
分行业用电				
农、林、牧、渔业	20054	39124	57606	49407
工 业	1309297	1899843	2398671	2705367
建筑业	69307	85763	116256	106648
交通运输、仓储和邮政业	51185	129489	167412	190217
信息传输、软件和信息技术服务业	33621	66292	96364	111907
批发和零售业	115919	182621	254525	299245
住宿和餐饮业	35071	47113	58284	62773
金融业	11211	31180	47593	49798
房地产业	98626	191781	274972	296851
租赁和商务服务业	101293	68027	92811	96515
公共服务及管理组织	164562	380074	504963	540338

6—7 分行业工业用电量

单位：万千瓦时

行业	2022年	2023年
消费总量	**2398671**	**2705367**
煤炭开采和洗选业	36	35
石油和天然气开采业	5	17
黑色金属矿采选业	36004	37678
有色金属矿采选业	18320	17635
非金属矿采选业	1160	1314
其他采矿活动	128	184
农副食品加工业	30092	30452
食品制造业	33012	33545
酒、饮料及精制茶制造业	12790	12371
烟草制品业	4247	4148
纺织业	16443	16405
纺织服装、服饰业	8123	8952
皮革、毛皮、羽毛及其制品和制鞋业	3164	3093
木材加工和木、竹、藤、棕、草制品业	9370	7750
家具制造业	14493	14839
造纸和纸制品业	16743	16502
印刷和记录媒介复制业	11002	10231
文教、工美、体育和娱乐用品制造业	2846	2728
石油、煤炭及其他燃料加工业	672	558
化学原料和化学制品制造业	161729	172533
医药制造业	29496	31502
化学纤维制造业	50464	58010
橡胶和塑料制品业	125020	132910
非金属矿物制品业	181322	185586
黑色金属冶炼和压延加工业	22192	28052
有色金属冶炼和压延加工业	21743	24185
金属制品业	106472	108020
通用设备制造业	61165	61754
专用设备制造业	65546	67803
汽车制造业	77129	131826
铁路.船舶.航空航天和其他运输设备制造业	24220	25662
电气机械和器材制造业	298064	419472
计算机、通信和其他电子设备制造业	628044	713172
仪器仪表制造业	2054	2121
其他制造业	62876	68627
废弃资源综合利用业	5890	5382
金属制品、机械和设备修理业	772	1839
电力、热力生产和供应业	191262	178027
燃气生产和供应业	2196	1953
水的生产和供应业	62364	68492

6—8 主要年份电力建设情况

指 标		2010年	2015年	2020年	2022年	2023年
全社会用电量	**（亿千瓦时）**	**123.91**	**243.26**	**382.55**	**500.92**	**539.54**
线损率	**（%）**	**5.66**	**6.03**	**4.20**	**3.60**	**3.05**
架空线长度	**（公里）**	**3190.40**	**5192.91**	**7549.91**	**8491.90**	**9024.27**
500KV		927.55				
220KV		600.85	1297.31	2078.25	2409.32	2754.74
110KV		803.37	1689.01	2266.37	2709.79	3071.16
35KV		858.63	2206.59	3205.30	3372.79	3198.36
电缆长度	**（公里）**	**96.21**	**891.65**	**603.07**	**809.70**	**863.49**
220KV			33.36	25.60	38.18	42.59
110KV		89.37	749.94	407.14	549.31	576.04
35KV		6.84	108.35	170.34	222.20	244.85
公用变电容量	**（万千伏安）**	**1339.11**	**2068.30**	**2739.50**	**3184.68**	**3397.57**
500KV		260.00				
220KV		528.00	1032.00	1374.00	1590.00	1662.00
110KV		511.65	914.85	1214.60	1441.35	1556.25
35KV		39.46	121.45	150.90	153.33	179.32
用电最高负荷	**（万千瓦）**	**273.89**	**506.30**	**845.20**	**1059.90**	**1064.30**

6—9 主要年份规模以上工业主要能源品种消费量

指 标		2010年	2015年	2020年	2022年	2023年
原 煤	（万吨）	534.38	1097.18	1303.77	1454.19	1538.74
#洗精煤		47.06	0.07			
其他洗煤		17.71	0.03			
焦 炭	（万吨）	56.75	58.68	0.38	0.51	0.41
天然气	（亿立方米）	0.70	1.61	4.57	5.89	7.42
汽 油	（万吨）	2.10	2.08	0.67	0.56	0.62
煤 油	（万吨）	0.07	0.04			
柴 油	（万吨）	5.47	5.87	4.08	4.33	5.21
燃料油	（万吨）	0.22	0.01	0.42	0.22	0.09
热 力	（万百万千焦）	861.35	1393.26	1395.03	2494.79	2615.46
电 力	（亿千瓦时）	79.61	139.9	189.24	236.02	269.34
生物燃料	（万吨标准煤）		8.45	7.63	14.69	14.29

6—10 规模以上工业能源购进、消费及库存（2023年）

指标	年初库存量	购进量		工业生产消费量			年末库存量
		实物量	购自省外	实物量	用于原材料	运输工具消费	
原煤（吨）	637726	15410890	7326491	15387407	869118		655298
#无烟煤	12602	995146	995146	982042	869118		25706
一般烟煤	624953	14415744	6331345	14405336			629591
焦炭（吨）	5	4348	4348	4083	4083		
天然气（万立方米）		76672		74181		24	
液化天然气（吨）	0	7380	5843	1538			
汽油（吨）	71	7764	370	6196		5760	29
煤油（吨）	0.3	4		4			
柴油（吨）	1166	53076	187	52059		40887	1632
燃料油（吨）	153	941	373	885			70
液化石油气（吨）	0.5	382	30	373			1
润滑油（吨）	420	5865	746	2306	917		39
其他石油制品（吨）	34	5401	107	709	95		8
热力（百万千焦）		9006294		26154644			
电力（万千瓦时）		9186022		2693389		10945	

6—11　分行业规模以上工业主要能源品种消费量（2023年）

行　　业	原　煤（吨）	焦　炭（吨）	天然气（万立方米）	液化天然气（吨）	汽　油（吨）
消 费 总 量	**15387407**	**4083**	**74181**	**1538**	**6196**
黑色金属矿采选业					8
有色金属矿采选业					
非金属矿采选业					
农副食品加工业			1663	895	103
食品制造业			2550		1
酒、饮料和精制茶制造业			25		159
烟草加工业			162		
纺织业			74		4
纺织服装、鞋、帽制造业			198		41
皮革、毛皮、羽毛及其制品和制鞋业			94		
木材加工及竹、藤、棕、草制品业			61	171	5
家具制造业			5		43
造纸及纸制品业			381	62	41
印刷业、记录媒介的复制			235		54
文教体育用品制造业			11		26
石油加工、炼焦及核燃料加工业			50		
化学原料及化学制品制造业	1976269		4343		29
医药制造业			394		6
化学纤维制造业			25		
橡胶和塑料制品业			8841		287
非金属矿物制品业	1433262	4083	21754		276
黑色金属冶炼和压延加工业			4533		20
有色金属冶炼和压延加工业	118671		2769		15
金属制品业			3057	269	388
通用设备制造业			3502	51	491
专用设备制造业			445		417
汽车制造业			6832		252
铁路船舶航空航天和其他运输设备制造业			41		
电气机械和器材制造业			3724	41	451
计算机、通信和其他电子设备制造业			8077	45	332
仪器仪表制造业					190
其他制造业					
废弃资源综合利用业			284		17
金属制品、机械和设备修理业			30		10
电力、热力生产和供应业	11859205		23	4	2419
燃气生产和供应业					2
水的生产和供应业					107

煤　油 (吨)	柴　油 (吨)	燃料油 (吨)	液化石油气 (吨)	润滑油 (吨)	其他石油制品 (吨)	热　力 (百万千焦)	电　力 (万千瓦时)	生物燃料 (吨标煤)
4	**52059**	**885**	**373**	**2306**	**709**	**26154644**	**2693389**	**142885**
	1344			154			31276	
	138			70			16986	
	1180						5683	
	119			2		522336	24971	951
	10		126			112645	19975	1125
	1					286024	8546	336
	15			2		28634	2749	
	9		63			16107	14363	
						20595	4371	
							819	
							961	
	104						10866	
	84					13571	5333	1693
	173					89393	10856	
	30					1562	1061	
							736	
2	510			93	95	16201994	220521	13602
	15					656445	18822	
				411		923401	7491	
	1279			59		2344040	145321	
	37764	883	101	179		3629162	184320	8076
	3					282652	26663	
	452			1			16974	
	641		16	1	44	27327	65284	27
	1795			795			85053	
	772		36	14		157526	31148	
2	1990	2	30	490	552	239268	131986	
	7						4046	
	1049			3	18	282797	389654	
	168			14		266412	703323	
	22						2429	
	13						1234	
	187					52752	1705	
	111						1308	
	1957			18			451836	117076
							2375	
	115						42347	

6—12 分行业规模以上工业用水情况（2023年）

单位：万立方米

行业	工业取水总量	地表水	地下水	自来水	其他水	重复用水数量
消费总量	**118783.35**	**102266.26**	**70.89**	**14217.17**	**1014.45**	**396837.31**
煤炭开采和洗选业						
黑色金属矿采选业	624.53	72.49		96.48		4305.29
有色金属矿采选业	172.20	73.52		26.04		1179.84
非金属矿采选业	109.15	72.33	0.14	1.48		61.89
农副食品加工业	279.32	8.23	1.85	256.67	12.57	2.19
食品制造业	451.08	0.06	0.42	444.88	5.37	1.14
酒、饮料和精制茶制造业	324.30			314.00	10.30	7.55
烟草加工业	19.35			18.13	1.21	9.18
纺织业	49.05	3.50		44.95	0.59	0.24
纺织服装、鞋、帽制造业	124.19	11.17		112.24	0.77	
皮革、毛皮、羽毛及其制品和制鞋业	28.54	9.00	0.73	18.82		4.68
木材加工及竹、藤、棕、草制品业	3.22	0.10	0.01	3.11		
家具制造业	49.53	3.00		46.52	0.01	0.19
造纸及纸制品业	45.69	10.01		35.24	0.44	14.63
印刷业、记录媒介的复制	83.86		0.08	82.12	1.66	
文教体育用品制造业	18.34		0.02	18.23	0.09	0.04
石油加工、炼焦及核燃料加工业	6.36			6.36		
化学原料及化学制品制造业	3113.56	1966.70	2.71	391.05	752.82	94512.19
医药制造业	349.98			339.76	10.22	6.37
化学纤维制造业	71.16			37.59	33.58	
橡胶和塑料制品业	487.59	0.57	1.66	443.84	41.52	4567.71
非金属矿物制品业	1299.54	518.76	45.85	716.80	1.72	4412.88
黑色金属冶炼和压延加工业	73.03	36.80		26.15	10.08	12248.30
有色金属冶炼和压延加工业	48.44			48.44		0.01
金属制品业	355.97	1.00	2.24	351.15	1.58	6.67
通用设备制造业	494.58	14.18	10.94	469.46		11.66
专用设备制造业	220.35	1.12	0.87	212.62	5.74	15.12
汽车制造业	982.69	41.72	0.25	933.27	3.35	3615.64
铁路船舶航空航天和其他运输设备制造业	108.87		0.92	107.95	0.00	0.04
电气机械和器材制造业	2615.82	0.05	0.77	2598.42	16.57	8.22
计算机、通信和其他电子设备制造业	5415.99	24.40	0.19	5287.82	102.36	50653.37
仪器仪表制造业	31.05	0.06		31.00		1.06
其他制造业	10.90		0.80	10.10		
废弃资源综合利用业	20.48	2.17		16.43	1.88	
金属制品、机械和设备修理业	21.02			21.02	0.00	1.17
电力、热力生产和供应业	6245.22	5132.80	0.45	483.19		221190.05
燃气生产和供应业	15.42			15.42		
水的生产和供应业	94412.97	94262.55		150.41		

6—13　各县（市）区能源消耗指标（2023年）

地　区	单位GDP能耗（等价值）		单位工业增加值能耗（规模以上，当量值）		单位GDP电耗	
	指标值（吨标准煤/万元）	比上年上升或下降(±%)	指标值（吨标准煤/万元）	比上年上升或下降(±%)	指标值（千瓦时/万元）	比上年上升或下降(±%)
合　计	**0.2436**	**-0.9**		**-3.2**	**451.91**	**1.8**
瑶 海 区	0.2851	-1.8		1.0		
庐 阳 区	0.2310	-0.9		1.1		
蜀 山 区	0.1896	-3.7		-13.1		
包 河 区	0.1700	-6.6		-11.9		
高 新 区	0.1380	16.1		63.9		
经 开 区	0.1626	1.3		1.8		
新 站 区	0.4357	3.3		4.4		
安巢经开区	0.2780	34.4		27.6		
长 丰 县	0.2873	-3.4		-17.0	554.57	-0.7
肥 东 县	0.4405	0.3		-20.5	571.52	7.8
肥 西 县	0.2253	-4.6		6.9	525.07	-1.9
庐 江 县	0.2984	0.3		4.8	526.49	-2.1
巢 湖 市	0.5092	-4.7		-9.8	618.50	-6.2

6—14　各县（市）区规模以上工业用水情况（2023年）

单位：万立方米

地　区	工业取水总量	地表水	地下水	自来水	其他水	重复用水数量
合　计	**118783.35**	**102266.26**	**70.89**	**14217.17**	**1014.45**	**396837.31**
瑶 海 区	70160.46	70126.20		34.26		0.04
庐 阳 区	1597.73	976.27	2.28	101.00	0.28	48247.76
蜀 山 区	930.42	510.86	0.20	419.23	0.14	3449.01
包 河 区	209.42	0.08	3.05	206.29		3.33
高 新 区	1415.35	3.02	0.54	1396.40	15.40	3935.07
经 开 区	2755.10	23.18	0.17	2667.26	59.75	3844.15
新 站 区	2848.85	9.17	1.38	2772.13	64.94	33336.18
安巢经开区	310.89	44.43	0.0003	260.66	5.79	97.62
长 丰 县	5603.80	2770.28	15.90	2697.68	48.55	17468.83
肥 东 县	17182.04	14850.01	11.21	1585.23	732.90	129758.90
肥 西 县	1304.80	176.57	12.39	1082.86	24.80	478.32
庐 江 县	6389.65	5180.67	19.59	586.43	0.42	82270.47
巢 湖 市	8074.85	7595.52	4.17	407.76	61.49	73947.62

主要统计指标解释

能源消费总量

指全市国民经济各行业和居民家庭在一定时期消费的各种能源的总和。能源消费总量分为终端能源消费量、能源加工转换损失量和损失量三部分。

⑴终端能源消费量：指一定时期内全省生产和生活消费的各种能源在扣除了用于加工转换二次能源消费量和损失量以后的数量。

⑵能源加工转换损失量：指一定时期内全省投入加工转换的各种能源数量之和与产出各种能源产品之和的差额，是观察能源在加工转换过程中损失量变化的指标。

⑶能源损失量：指一定时期内能源在输送、分配、储存过程中发生的损失和由客观原因造成的各种损失量，不包括各种气体能源放空、放散量。

能源消费弹性系数

是指能源消费增长速度与国民经济增长速度之间的比值。计算公式为：

能源消费弹性系数＝能源消费量年平均增长速度/国民经济年平均增长速度

国民经济年平均增长速度，可根据不同的目的或需要，用国民生产总值、国内生产总值等指标来计算，本年鉴是采用国内生产总值指标计算的。

电力消费弹性系数

是指电力消费增长速度与国民经济增长速度之间的比值。计算公式为：

电力消费弹性系数＝电力消费量年平均增长速度/国民经济年平均增长速度

电力生产弹性系数

是指电力生产增长速度与国民经济增长速度之间的比值。计算公式为：

电力生产弹性系数＝电力生产量年平均增长速度/国民经济年平均增长速度

第七篇

财政、金融、保险

简要说明

一、本篇反映全市财政收支、金融保险证券业发展状况。

二、财政收支资料来源于市财政局财政决算。

三、金融保险证券业资料有以下三个部分：一是反映金融机构人民币存贷款情况，资料由中国人民银行安徽省分行和中国人民银行巢湖分行提供；二是反映保险业务情况，资料由国家金融监督管理总局安徽监管局提供；三是反映股票发行及筹资情况，资料由中国证券监督管理委员会安徽监管局和合肥市地方金融监督管理局提供。

7—1 主要年份一般公共预算收入

单位：万元

年 份	全 市	长丰县	肥东县	肥西县	庐江县	巢湖市
2000	243797	12975	18383	15435		
2005	576372	16574	30449	32510		
2010	2594283	81879	107614	137881		
2015	5715440	278430	251335	373959	169377	178739
2016	6148493	333302	316559	421228	175483	178428
2017	6559039	351083	356514	466847	176225	183327
2018	7124862	388338	418575	515176	192673	206164
2019	7459934	415482	458393	507121	204150	231590
2020	7629009	430458	487374	545263	205949	232186
2021	8442188	498759	557513	590325	236973	255215
2022	9092546	549015	600543	638460	262303	261875
2023	9296276	606440	638645	736645	325430	276749

7—2 主要年份一般公共预算支出

单位：万元

年 份	全 市	长丰县	肥东县	肥西县	庐江县	巢湖市
1995	85848	9612	12755	13369		
2000	257798	21331	27800	24010		
2005	734118	46544	63925	62713		
2010	3177157	201932	258515	250863		
2015	7726920	483106	517647	616229	497628	398609
2016	8598503	543990	570779	643069	517552	407601
2017	9653444	616596	723901	697684	584480	434571
2018	10049099	680315	760836	766358	626360	506823
2019	11226669	788569	918990	863962	710468	605142
2020	11643459	859546	957440	918210	821307	670168
2021	12237236	885007	909622	883616	749428	668083
2022	13801794	1269958	1104674	1029343	810659	680664
2023	14113371	1467296	1087898	1160629	900997	674799

7—3　一般公共预算收入情况（2023年）

指　　标	全　市	市本级	瑶海区	庐阳区	蜀山区	包河区
一般公共预算收入	**9296276**	**3822285**	**203690**	**321162**	**351292**	**576520**
税收收入	6740272	2415318	144936	225383	308572	526558
增值税	3279895	1177923	62107	66022	122404	190579
企业所得税	745714	266377	8158	45242	36387	66766
个人所得税	303869	105583	4201	13900	21247	24372
资源税	19439				1	
城市维护建设税	435746	221944	7602	9747	23098	23298
房产税	369372		15790	35235	44807	60382
印花税	193291		7327	11926	16982	33429
城镇土地使用税	128215	73093				
土地增值税	409539		39710	43234	43610	127351
车船税	78101	28149				
耕地占用税	46177	3793				
契　税	727076	536430				
环境保护税	1145	429				
其他税收收入	2693	1597	41	77	36	381
非税收入	2556004	1406967	58754	95779	42720	49962
专项收入	1345644	1103814	1737	3065	5300	6290
教育费附加收入	200592	151104				
地方教育附加收入	123684	90713				
文化事业建设费收入	2343		388	211	380	290
残疾人就业保障金收入	44355	23736	1304	2441	4019	4892
教育资金收入	431355	383000				
农田水利建设资金收入	431355	383000				
森林植被恢复费	12344	1387	45	413	901	1108
水利建设专项收入	99491	70874				
其他专项收入	125					
行政事业性收费收入	160386	65676	7596	14289	6248	8208
罚没收入	156886	66643	31146	2154	2982	6438
国有资本经营收入	104566					
国有资源（资产）有偿使用收入	561956	27208	17126	45173	19422	27733
捐赠收入	2694	87	17		74	-5
政府住房基金收入	102407	87546			806	
其他收入	121465	55993	1132	31098	7888	1298

单位：万元

高新区	经开区	新站区	安巢经开区	长丰县	肥东县	肥西县	庐江县	巢湖市
615451	**523186**	**231277**	**67504**	**606440**	**638645**	**736645**	**325430**	**276749**
593726	507575	222546	55486	407689	456099	455278	234466	186640
301892	246349	120776	32672	253503	247957	213959	154595	89157
106018	69040	20642	3113	33372	31136	28816	17187	13460
60363	26762	9973	3864	7426	7926	8877	4298	5077
1			15	4			12126	7292
31656	25155	8477	3604	22253	18405	19730	12517	8260
48551	48924	31901	3161	24721	17743	22152	7409	8596
31852	39338	11180	892	12195	8503	11122	4401	4144
			3767	13062	11047	13339	6772	7135
13244	52008	19595	1973	-1268	35426	33091	-2766	4331
			3	1314	20204	1819	3131	23481
			250	5345	16083	14901	3580	2225
			2163	35687	41246	87333	10950	13267
			9	67	120	65	266	189
149	-1	2		8	303	74		26
21725	15611	8731	12018	198751	182546	281367	90964	90109
1255	1432	352	3620	48872	100482	38424	18774	12227
			1537	13230	11763	11427	7523	4008
			1025	8799	7839	7619	5017	2672
710	112	70	19	52	18	46	10	37
			288	1700	1868	1914	736	1457
				6982	35273	5000	600	500
				6982	35273	5000	600	500
545	1320	282		1660	1000	2119	990	574
			751	9467	7370	5252	3298	2479
					78	47		
6210	1560	378	211	16858	14656	11137	3472	3887
1345	850	895	152	5165	13541	5883	10718	8974
				104200		366		
4896	7565	2804	7698	22356	48709	217853	49865	63548
2057		46		17	380	21		
5962	3659	2150	333	625	314		398	614
	545	2106	4	658	4464	7683	7737	859

7—4　一般公共预算支出情况（2023年）

指　　标	全　市	市本级	瑶海区	庐阳区	蜀山区	包河区
一般公共预算支出	**14113371**	**4437719**	**446185**	**419488**	**521695**	**890775**
一般公共服务	773037	179389	31399	21301	41645	36738
国　防	9199	949	510	330	561	420
公共安全	512976	309670	7081	7879	981	8771
教　育	2521680	543251	200408	142011	178706	298624
科学技术	2460306	841726	4686	8404	14587	61866
文化旅游体育与传媒	81657	44116	1091	757	1336	3155
社会保障和就业	1604779	377680	36235	50713	52657	56924
卫生健康支出	1125267	544552	31333	31297	41976	41944
节能环保	557000	386644	279	11608	13	20513
城乡社区	1902577	534029	96427	114824	142415	295182
农林水	931332	80429	846	15250	8765	18976
交通运输	190258	114909	1	91	158	196
资源勘探信息等	308531	106998	982	1671	3947	3371
商业服务业等	327163	71000	5385	6038	10782	9551
金　融	83450	72145	51	470	357	747
自然资源海洋气象等	73952	30564	13		4	
住房保障支出	397600	75016	26939	3675	18572	30530
粮油物资储备	20000	5631			602	
灾害防治及应急管理	47293	20648	845		687	1303
其他支出	33961	28067				23
债务付息支出	150675	69906	1666	3168	2928	1940
债务发行费用支出	678	400	8	1	16	1

单位：万元

高新区	经开区	新站区	安巢经开区	长丰县	肥东县	肥西县	庐江县	巢湖市
841366	**703487**	**493651**	**67386**	**1467296**	**1087898**	**1160629**	**900997**	**674799**
15935	19836	21172	11490	67625	96346	95682	74431	60048
1633	23	16		900	1469	733	841	814
8	6112			32604	36164	46492	26396	30818
74318	122303	96767	3835	181628	171577	181463	165712	161077
401324	264766	167787	20688	433578	77674	141034	13583	8603
1042	795	707	229	6578	6183	7192	5041	3435
22774	45600	22799	3965	144409	269289	169454	198049	154231
16295	35397	23239	1021	69887	73837	81138	77673	55678
5791	3594	8895	702	16511	81234	5825	5708	9683
206041	108941	94553	17478	62035	28610	131589	55587	14866
3025	5175	7763	17	167693	163973	167312	183972	108136
	10	5		17662	9828	21455	17264	8679
48065	42594	9347	1846	42766	7737	7027	17852	14328
10761	22846	16804	532	156462	5511	7665	2563	1263
2246	1551	1219		1746	573	983	834	528
				4735	11145	13544	4515	9432
20769	17847	14412	795	46920	33447	65761	27458	15459
588		193		2834	2080	1164	6321	587
1651	1868	437	981	4301	3255	3851	5038	2428
5819		47	1			3		1
3268	4218	7489	3806	6389	7941	11210	12109	14637
13	11			33	25	52	50	68

7—5 主要年份金融机构人民币存贷款余额

单位：万元

年　份	各项存款	#企业存款	#储蓄存款	各项贷款	#工业贷款	#商业贷款	#基建贷款	#技改贷款
1985	160091	88273	42370	280790	80746	126323	2745	18489
1990	486684	219001	180881	755916	265494		14925	43439
1993	936246	434244	369225	1262656	420083	483843	79474	112953
1994	1203300	593455	515692	1421154	455175	541639	59234	133913
1995	1990349	881383	784529	2026600	540096	658702	82117	163837
1996	2580461	1189464	1041589	2491756	630493	769874	89150	182444
1997	2886860	1349695	1201891	2816266	672568	894232	90884	194234
1998	3949428	1814406	1381081	3343465	710474	886614	215690	174411
1999	4495431	2130319	1622931	3408357	774521	948790	286343	154689
2000	5628039	2872524	1839468	5874987	775243	844288	2347847	296676
2001	7109443	3369064	2256445	7051032	100402	931833	2666502	392681
2002	8454604	3876764	2881104	8116509	1131488	838100	2692665	151223
2003	10596221	4925833	3592488	10080852	1386003	1005461	337163	241691
2004	12959637	6074327	4291387	12106744	1277991	903915	4297344	212174
2005	15218529	6991984	5161608	14198674	1330583	829668	4795826	174928
2006	18217274	8579243	6060114	17171861	1225335	1132992	5914557	55753
2007	22313309	11118737	6730856	21150833	1817752	1485643	6955009	59195
2008	27256789	13234083	8528294	26406068	1956787	1377408	8944078	77536
2009	37353091	19090347	10318141	34925338	2176081	1662964	11211794	51285
2010	45417842	21808730	12337343	42140848				
2011	57563020		16895400	52569251				
2012	69138402		20655745	61360262				
2013	82325791		23557723	70549939				
2014	91426847		25394998	81696401				
2015	109679060		30185366	96365681				
2016	131509496		32812636	115506045				
2017	138817185		34891815	128654570				
2018	153384492		40034070	136466876				
2019	161538599		46672164	153073898				
2020	182967355		55894046	176786571				
2021	202037490		63941404	199369693				
2022	226302644		79580409	232070010				
2023	249670014		93871358	274948278				

注：2015年起储蓄存款指标变更为住户存款。

7—6 金融机构人民币信贷资金平衡表（资金来源）（2023年）

（年末余额） 单位：万元

项 目	全 市	市 区	长丰县	肥东县	肥西县	庐江县	巢湖市
资金来源合计	**289628896**	**238629253**	**9179779**	**10041682**	**12771018**	**8951610**	**10055554**
各项存款	249670014	202442780	7393208	9238336	12070727	8807314	9717650
境内存款	249477966	202257370	7392614	9237577	12068557	8805446	9716402
住户存款	93871358	61836253	4528760	6526810	7404411	6883501	6691623
活期存款	28458661	20481254	1446537	1803426	1836623	1411254	1479568
定期及其他存款	65412697	41354999	3082224	4723384	5567788	5472247	5212056
非金融企业存款	79797079	70879214	2032560	1237790	2660839	1224752	1761924
活期存款	25610634	21487740	735053	682106	1147169	774438	784128
定期及其他存款	54186445	49391475	1297507	555683	1513671	450314	977796
财政性存款	8215079	7867881	37095	106181	88074	50396	65452
机关团体存款	52882174	47994085	743301	1069785	1686209	646777	742017
非银行业金融机构存款	14712276	13679937	50898	297012	229022	20	455386
境外存款	192048	185410	594	759	2170	1868	1248
金融债券	749559	659559	30000	10000	30000	20000	
卖出回购资产	15998	7000			8998		
借款及非银行业金融机构拆入	729400	729400					
联行往来（净）	15279676	13333470	1657126	253051	36029		
应付及暂收款	5542983	4404999	152818	245434	269994	240483	229255
各项准备	4441185	3663369	177502	120468	191790	125813	162244
所有者权益	9819628	8227362	327284	354624	449350	249934	211075
实收资本	3143869	2650035	102138	130357	128299	91928	41112
其 他	3380453	5161316	-558159	-180230	-285869	-491935	-264670

7—7 金融机构人民币信贷资金平衡表（资金运用）（2023年）

（年末余额） 单位：万元

项目	全市	市区	长丰县	肥东县	肥西县	庐江县	巢湖市
资金运用合计	**289628896**	**238629253**	**9179779**	**10041682**	**12771018**	**8951610**	**10055554**
各项贷款	274948278	230237671	8687478	8987203	11817361	6602509	8616056
境内贷款	274575484	229865750	8687419	8987134	11816742	6602477	8615963
住户贷款	92036036	71976452	4383330	4754730	5790581	2541785	2589158
短期贷款	14337575	9214476	1172691	1113098	1111655	807783	917871
消费贷款	4075850	2382566	311529	454779	363577	259683	303717
经营贷款	10261724	6831911	861162	658319	748078	548101	614154
中长期贷款	77698462	62761976	3210639	3641633	4678926	1734002	1671287
消费贷款	63690384	51417531	2668262	3128609	3615125	1456035	1404823
经营贷款	14008078	11344445	542377	513024	1063801	277967	266464
企（事）业单位贷款	182539448	157889297	4304089	4232404	6026161	4060692	6026805
短期贷款	36814673	30347867	1300501	1334261	1538343	789994	1503708
中长期贷款	125680427	110243868	2564762	2511488	3787176	2755874	3817260
票据融资	13788016	11047238	437096	385254	699643	512948	705837
融资租赁	6214909	6214909					
各项垫款	41422	35416	1731	1400	1000	1875	
非银行业金融机构贷款							
境外贷款	372793	371921	59	69	619	32	93
债券投资	6668196	3124386	392916	909891	833254	803408	604341
股权及其他投资	5623606	5568953	10136	22238	10164	7644	4471
买入返售资产	215172	215172					
存放非银行业金融机构款项	5622	5622					
联行往来（净）		-2223916				1478390	745526
境内存放二级准备金	1878490	1727842	17009		117766	15873	
中央银行外汇占款							
应收及预付款	1139066	851706	58995	71162	68425	42996	45782
投资性房地产	6734	6734					
固定资产	1022223	842926	30254	51188	41815	16663	39378

7—8 上市公司数量

单位：家

年份	全市	上交所	科创板	深交所	北交所	仅发A股公司	发A、H股公司	发A、B股公司
2010	21	8		13		19	1	1
2014	33	12		21		31	1	1
2015	34	12		22		32	1	1
2016	37	14		23		35	1	1
2017	44	19		25		42	1	1
2018	45	20		25		43	1	1
2019	46	21		25		44	1	1
2020	58	29	7	29		56	1	1
2021	68	36	13	32		66	1	1
2022	75	40	16	33	2	73	1	1
2023	82	44	20	36	2	80	1	1

7—9 股票发行及筹资情况

年份	A股股票发行（万股）	筹资额合计（万元）	A股首发	配股	增发	公司债
2010	168322	3047497	974733	245577	1539190	288000
2014	205606	5505775	1868918	245577	2603280	788000
2015	308905	6588175	1890818	245577	3663780	788000
2016	530701	8851535	2516261	245577	5301697	788000
2017	635442	10448551	2883777	245577	6021497	1297700
2018	659607	12569551	2933077	245577	6102197	3288700
2019	756569	14095551	2958677	245577	6983597	3907700
2020	943874	16981124	3614487	543100	7406437	5417100
2021	1025981	21486492	4057466	939289	9564537	6925200
2022	1362620	23821740	4613649	939289	9869402	8399400
2023	1492314	26032512	6385223	939289	10308600	8399400

注：本页表中数据均为累计数，由市地方金融监督管理局提供。

7—10 保险公司业务经济技术指标

单位：万元

项目	保费收入		赔付	
	2022年	2023年	2022年	2023年
合计	**3893869**	**4083596**	**1446285**	**1575622**
按公司类型分				
财产保险公司	1638095	1692015	1046157	1126850
人身保险公司	2255774	2391581	400128	448772
按业务性质分				
财产保险业务	**1381293**	**1427940**	**911794**	**973939**
企业财产险	61765	65008	21188	23826
家庭财产险	18394	30867	1359	1817
机动车辆险	872145	946896	570136	633629
工程保险	15980	19448	12496	7468
责任保险	114662	115174	53295	68813
信用保险	36247	44615	6789	28550
保证保险	150712	66203	143769	125279
船舶保险	3348	2848	1317	2469
货物运输险	13561	17840	7041	8298
特殊风险保险	1189	-701	230	526
农业保险	53913	67311	65061	37863
其他保险	39377	52431	29113	35402
人身保险业务	**2512576**	**2655656**	**534491**	**601683**
寿险	1724537	1865687	318163	269391
健康险	670212	695631	182163	282098
意外伤害险	117827	94339	34165	50194

主要统计指标解释

一般公共预算收入

指国家财政参与社会产品分配所取得的收入，是实现国家职能的财力保证。主要包括：

（1）税收收入：包括增值税、企业所得税、个人所得税、资源税、城市维护建设税、房产税、印花税、城镇土地使用税、土地增值税、车船税、耕地占用税、契税和烟叶税等。

（2）非税收入：包括专项收入、行政事业性收费收入、罚没收入、国有资本经营收入和国有资源（资产）有偿使用收入等。

一般公共预算支出

国家财政将筹集起来的资金进行分配使用，以满足社会各项事业发展和经济建设的需要，主要包括：

（1）一般公共服务：反映政府提供一般公共服务的支出。具体包括人大事务、政协事务、政府办公厅（室）及相关机构事务、发展与改革事务、统计信息事务、财政事务、税收事务、审计事务、海关事务、纪检监察事务、商贸事务、知识产权事务、民族事务、港澳台事务、档案事务、民主党派及工商联事务、群众团体事务、党委办公厅（室）及相关机构事务、组织事务、宣传事务、统战事务、对外联络事务、其他共产党事务支出、网信事务、市场监督管理事务、其他一般公共服务支出。

（2）公共安全：反映政府维护社会公共安全方面的支出。具体包括武装警察部队、公安、国家安全、检察、法院、司法、监狱、强制隔离戒毒、国家保密、缉私警察、其他公共安全支出等。

（3）教育：反映政府教育支出情况。具体包括教育管理事务、普通教育、职业教育、成人教育、广播电视教育、留学教育、特殊教育、进修及培训、教育费附加安排的支出、其他教育支出。

（4）科学技术：反映国家用于科学技术方面的支出。具体包括科学技术管理事务、基础研究、应用研究、技术研究与开发、科技条件与服务、社会科学、科学技术普及、科技交流与合作、科技重大项目、其他科学技术支出。

（5）文化旅游体育与传媒：反映政府在文化和旅游、文物、体育、新闻出版电影、广播影视、其他文化旅游体育与传媒支出。

（6）社会保障和就业：反映政府在社会保障与就业方面的支出。具体包括人力资源和社会保障管理事务、民政管理事务、补充全国社会保障基金、行政事业单位离退休、企业改革补助、就业补助、抚恤、退役安置、社会福利、残疾人事业、红十字事业、最低生活保障、临时救助、特困人员救助供养、补充道路交通事故社会救助基金、其他生活救助、财政对基本养老保险基金的补助、财政对其他社会保险基金的补助、退役军人管理事务、财政代缴社会保险费支出、其他社会保障和就业支出。

（7）卫生健康：反映政府用于卫生健康方面的支出。具体包括卫生健康管理事务、公立医院、基层医疗卫生机构、公共卫生、中医药、计划生育事务、行政事业单位医疗、财政对基本医疗保险基金的补助、医疗救助、优抚对象医疗、医疗保障管理事务、老龄卫生健康事务、其他卫生健康支出。

（8）节能环保：反映政府用于节能环保方面的支出。具体包括环境保护管理事务、环境监测与监察、污染防治、自然生态保护、天然林保护、退耕还林还草、风沙荒漠治理、退牧还草、已垦草原退耕还草、能源节约利用、污染减排、可再生能源、循环经济、能源管理事务、其他节能环保支出。

（9）城乡社区：反映政府用于城乡社区事务方面的支出。包括城乡社区管理事务、城乡社区规划与管理、城乡社区公共设施、城乡社区环境卫生、建设市场管理与监督、其他城乡社区支出。

（10）农林水：反映政府用于农林水事务方面的支出。具体包括农业农村、林业和草原、水利、巩固脱贫衔接乡村振兴、农村综合改革、普惠金融发展支出、目标价格补贴、其他农林水支出。

（11）交通运输：反映政府用于交通运输和邮政业方面的支出。具体包括公路水路运输、铁路运输、民用航空运输、邮政业支出、车辆购置税支出、其他交通运输支出。

信贷资金

指金融机构以信用方式积聚和分配的货币资金。金融机构信贷资金的来源有各项存款、金融债券、对国际金融机构负债、流通中现金、其他项目等；信贷资金的运用有各项贷款、有价证券及投资、黄金占款、外汇买卖、财政借款及在国际金融机构中的资产等。

存款

指企业、机关、团体或居民把货币资金存入银行或其他信贷机构保管，可随时或按约定时间支取款项，并取得一定利息的一种信用活动形式。根据存款对象或性质的不同可划分为住户存款、非金融企业存款、政府存款、非银行业金融机构存款等科目。它是银行信贷资金的主要来源。

贷款

指银行或其他信贷机构根据资金必须归还的原则，按一定利率，为企业、个人等提供资金的一种信用活动形式。我国银行贷款分为短期贷款、中长期贷款、融资租赁、票据融资、各项垫款、境外贷款等。

保费

指投保人为取得保险人在约定范围内所承担赔偿责任而支付给保险人的费用。

赔款

指保险人根据保险合同的规定，向被保险人支付的赔偿保险责任损失的金额。

给付

包括死伤医疗给付和满期给付。死伤医疗给付是指保险人根据人寿保险及长期健康保险合同的规定，因被保险人在保险期内发生保险责任范围内的保险事故支付给被保险人（或受益人）的金额。满期给付是指被保险人生存期满，保险人按人寿保险合同规定支付给被保险人的满期保险金额。

第八篇

物价和人民生活

简要说明

一、本篇价格指数资料，反映生产、流通、消费等环节的价格变动趋势和变动幅度。主要包括居民消费价格指数、工业生产者出厂和购进价格指数、住宅销售价格指数。

二、本篇城乡人民生活资料，反映我市城乡居民生活状况。包括就业、居民收支、消费水平、住房及主要消费品拥有量等。

三、价格指数统计由国家统计局合肥调查队组织实施，依据国家统计局统一制定的价格统计调查制度向基层采集原始数据汇总后上报。

四、消费价格指数是采用分层抽样调查方法编制的，以样本推断总体。

五、住宅销售价格调查从 2011 年起执行国家统计局新方案，由原房屋销售价格指数调整为新建住宅和二手住宅销售价格指数，住宅销售价格指数根据网签数据计算得到。

六、本篇中有关居民生活状况的数据（2014-2023 年）来源于一体化住户调查资料，是对合肥地区住户调查样本汇总的结果。主要内容包括家庭人口及其构成、家庭现金收支、主要商品购买数量及支出金额、劳动就业状况、居住状况和耐用消费品的拥有量等。

国家统计局合肥调查队负责全市一体化住户调查的组织实施，严格按照国家统计局制定的《住户收支与生活状况调查方案》要求，开展数据收集、审核、录入、汇总和上报工作。

2014 年，国家统计局对城乡住户调查制度进行了较大改革，其中家庭总收入、可支配收入、消费支出等主要指标口径以及调查范围进行了调整，新老口径的数据不可直接进行比较。

8—1 居民消费价格指数（2023年）

（上年=100）

类　　别	指　　数	类　　别	指　　数
居民消费价格总指数	**100.0**	茶及饮料	109.2
食品烟酒	100.3	烟　酒	101.2
食　品	98.6	在外餐饮	103.9
粮　食	102.0	衣　着	101.8
薯　类	108.2	居　住	99.9
豆　类	95.7	自有住房	100.2
食用油	102.3	生活用品及服务	99.8
菜及食用菌	93.7	交通和通信	96.8
畜肉类	91.9	交　通	96.5
禽肉类	104.0	通　信	98.0
水产品	98.2	教育文化和娱乐	101.5
蛋　类	99.6	教　育	101.3
奶　类	97.6	文化娱乐	102.1
干鲜瓜果类	104.9	医疗保健	100.2
糖果糕点类	101.7	药品及医疗器具	100.5
调味品	98.7	医疗服务	100.0
其他食品类	100.2	其他用品和服务	103.0

8—2 月度住宅销售价格指数（2023年）

（上年同月=100）

月份	新建商品住宅			二手住宅价格指数		
	环比	同比	定基	环比	同比	定基
1月	100.7	102.4	102.4	99.8	98.8	98.8
2月	100.3	103.3	102.8	100.5	99.5	99.2
3月	100.3	104.0	103.2	100.2	100.0	99.5
4月	100.1	104.3	103.5	99.9	100.8	99.8
5月	100.2	104.4	103.7	99.6	100.9	100
6月	99.9	103.8	103.7	99.6	99.9	100
7月	99.7	102.8	103.6	99.5	98.7	99.8
8月	99.8	102.3	103.4	99.7	98.2	99.6
9月	99.9	101.5	103.2	99.6	97.6	99.4
10月	100.2	101.2	103.0	99.5	97.2	99.2
11月	99.8	100.8	102.8	99.1	96.7	98.9
12月	99.8	100.7	102.6	99	96.0	98.7

8—3 主要年份分部门工业生产者出厂价格指数

（上年=100）

类别	2010年	2015年	2020年	2022年	2023年
总指数	**102.4**	**98.7**	**98.9**	**103.2**	**96.6**
冶金工业	109.5	93.6	100.1	99.5	95.1
电力工业	101.1	98.8	99.7	105.2	102.1
煤炭工业		98.8		123.8	90.1
石油工业	104.4	101.8	97.5	122.0	97.8
化学工业	102.2	96.6	99.7	106.4	93.3
机械工业	101.1	99.2	97.2	102.2	97.7
建筑材料工业	100.8	99.4	99.5	101.4	86.8
森林工业	98.9	100.1	96.1	102.0	98.6
食品工业	103.2	102.0	108.0	101.4	100.4
纺织工业	112.2	99.2	96.8	105.1	97.4
缝纫工业	102.2	104.5	102.3	103.7	104.7
皮革工业		100.7	99.7	99.7	101.2
文教艺术用品工业	101.1	100.2	99.3	102.1	100.5

注：1．从2011年起工业品出厂价格指数改称为工业生产者出厂价格指数。
2．2021年起工业生产者出厂价格指数、购进价格指数为全省统一，下同。

8—4 工业生产者出厂价格分类指数

（上年=100）

年份	全部工业品	生产资料	采掘工业	原材料工业	加工工业	生活资料	食品	衣着	一般日用品	耐用消费品
2010	102.4	103.1		102.9	103.1	100.7	102.6	103.1	98.5	100.1
2015	98.7	97.2	89.0	98.0	97.2	100.8	102.2	104.8	99.8	100.4
2019	100.6	100.7	108.5	101.3	100.6	100.3	102.9	118.2	97.1	99.5
2020	98.9	98.4	103.8	99.3	98.3	99.6	108.0	100.7	100.5	96.5
2021	107.7	110.1	127.3	114.1	107.7	101.4	101.6	102.0	102.5	100.0
2022	103.2	103.7	112.6	106.9	100.8	101.6	102.1	102.9	101.7	100.3
2023	96.6	95.4	93.8	95.4	95.5	99.8	100.8	104.2	100.1	97.0

8—5 工业生产者出厂价格轻重工业分类指数

（上年=100）

年份	轻工业	以农产品为原料	以非农产品为原料	重工业	采掘工业	原料工业	加工工业
2010	101.5	103.9	100.6	103.1		102.2	103.4
2015	100.6	101.6	100.1	97.5	89.0	98.6	97.4
2019	99.1	102.9	97.5	101.4	108.5	101.0	101.4
2020	99.1	104.8	96.7	98.7	103.8	99.4	98.6
2021	102.8	103.0	102.5	110.1	127.3	114.4	107.3
2022	103.5	102.2	105.2	103.0	112.6	106.9	100.8
2023	98.8	100.6	96.7	95.6	93.8	94.9	96.0

8—6 工业生产者购进价格分类指数

（上年=100）

年份	全部原材料	燃料、动力类	黑色金属材料	有色金属材料和电线类	化工原料	木材及纸浆	建筑材料	其他工业原材料及半成品	农副产品	纺织原料
2010	106.7	107.5	105.2	120.5	110.8	100.2	104.9	103.8	107.8	103.9
2015	94.4	95.7	88.9	90.1	95.3	99.5	101.6	98.9	95.0	99.1
2019	99.9	98.9	101.0	100.9	95.9	95.2	111.5	100.7	97.7	96.3
2020	98.7	97.2	98.0	99.9	96.3	96.8	104.5	99.6	102.0	98.0
2021	111.5	117.8	119.8	121.2	114.6	102.9	110.0	105.6	103.8	104.4
2022	104.0	121.1	94.1	101.5	102.2	104.2	94.8	102.1	105.1	105.5
2023	95.1	92.1	92.3	99.4	90.0	98.4	90.1	96.5	97.4	96.8

注：从2011年起，原材料、燃料、动力购进价格指数改称为工业生产者购进价格指数。

8—7 城乡居民人均收入及恩格尔系数

年 份	城镇居民人均可支配收入（元）	农村居民人均可支配收入（元）	城镇居民恩格尔系数（%）	农村居民恩格尔系数（%）
1995	4657	1300	50.20	59.59
2000	6389	1975	43.00	60.00
2005	9684	3207	45.70	49.07
2006	11013	3690	46.10	50.34
2007	13426	4486	42.60	52.73
2008	15591	5368	39.63	51.49
2009	17158	6065	37.10	51.95
2010	19051	7117	35.80	48.65
2011	22459	7862	38.03	48.30
2012	25434	9081	34.20	44.98
2013	28083	10352	35.57	43.10
2014	29348	14407	33.68	36.96
2015	31989	15733	33.17	36.71
2016	34852	17059	33.02	36.31
2017	37972	18594	31.72	36.15
2018	41484	20389	29.91	34.66
2019	45404	22462	28.95	33.88
2020	48283	24282	28.90	33.80
2021	53208	26856	27.70	32.30
2022	56177	28727	27.94	32.32
2023	59609	31140	27.40	31.91

注：2014年数据为一体化新口径指标数据，以前年份农村居民收入口径为农民人均纯收入。

8—8 城乡居民人均收支（2023年）

单位：元

指标	全体常住居民	城镇居民	农村居民
可支配收入	**52594**	**59609**	**31140**
工资性收入	31280	37378	12631
经营净收入	7610	7124	9096
财产净收入	4215	5341	774
转移净收入	9489	9767	8640
现金可支配收入	**48968**	**54395**	**32372**
现金工资性收入	31152	37215	12610
现金经营净收入	8295	7553	10566
现金财产净收入	595	536	774
现金转移净收入	8926	9091	8422
消费支出	**30592**	**34382**	**19001**
食品烟酒	8593	9420	6063
衣　着	1550	1774	865
居　住	7906	9094	4273
生活用品及服务	1519	1640	1148
交通通信	4870	5621	2573
教育文化娱乐	4019	4537	2434
医疗保健	1585	1653	1378
其他用品和服务	551	643	268
现金消费支出	**23245**	**25699**	**15741**
食品烟酒	8407	9261	5796
衣　着	1549	1773	864
居　住	1328	1263	1527
生活用品及服务	1513	1633	1147
交通通信	4868	5619	2572
教育文化娱乐	4018	4535	2434
医疗保健	1028	993	1134
其他用品和服务	534	621	267

8—9 主要年份城镇居民家庭基本情况

指标		2010年	2015年	2020年	2022年	2023年
调查户数	(户)	400	731	990	990	1300
平均每户人口数	(人)	2.84	2.86	2.98	3.10	2.82
平均每户就业人口数	(人)	1.60	1.63	1.53	1.66	1.46
平均每一就业者负担人数（包括就业者本人）	(人)	1.78	1.76	1.95	1.86	1.93
平均每人住房建筑面积	(平方米)	26.30	35.30	34.90	34.05	34.56
人均可支配收入	(元)	19051	31989	48283	56177	59609
平均每人消费性支出	(元)	14012	20049	28002	32964	34382
#食品烟酒		5010	6651	8090	9210	9420
衣　着		1531	1513	1547	1721	1774
居　住		1483	4598	7772	8983	9094
生活用品及服务		818	814	1314	1602	1640
医疗保健		750	986	1250	1388	1653
交通通信		1859	3081	4513	5311	5621
#交　通		955	2250	3720	4324	4523
通　信		904	831	793	987	1098
教育文化娱乐		2043	2001	3114	4173	4537
#教　育		1032	1462	2459	3166	2987
其他用品和服务		516	403	403	577	643

注：人均住房面积指标2005年前后口径不同，2014年以后水费、电费不单独列示，合并为水电燃料及其他。食品烟酒指标2013年以前为食品指标，因一体化改革自2014年开始变为食品烟酒。

8—10 按收入等级分的城镇居民家庭基本情况（2023年）

指　　标		总平均	低收入户	中低收入户	中等收入户	中高收入户	高收入户
调查户数	(户)	1300	260	260	260	260	260
比　重	(%)	100	20	20	20	20	20
平均每户家庭人口	(人)	2.82	3.32	3.19	2.75	2.67	2.16
平均每户就业人口	(人)	1.46	1.33	1.52	1.47	1.53	1.42
平均每户就业面	(%)	51.71	40.09	47.80	53.64	57.41	65.78
平均每一就业者负担人数（包括就业者本人）	(人)	1.93	2.49	2.09	1.86	1.74	1.52
平均每人可支配收入	(元)	59609	22683	37548	51076	71011	148263
平均每人消费性支出	(元)	34382	19658	23515	35231	38226	68224

8—11 按收入等级分的城镇居民家庭就业和人均现金收入（2023年）

指　　标		总平均	低收入户	中低收入户	中等收入户	中高收入户	高收入户
家庭基本情况	**(人)**						
家庭人口数		2.82	3.32	3.19	2.75	2.67	2.16
就业人口数		1.46	1.33	1.52	1.47	1.53	1.42
雇　主		0.04	0.07	0.02	0.03	0.04	0.05
公职人员		0.03	0.01	0.02	0.02	0.04	0.07
事业单位人员		0.11	0.03	0.06	0.10	0.15	0.23
国有企业雇员		0.07	0.03	0.05	0.06	0.10	0.13
其他雇员		1.02	0.97	1.18	1.11	1.06	0.77
农业自营		0.02	0.06	0.02	0.004		0.01
非农自营		0.16	0.17	0.17	0.13	0.14	0.17
离退休人数		0.26	0.13	0.25	0.34	0.32	0.27
就业人口负担系数		1.93	2.49	2.09	1.86	1.74	1.52
现金收支情况	**(元)**						
可支配收入		54394.9	21093.0	34198.2	45460.3	64553.2	136510.2
工资性收入		37215.1	16165.3	26153.8	33841.7	43004.0	84458.5
经营净收入		7552.7	1978.6	2429.3	3489.2	5865.7	31119.4
财产净收入		536.4	-356.7	191.0	-506.8	1166.3	3047.3
#利息净收入		-735.5	-751.8	-665.7	-987.1	-730.1	-500.1
红利收入		189.7	17.2	68.8	1.5	184.8	886.8
储蓄性保险净收益		0.02	0.1				
出租房屋收入		1025.8	280.5	674.1	480.5	1680.1	2650.6
转移净收入		9090.7	3305.8	5424.0	8636.1	14517.2	17885.0
#养老金或离退休金		7326.8	1286.8	4127.3	6952.6	11540.3	17162.0
社会救济和补助收入		86.8	172.4	90.2	93.1	15.1	22.6
赡养收入		621.9	511.4	487.4	1097.4	523.8	508.4
借贷性所得		476.1	108.6	146.0	56.6	186.7	2420.6
#提取储蓄存款		61.8	0.2	3.4		84.6	297.8
借入款		11.9	0.0	34.2	11.4	10.8	
收回借出款		24.0	3.5	92.2	11.3	0.1	

8—12 城镇居民家庭人均现金支出

单位：元

指　　标	2022年	2023年
家庭总支出	**36965.3**	**40078.2**
消费支出	24747.5	25698.6
食品烟酒	9036.5	9261.2
衣　着	1720.5	1772.8
居　住	1686.8	1262.7
生活用品及服务	1594.2	1632.9
交通通信	5307.2	5619.1
教育文化娱乐	4172.8	4535.3
医疗保健	677.3	993.2
其他用品和服务	552.2	621.3
财产性支出	803.0	911.5
生活贷款利息支出	769.0	891.3
转移性支出	3284.5	2597.6
交纳的个人收入税	406.8	593.2
社会保障支出	2495.6	1670.8
个人缴纳的养老保险	1709.2	1094.8
个人缴纳的医疗保险	563.2	423.7
个人缴纳的失业保险	88.1	47.5
其他社会保障支出	135.2	74.8
外来从业人员寄给家人的支出	11.5	20.4
赡养支出	285.9	245.4
其他转移性支出	84.7	67.8
购置资产支出	1484.1	2370.3
购　房	1393.6	2166.4
借贷支出	**3041.9**	**4255.3**
存入储蓄款	9.3	25.7
借出款	104.4	16.4
归还借款	47.0	157.8
购买有价证券	2.9	35.9
其他投资支出	50.0	87.6
归还住房贷款	2567.2	3464.2
归还汽车贷款	202.7	351.6
归还教育贷款	1.0	1.0
其他借贷支出	0.2	15.0

8—13 主要年份平均每百户城镇居民家庭耐用消费品拥有量

指　　标		2010年	2015年	2020年	2022年	2023年
家用汽车	(辆)	7.41	26.69	55.47	59.71	60.15
摩托车	(辆)	9.63	10.70	4.24	3.44	4.28
助力车	(辆)	28.89	53.26	83.37	79.36	73.85
洗衣机	(台)	95.80	93.19	97.81	100.85	98.29
电冰箱	(台)	100.00	96.65	101.80	103.15	100.50
微波炉	(台)	76.30	63.74	83.37	72.57	64.48
彩色电视机	(台)	137.53	119.62	127.84	121.84	102.35
计算机	(台)	65.93	71.40	77.97	83.89	71.58
照相机	(架)	37.28	32.00	24.08	20.21	12.49
空调器	(台)	140.99	147.76	209.59	232.82	220.28
热水器	(台)	95.80	97.03	102.73	100.64	99.07
健身器材	(件)	0.25	1.69	8.05	9.19	6.40
移动电话	(部)	184.69	202.25	250.99	251.88	233.29

8—14 主要年份城镇居民家庭居住情况

单位：%

项　　目	2010年	2015年	2020年	2022年	2023年
按房屋产权分	**100.00**	**100.00**	**100.00**	**100.00**	**100.00**
租赁公房	2.47	0.98	0.40	0.36	1.02
租赁私房	2.72	14.90	9.70	6.37	14.53
自建住房	2.72	12.74	14.75	14.38	7.74
房改私房	64.44	11.90	6.76	8.96	2.94
商品房	26.91	38.26	51.12	54.42	57.44
拆迁安置房		16.69	13.53	12.93	12.40
其　他	0.74	4.52	3.74	2.58	3.93
按住宅建筑式样分	**100.00**	**100.00**	**100.00**	**100.00**	**100.00**
单栋住宅		14.87	15.46	16.35	11.10
四居室	1.73	3.22	4.14	6.25	5.43
三居室	20.25	38.29	45.04	43.11	45.06
二居室	69.14	33.10	31.12	31.12	33.44
一居室	7.41	4.90	2.32	2.39	4.16
平房及其他		5.63	1.92	0.78	0.81
按饮水情况分	**100.00**	**100.00**	**100.00**	**100.00**	**100.00**
自来水	100.00	97.42	97.68	98.89	99.82
纯净水		2.58	2.32	1.11	0.18
按炊用燃料使用情况分	**100.00**	**100.00**	**100.00**	**100.00**	**100.00**
管道煤气、天然气	59.75	65.66	74.64	79.87	81.59
液化石油气	37.53	19.80	15.86	13.14	9.33
煤	1.48	0.40			0.14
其　他	1.23	14.14	9.50	6.99	8.94

注：拆迁安置房为2014年一体化新口径指标。

8—15　主要年份农村居民家庭基本情况

指　　标		2020年	2022年	2023年
平均每户常住人口	**（人）**	**2.64**	**2.61**	**2.63**
平均每户整、半劳力	**（人）**	**1.84**	**1.93**	**1.32**
平均每个劳动力负担人口（含本人）	**（人）**	**1.43**	**1.35**	**1.99**
平均每人年收入	**（元）**			
可支配收入		24281.7	28726.5	31140.0
工资性收入		9020.1	11476.6	12631.0
经营净收入		7597.1	8399.8	9096.0
财产净收入		585.5	735.8	774.0
转移净收入		7079.0	8114.3	8640.0
现金收入		29546.7	33124.9	38428.2
工资性收入		8992.2	11383.5	12609.9
家庭经营收入		12717.7	13261.5	15304.2
财产性收入		630.7	782.5	1032.3
转移性收入		7206.2	7697.4	9481.8
平均每人年支出	**（元）**			
总支出		21443.4	24229.6	29758.4
消费支出		14191.3	18044.3	19000.7
生产经营费用支出		4969.5	2690.7	4767.8
财产性支出		45.1	46.7	258.5
转移性支出		384.7	513.8	1060.1
部分商业保险支出		12.6	42.4	51.1
购置资产及非经常性转移支出		1572.7	2209.7	3449.2
借贷性支出		267.4	681.9	1171.2
现金支出		18508.6	20684.7	26468.6
现金消费支出		11312.8	14515.5	15740.6
生产经营现金费用支出		4913.2	2674.7	4738.0
现金财产性支出		45.1	46.7	258.5
现金转移性支出		384.7	513.8	1060.1
部分商业保险支出		12.6	42.4	51.1
购置资产及非经常性转移支出		1572.7	2209.7	3449.2
借贷性支出		267.4	681.9	1171.2

8—16　主要年份农村居民家庭平均每人生活消费支出

单位：元

项　　目	2020年	2022年	2023年
生活消费支出	**14191.3**	**18044.0**	**19000.7**
食品烟酒	4802.9	5831.8	6063.1
衣　着	669.9	833.6	864.5
居　住	3326.8	4146.5	4273.3
生活用品及服务	835.4	1104.3	1147.6
交通通信	1765.2	2405.3	2572.7
教育文化娱乐	1586.7	2228.7	2434.2
医疗保健	1018.9	1246.8	1377.6
其他用品和服务	185.6	247.5	267.7

8—17　主要年份农村居民家庭平均每人生活消费支出构成

单位：%

项　　目	2020年	2022年	2023年
生活消费支出			
食品烟酒	33.84	32.32	31.91
衣　着	4.72	4.62	4.55
居　住	23.44	22.98	22.49
生活用品及服务	5.89	6.12	6.04
交通通信	12.44	13.33	13.54
教育文化娱乐	11.18	12.35	12.81
医疗保健	7.18	6.91	7.25
其他用品和服务	1.31	1.36	1.41

8—18 主要年份农村居民家庭平均每人主要食品消费量

品　　名		2020年	2022年	2023年
粮食（原粮）	（公斤）	180.6	171.4	156.1
#谷　物		163.6	150.3	135.0
蔬　　菜	（公斤）	125.7	147.5	140.4
油　　脂	（公斤）	9.5	9.6	10.5
肉　　类	（公斤）	21.7	34.9	46.9
家　　禽	（公斤）	16.1	17.6	16.6
蛋及制品	（公斤）	13.1	19.1	16.4
水 产 品	（公斤）	11.4	11.9	17.3
食　　糖	（公斤）	1.0	1.2	1.0

8—19 主要年份平均每百户农村居民家庭耐用消费品拥有量

品　　名		2020年	2022年	2023年
生活用汽车	（辆）	23.1	26.7	46.6
摩 托 车	（辆）	13.5	10.5	6.3
助 力 车	（辆）	115.7	98.6	84.7
洗 衣 机	（台）	82.7	85.3	94.3
电 冰 箱	（台）	104.0	102.8	107.2
空 调 机	（台）	124.4	131.5	162.6
抽油烟机	（台）	32.3	39.4	51.8
电 话 机	（部）	17.6	4.4	8.2
移动电话	（部）	245.5	240.2	249.1
彩色电视机	（台）	121.5	127.1	121.7
照 相 机	（台）	1.8	3.0	4.0
家用计算机	（台）	29.0	27.0	24.0
热 水 器	（台）	94.3	90.5	94.0

8—20　各县市（区）居民家庭人均可支配收入（2023年）

单位：元

地　　区	全体居民人均可支配收入	城镇居民人均可支配收入	农村居民人均可支配收入
瑶海区	61440	61440	
庐阳区	68061	68061	
蜀山区	69206	69206	
包河区	70092	70092	
高新区	56567	56567	
经开区	56486	56486	
新站区	53137	53137	
长丰县	38586	48272	29910
肥东县	41288	50511	32749
肥西县	43058	53275	33479
庐江县	37048	45106	29018
巢湖市	41655	48206	30543

主要统计指标解释

居民消费价格指数

是度量消费商品及服务项目价格水平随着时间而变动的相对数，反映居民家庭购买的消费品及服务价格水平的变动情况。它是宏观经济分析和决策、价格总水平监测和调控以及国民经济经济核算的重要指标。其按年度计算的变动率通常被用来作为反映通货膨胀（或紧缩）程度的指标。

工业生产者出厂价格指数

是反映各工业行业产品出厂价格总水平的变动趋势和程度的相对数。为国民经济核算、测算工业发展速度、宏观经济分析和调控、理顺价格体系提供依据。

工业生产者购进价格指数

是反映工业企业作为生产投入，而从物资交易市场和能源、原材料生产企业购买原材料、燃料和动力产品时，所支付的价格水平变动趋势和程度的统计指标，是扣除工业企业物质消耗成本中的价格变动影响的重要依据。

目前，我国编制的工业生产者购进价格指数所调查的产品包括燃料、动力类、黑色金属材料类、有色金属材料和电线类、化工原料类、木材及纸浆类、建筑材料类、其他工业原材料及半成品类、农副产品类、纺织原料类共九大类。

住宅销售价格指数

是反映一定时期内住宅销售价格变化趋势和程度的相对数。

居民收入

可支配收入：指调查户在调查期内获得的、可用于最终消费支出和储蓄的总和，即调查户可以用来自由支配的收入。可支配收入既包括现金，也包括实物收入。按照收入的来源，可支配收入包含四项，分别为：工资性收入、经营净收入、财产净收入和转移净收入。计算公式为：

可支配收入＝工资性收入+经营净收入+财产净收入+转移净收入

其中：经营净收入＝经营收入－经营费用－生产性固定资产折旧－生产税

财产净收入＝财产性收入－财产性支出

转移净收入＝转移性收入－转移性支出

工资性收入

指就业人员通过各种途径得到的全部劳动报酬和各种福利，包括受雇于单位或个人、从事各种自由职业、兼职和零星劳动得到的全部劳动报酬和福利。

经营净收入

指住户或住户成员从事生产经营活动所获得的净收入，是全部经营收入中扣除经营费用、生产性固定资产折旧和生产税之后得到的净收入。

财产净收入

指住户或住户成员将其所拥有的金融资产、住房等非金融资产和自然资源交由其他机构单位、住户或个人支配而获得的回报并扣除相关的费用之后得到的净收入。财产净收入包括利息净收入、红利收入、储蓄性保险净收益、转让承包土地经营权租金净收入、出租房屋净收入、出租其他资产净收入和自有住房折算净租金等。

转移性收入

指国家、单位、社会团体对住户的各种经常性转移支付和住户之间的经常性收入转移。包括养老金或退休金、社会救济和补助、政策性生产补贴、政策性生活补贴、经常性捐赠和赔偿、报销医疗费、住户之间的赡养收入，以及本住户非常住成员寄回带回的收入等。

居民消费支出

指住户用于满足家庭日常生活消费需要的全部支出，包括用于消费品的支出和用于服务性消费的支出。根据用途不同，消费支出可划分为食品烟酒、衣着、居住、生活用品及服务、交通通信、教育文化娱乐、医疗保健、其他用品及服务八大类。根据来源不同，消费支出可划分为现金消费支出、实物消费支出（含自产自用、来自单位、来自政府和其他社会组织）。

第九篇

自然资源、环境保护和城市建设

简要说明

一、自然资源包括土地、气象、林木、水资源。城市建设包括市政公用事业情况等。

二、本篇资料分别来源于市林业和园林局、气象局、水务局、自然资源和规划局、生态环境局、城乡建设局等部门。

9—1 自然资源

指　　　　标		2022年	2023年
区　域			
土地总面积	（平方公里）	11445.10	11445.10
土地资源	**（千公顷）**		
#造林面积		1.53	1.85
果园面积		10.29	10.40
茶园面积		8.53	8.49
主要矿产基础储量			
铁　矿	（矿石，亿吨）	9.71	9.66
铜　矿	（铜，万吨）	148.27	148.29
磷　矿	（矿石，亿吨）	0.20	0.24
水泥用灰岩	（矿石，亿吨）	11.00	11.56
水资源			
水资源总量	（亿立方米）	25.32	37.86
地表水		23.65	35.91
地下水		7.20	9.59
降水量	（毫米）	805.80	994.70

9—2 分月气象情况（2023年）

月　　份	平均气温（摄氏度）	降水量（毫米）	日照时数（小时）
全　　年	**17.0**	**976**	**1997**
1 月	4.3	23	182
2 月	6.0	46	96
3 月	12.9	47	174
4 月	17.4	95	185
5 月	21.5	136	157
6 月	25.9	148	163
7 月	28.7	158	142
8 月	28.1	79	236
9 月	24.0	120	115
10 月	18.4	35	192
11 月	11.7	37	194
12 月	4.2	53	159

9—3　土地利用情况

单位：公顷

年　份	土地调查面　　积	农用地		建设用地			
			耕　地		城镇及工矿用地	交通用地	水利设施用　　地
2015	1144506	824355	560483	214410	176453	15482	22475
2016	1144506	820334	558033	218530	179146	16886	22498
2017	1144506	818313	557414	220695	180510	17649	22536
2018	1144506	818336	558840	220865	180249	18071	22545
2019	1144510	841648	486326	203385	175245	37015	230661
2020	1144510	831008	480921	213849	185479	36760	232186
2022	1144510	827411	481981	216752	184074	39366	230130
2023	1144510	833567	482646	217847	184064	40638	228148

注：由于用地分类变化，2019年起“交通用地”为“交通运输用地”数据，“水利设施用地”为“水域及水利设施用地”数据，其中“交通运输用地”中的“农村道路”属于农用地，“水域及水利设施用地”中只有“水工建筑用地”属于建设用地。

9—4　地质灾害及防治情况

年　份	发生地质灾害起数（次）			直接经济损　失（万元）	地质灾害防治项目（个）	地质灾害防治投资（万元）
		滑　坡	崩　塌			
2015	4	3	1		7	164
2016	12	8	4	30	6	359
2017					8	1428
2018					10	1167
2019					6	284
2020	1	1		50	21	453
2021					5	469
2022					11	
2023					2	26

注：2017年起地质灾害防治投资包括治理和监测部分，灾情不包括险情。

9—5 水资源情况

年 份	水资源总量（亿立方米）	地表水资源量	地下水资源量	人均水资源量（立方米／人）	单位GDP用水量（立方米）	单位工业增加值用水量（立方米）
2010	30.12	30.02	4.89	608.55		
2011	28.33	28.13	4.86	401.20		
2012	30.99	30.77	5.32	409.27		
2013	29.44	27.42	5.17	386.81		
2014	49.69	47.94	8.30	645.66		
2015	49.76	47.89	8.19	638.77	53.80	23.70
2016	87.73	85.80	13.09	1114.88	50.70	21.30
2017	37.64	35.70	7.30	472.57	43.20	17.20
2018	54.31	52.38	8.68	671.57	38.90	17.80
2019	21.52	20.57	4.46	262.79	32.80	25.70
2020	89.15	87.41	9.23	951.44	30.81	22.15
2021	51.06	48.86	11.38	539.46	27.19	18.64
2022	25.32	23.65	7.20	261.63	27.46	16.77
2023	37.86	35.91	9.59	384.25	24.36	15.34

9—6 各县（市）水资源情况（2023年）

地 区	水资源总量（亿立方米）	地表水资源量	地下水资源量	地表水与地下水资源不重复量	人均水资源量（立方米／人）
全 市	**37.86**	**35.91**	**9.59**	**1.95**	**384.25**
#长丰县	4.01	3.75	1.24	0.26	481.39
肥东县	5.99	5.77	1.87	0.22	658.97
肥西县	5.48	4.96	1.38	0.52	545.27
庐江县	10.77	10.28	2.39	0.49	1214.21
巢湖市	7.40	7.18	1.76	0.22	1016.48

9—7 主要年份生态与环境

指标		2010年	2015年	2020年	2022年	2023年
环境质量						
细颗粒物（PM2.5）日平均值	(毫克/立方米)			0.036	0.032	0.034
可吸入颗粒物（PM10）日平均值	(毫克/立方米)	0.111	0.092	0.058	0.063	0.062
二氧化硫日平均值	(毫克/立方米)	0.020	0.016	0.007	0.008	0.007
二氧化氮日平均值	(毫克/立方米)	0.030	0.033	0.039	0.031	0.031
饮用水源水质达标率	(%)	100.0	100.0	100.0	100.0	100.0
区域环境噪声平均值	(分贝(A))	55.40	54.40	57.90	58.50	57.20
交通干线噪声平均值	(分贝(A))	69.30	67.70	69.10	68.80	68.50
污染控制						
工业固体废物综合利用率	(%)	98.90	91.65	78.46	78.42	84.34
危险废物处置率	(%)	100.00	99.66	100.00	100.00	100.00
环境建设						
城市污水处理厂集中处理率	(%)	91.36	92.12	95.39	95.88	96.02
环境污染						
二氧化硫排放量	(万吨)	3.33	4.49	0.47	0.48	0.52
COD排放量	(万吨)	3.18	11.40	4.41	2.25	9.39
氨氮排放总量	(万吨)	0.29	0.92	0.08	0.06	0.81
城镇生活污水排放量	(亿吨)	1.92	4.50	4.46	1.80	5.23
#生活污水中化学需氧量排放量	(万吨)	2.78	4.53	4.28	2.11	8.32
#生活污水中氨氮排放量	(万吨)	0.26	0.55	0.08	0.06	0.77
环境污染治理						
建设项目环评执行率	(%)	100	100	100	100	100

注：因生态环境统计业务系统平台农业源核算2023年起由省级改为市级核算，生活源污染物口径更改，部分指标与往年不可比。

9—8 环保系统机构、人员数

年 份	机构总数（个）	人员总数（人）	科技人员	监测人员	监理人员
2010	23	398	218	119	141
2015	66	664	375	163	198
2016	188	1007	828	187	591
2017	188	881	761	169	577
2018	192	804	676	140	523
2019	192	1101	724	138	578
2020	192	1393	969	68	885
2021	191	1304	1160	66	1077
2022	195	1299	1171	75	1079
2023	180	1133	796	85	695

注：2016年起数据包括乡镇、街道机构及工作人员；2023年起部分乡镇、街道机构合并，未纳入部门统计。

9—9 生活污染物排放

年 份	城镇生活污水排放量（万吨）	COD排放量（吨）	生活及其他二氧化硫排放量（吨）	生活及其他烟尘排放量（吨）
2010	19206	27823	1312	1110
2014	43809	45502	2790	3317
2015	45022	45297	4067	3409
2016	40258	68306	2166	1456
2017	40232	68819	2166	1771
2018	39371	71055	1760	1107
2019	43431	79230	226	49919
2020	44608	42796	599	6081
2021	39005	23638	599	6081
2022	17974	21119	1103	11187
2023	52328	83198	1339	13577

注：2011年起，生活及其他二氧化硫排放量、生活及其他烟尘排放量仅含生活；2013年起生活烟尘排放量核算体系发生变化，国家要求排放量按照产排污系数法核定；2023年起生活源污染物核算口径更改，部分指标与往年不可比。

9—10 主要年份工业污染排放及处理利用情况

指标		2010年	2015年	2020年	2022年	2023年
企业基本情况						
汇总工业企业数	(个)	355	692	682	772	827
汇总企业工业总产值（现价）	(亿元)	1578.9	2580.6	4920.3	6740.1	7431.7
工业锅炉	(台)	163	273	311	249	249
	(蒸吨)	6495.9	10577.4	19852.2	1220.2	1383.3
工业炉窑数	(座)	142	164	185	277	255
工业废水						
工业废水排放量	(万吨)	3289.8	5335.0	5845.4	6841.3	8778.8
工业废水中的污染物排放量						
#六价铬	(吨)	0.0043	0.0212	0.0008	0.0006	0.0006
挥发酚	(吨)	0.0573	0.00002	0.0858	0.0072	0.0105
铅	(吨)		0.0169	0.0023	0.0000	0.0023
氰化物	(吨)	0.0298	0.0186	0.0799	0.0022	0.0001
石油类	(吨)	12.20	36.83	3.540	4.489	5.469
化学需氧量	(吨)	4008.7	6895.1	1289.0	1324.5	1384.5
工业废气						
工业废气排放量	(亿标立方米)	701.5	2073.1	76462.6	3992.6	4591.6
工业二氧化硫排放量	(吨)	31988.0	40828.7	4742.1	3664.5	3773.0
工业二氧化硫去除量	(吨)	22370.2	78454.2	96079.8	110516.9	122971.2
工业烟尘粉尘排放量	(吨)	15789.4	85035.7	4518.9	3748.8	4943.0
工业烟尘粉尘去除量	(吨)	1564517	2800373	3310080	4792230	4870865
工业固体废物						
工业固体废物产生量	(万吨)	339.5	818.0	1120.5	1328.1	1537.6
工业固体废物综合利用量	(万吨)	335.3	749.7	922.9	1041.4	1296.8
工业固体废物贮存量	(万吨)	3.65	59.07	244.81	241.07	154.46

9—11　主要年份城市煤气、天然气、液化气情况

指　　　　标		2010年	2015年	2020年	2022年	2023年
煤气、天然气						
天然气储气能力	(万立方米)	326.0	1031.0	2287.0	2287.0	2287.0
煤气、天然气管道长度	(公里)	2259.3	5012.4	6665.4	7578.6	7919.5
天然气供气总量	(万立方米)	22410.8	52333.0	114772.0	136263.6	140096.9
#家庭用量		6806.4	20930.0	40993.0	48357.0	52738.3
煤气、天然气用气户数	(万户)	64.7	144.6	214.6	239.1	250.4
#家庭用户	(万户)	64.5	144.0	213.7	238.1	249.4
煤气、天然气用气人数	(万人)	167.2	354.5	463.3	640.1	643.3
液化气						
储气能力	(吨)	3398	1850	1850	1850	571
供气总量	(吨)	65284	30000	39000	39502	35000
#家庭用量		27474	15000	10850	7483	5081
用气户数	(万户)	28	10	8	5	4
#家庭用户		24	10	5	4	3
用气人口	(万人)	75	24	12	10	9

9—12　主要年份城市供水用水情况

指　　　　标		2010年	2015年	2020年	2022年	2023年
水厂个数	(个)	7	7	8	8	7
综合生产能力	(万立方米/日)	112.0	175.0	233.0	233.0	285.0
供水总量	(万立方米)	29453	43568	60317	66754	69777
#生产经营用水		4229	6697	10522	11786	12375
居民家庭用水		14282	20951	29684	34776	32193
公共服务用水		6651	8648	11333	12806	18151
用水人口	(万人)	240.62	375.18	474.40	650.35	652.21
供水管道长度	(公里)	2467.86	4591.79	7725.43	3698.58	3997.83

9—13 主要年份城市市政工程和环境卫生

指　　标		2010年	2015年	2020年	2022年	2023年
市政工程						
道路长度	(公里)	2012.70	2206.47	3156.96	3331.59	3501.09
道路面积	(万平方米)	4323.30	6347.51	8912.53	9699.54	10340.22
桥梁数	(座)	181	501	694	900	1157
排水管道长度	(公里)	7222.00	5934.69	8532.58	9078.91	9324.72
路灯盏数	(盏)	93691	189106	259634	293814	319496
环境卫生						
实际清扫面积	(万平方米)	3409.0	7310.0	8149.0	9265.0	8844.0
生活垃圾清运总量	(万吨)	66.42	129.16	188.97	208.82	227.58
粪便清运总量	(万吨)	1.80	2.79	2.03	2.50	3.45
公共厕所	(座)	219	234	251	378	429
环卫机械总数	(台)	331	1770	1800	1857	1633
生活垃圾无害处理厂	(座)	1	2	4	6	6
生活垃圾无害处理能力	(吨/日)	1870	4478	7478	9500	9500
生活垃圾无害化处理	(万吨)	66.40	129.16	188.97	208.82	227.60

注：2023年起实际清扫面积统计口径不包含各县（市），环卫机械总数只包含环卫车辆。

9—14 主要年份城市园林绿化情况

指　　标		2010年	2015年	2020年	2022年	2023年
城区绿化覆盖面积	(公顷)	12737.0	18813.6	23381.0	26220.0	26442.5
建成区绿地面积	(公顷)	11582.0	16760.5	19498.4	20416.2	20781.8
#建成区公园绿地面积	(公顷)	3269.0	4951.1	6036.6	7598.1	7684.1
建成区公园绿地数量	(个)	43	51	210	358	394

注：1．城市园林绿化指标数据仅包含市区，不包括四县一市。
2．2018年及以后公园数量和面积统计口径调整，2000m²以上纳入统计。

主要统计指标解释

降水量

指降水深度，即降水平铺在地域面积上的深度。

水资源总量

一定区域内的水资源总量指当地降水形成的地表和地下产水量，即地表径流量与降水入渗补给量之和，不包括过境水量。

地表水资源量

指河流、湖泊、冰川等地表水体中由当地降水形成的、可以逐年更新的动态水量，即天然河川径流量。

地下水资源量

指当地降水和地表水对饱水岩土层的补给量。

土地调查面积

指行政区域内的土地调查总面积，包括农用地、建设用地和未利用地。

农用地

指直接用于农业生产的土地，包括耕地、园地、林地、牧草地及其他农用地。

工业废水排放量

指经过企业厂区所有排放口排到企业外部的工业废水量。包括生产废水、外排的直接冷却水、超标排放的矿井地下水和与工业废水混排的厂区生活污水，不包括外排的间接冷却水（清污不分流的间接冷却水应计算在内）。

城镇生活污水排放量

指城镇居民每年排放的生活污水。用人均系数法测算。测算公式为：

城镇生活污水排放量＝城镇生活污水排放系数×市镇非农业人口×365

城镇生活污水中化学需氧量（COD）排放量

指城镇居民每年排放的生活污水中的 COD 的排放量。

化学需氧量（COD）

测量有机和无机物质化学所消耗氧的质量浓度的水污染指数。

工业废气排放量

指报告期内企业厂区内燃料燃烧和生产工艺过程中产生的各种排入大气的含有污染物的气体的总量，以标准状态（273K，101325Pa）计算。测算公式为：

工业废气排放量＝燃料燃烧过程中废气排放量+生产工艺过程中废气排放量

生活 SO_2 排放量

指除工业生产活动以外的所有社会、经济活动及公共设施的经营活动中燃煤所排放的 SO_2 纯重量。

工业 SO_2 排放量

指报告期内企业在燃料燃烧和生产工艺过程中排入大气的 SO_2 总量。

工业烟尘排放量

指企业厂区内燃料燃烧过程中产生的烟气中夹带的颗粒物排放量。

生活及其他烟尘排放量

指除工业生产活动以外的所有社会、经济活动及公共设施的经营活动中燃烧所排放的烟尘纯重量。以生活及其他煤炭消费量为基础进行测算。

工业粉尘排放量

指企业在生产工艺过程中排放的能在空气中悬

浮一定时间的固体颗粒物排放量。如钢铁企业的耐火材料粉尘、焦化企业的筛焦系统粉尘、烧结机的粉尘、石灰窑的粉尘、建材企业的水泥粉尘等。不包括电厂排入大气的烟尘。

工业固体废物产生量

指报告期内企业在生产过程中产生的固体状、半固体状和高浓度液体状废弃物的总量，包括危险废物、冶炼废渣、粉煤灰、炉渣、煤矸石、尾矿、放射性废物和其他废物等；不包括矿山开采的剥离废石和掘进废石（煤矸石和呈酸性或碱性的废石除外）。酸性或碱性废石指采掘的废石其流经水、雨淋水的 pH 值小于 4 或 pH 值大于 10.5 者。

工业固体废物综合利用量

指报告期内企业通过回收、加工、循环、交换等方式，从固体废物中提取或者使其转化为可以利用的资源、能源和其他原材料的固体废物量（包括当年利用往年的工业固体废物贮存量），如用作农业肥料、生产建筑材料、筑路等。综合利用量由原产生固体废物的单位统计。

工业固体废物综合利用率

指工业固体废物综合利用量占工业固体废物产生量（包括综合利用往年贮存量）的百分率。计算公式为：

工业固体废物综合利用率＝工业固体废物综合利用量/（工业固体废物产生量+综合利用往年贮存量）×100%

工业固体废物贮存量

指报告期内企业以综合利用或处置为目的，将固体废物暂时贮存或堆存在专设的贮存设施或专设的集中堆存场所内的数量。专设的固体废物贮存场所或贮存设施必须有防扩散、防流失、防渗漏、防止污染大气、水体的措施。

供水总量

指各种水源工程为用户提供的包括输水损失在内的毛供水量。

生活垃圾清运量

指报告期内收集和运送到垃圾处理厂（场）的生活垃圾数量。生活垃圾指城市日常生活或为城市日常生活提供服务的活动中产生的固体废物以及法律行政规定的视为城市生活垃圾的固体废物。包括：居民生活垃圾、商业垃圾、集市贸易市场垃圾、街道清扫垃圾、公共场所垃圾和机关、学校、厂矿等单位的生活垃圾。

第十篇

农　业

简要说明

一、本篇资料反映我市农业生产和农村经济的基本情况，内容主要包括农林牧渔业产值、农业机械拥有量、主要产品产量、水利设施与灌溉防涝等。

二、本篇资料来源于按照安徽省统计局的《安徽省农村统计调查报表制度》实施的农村统计调查；部分指标及林业生产情况、渔业生产情况等指标均取自同级业务部门的统计资料；农田水利建设和灌溉防涝情况、农业机械和农产品加工机械拥有量、林业资源情况等资料由市水务局、市农机局、市林业和园林局提供。

农村统计调查的统计范围包括各县（市）区的各种经济类型的全部农林牧渔业以及各非农行业附属的农林牧渔业生产单位。但不包括农业科学试验机构进行的农业生产。

农村统计调查由各县（市）区统计局收集、汇总报送，采取抽样调查、典型调查、重点调查和其他调查所取得的。

10—1 分县区农林牧渔业总产值及构成

(按当年价格计算)　　单位：万元

年　份	全　市	市　区	长丰县	肥东县	肥西县	庐江县	巢湖市	构成(%) 农　业	林　业	牧　业	渔　业	农林牧渔专业及辅助性活动
1980	57602	4524	16687	20376	16015			81.9	1.3	15.9	0.9	
1985	136550	11094	40156	47134	38166			74.6	1.1	22.1	2.2	
1990	259565	24603	70841	88819	75302			66.1	1.6	29.5	2.8	
1995	527172	68651	140490	149728	168303			64.1	1.8	29.7	4.4	
1999	628764	78222	176509	208543	165490			52.0	2.2	35.6	10.2	
2000	644408	84689	182587	213580	163552			47.9	2.6	38.9	10.6	
2001	670345	87097	186098	225125	172025			48.7	2.2	38.9	10.2	
2002	704136	75268	202098	238517	188253			50.2	2.8	37.2	9.8	
2003	714200	74983	199350	248187	191680			45.1	3.5	39.5	10.4	1.5
2004	925677	82418	222699	354019	266541			50.9	2.2	36.9	8.7	1.2
2005	955877	81249	233214	347508	293907			49.3	2.3	37.7	9.4	1.3
2006	1135542	105813	281695	406355	341679			48.6	2.6	38.1	9.5	1.2
2007	1383515	119622	372237	476963	414692			48.8	2.5	37.4	9.0	2.4
2008	1800429	146201	531963	600728	521537			47.6	2.3	39.8	8.0	2.3
2009	1857859	138721	554080	617773	547285			47.5	2.2	39.3	8.8	2.1
2010	2276350	203193	624352	785920	662885			46.9	2.3	38.2	10.8	1.8
2011	3648662	200862	733173	907016	805120	622800	379691	47.4	2.6	34.5	13.5	2.0
2012	4011797	205885	831284	977464	884972	674297	437895	48.9	2.7	33.3	13.2	1.9
2013	4321854	200100	896064	1058053	959746	731379	476512	48.4	2.8	32.8	14.1	1.9
2014	4503240	319148	934971	1110938	844455	784759	508969	49.0	2.9	32.0	14.1	2.0
2015	4682357	321075	974987	1150357	883324	820006	532608	50.2	3.2	30.3	14.3	2.1
2016	4570902	340455	895766	1075883	891822	818451	548525	50.5	3.8	29.0	14.7	2.0
2017	4626475	312560	948685	1078366	875672	846396	564796	50.9	4.2	27.8	15.0	2.1
2018	4748227	250068	998892	1118007	899020	881199	601041	51.6	4.5	26.3	15.5	2.2
2019	4944925	201297	1078456	1128227	942102	947293	647550	52.0	4.6	25.6	15.5	2.3
2020	5242558	199013	1158321	1216303	987255	997533	684133	52.4	4.6	24.5	15.9	2.6
2021	5508640	159314	1214782	1285646	1049954	1078057	720887	53.0	4.7	22.5	17.2	2.6
2022	5840878	164117	1283409	1328715	1156514	1114099	794024	52.4	4.9	22.4	17.5	2.8
2023	5762826	150209	1241753	1327588	1164393	1091822	787061	51.6	5.7	23.2	16.4	3.1

注：2016—2017年数据根据第三次全国农业普查结果进行了修订。

10—2 农林牧渔业总产值指数

（上年=100）

年 份	农林牧渔业总产值	农 业	林 业	牧 业	渔 业	农林牧渔专业及辅助性活动
1980	101.5	96.3	138.1	120.0	148.7	
1985	110.3	104.8	111.8	126.9	137.4	
1990	107.0	105.5	135.1	110.0	103.8	
1995	108.8	109.2	89.0	103.4	147.1	
1999	107.7	107.8	110.3	105.8	112.9	
2000	100.4	90.5	120.6	111.6	103.5	
2001	102.1	103.0	86.7	102.5	99.9	
2002	105.9	111.4	119.3	100.0	103.7	
2003	97.6	80.7	109.4	111.2	114.2	113.7
2004	124.4	144.0	70.1	114.7	111.3	105.8
2005	100.8	94.4	103.4	106.2	104.2	108.6
2006	111.4	107.7	132.2	114.3	112.7	105.6
2007	109.2	113.9	115.9	103.9	113.3	104.0
2008	107.5	103.9	108.0	111.0	113.2	104.1
2009	106.5	103.5	101.7	109.7	113.4	93.6
2010	104.0	102.5	106.1	104.8	108.2	102.9
2011	103.5	103.9	117.9	100.0	108.4	102.6
2012	105.4	106.7	105.8	104.0	105.1	98.9
2013	103.2	102.7	107.6	101.2	108.4	106.6
2014	104.8	105.9	108.6	102.6	104.7	106.8
2015	104.4	105.4	111.0	102.0	104.8	104.8
2016	102.1	101.1	109.6	100.4	106.6	109.4
2017	103.7	104.0	110.2	101.6	104.4	106.6
2018	101.6	102.7	107.2	97.6	103.4	106.0
2019	101.5	104.0	105.1	94.1	103.5	108.8
2020	101.5	103.8	105.6	94.6	102.8	109.6
2021	106.3	105.6	104.4	108.1	106.2	105.7
2022	104.2	103.1	102.1	105.1	105.9	112.3
2023	103.8	102.9	105.1	104.6	104.5	109.6

10—3　主要农产品产量

单位：万吨

年份	粮食	油料	棉花	肉类	水产品	牛奶
1980	106.71	6.40	0.45	3.15	0.39	0.16
1985	155.30	20.53	0.62	5.64	1.29	0.44
1990	167.68	17.72	0.81	10.07	1.80	0.57
1995	147.98	21.36	1.82	12.77	4.01	0.61
1999	184.22	26.27	1.04	21.21	10.19	1.03
2000	142.98	27.07	1.22	22.90	10.27	1.18
2001	133.30	31.83	1.46	23.90	10.33	1.50
2002	161.36	26.62	1.44	24.71	10.62	1.46
2003	104.47	24.07	1.27	26.32	11.30	1.90
2004	166.55	35.24	1.62	29.70	11.21	2.27
2005	153.93	33.86	1.34	31.34	11.63	2.38
2006	179.60	32.01	1.68	36.61	13.21	3.39
2007	173.06	22.75	1.65	30.41	9.88	3.72
2008	186.63	31.39	1.87	33.91	10.97	4.31
2009	190.40	31.73	1.89	36.82	11.27	6.25
2010	193.52	25.85	1.85	38.02	12.29	9.20
2011	264.94	24.62	3.55	44.74	20.30	10.47
2012	278.10	33.47	3.36	47.21	21.57	11.17
2013	265.56	32.13	3.25	47.50	22.70	11.38
2014	292.50	31.84	3.16	48.26	23.50	11.16
2015	306.51	31.10	2.93	49.12	24.02	11.54
2016	293.40	16.80	0.97	44.96	21.84	7.89
2017	297.62	15.10	0.75	44.78	22.23	7.42
2018	301.35	14.88	0.83	43.60	22.94	7.46
2019	301.19	15.09	0.90	38.35	22.48	9.47
2020	288.95	15.71	0.51	32.79	22.56	6.66
2021	294.13	16.61	0.25	34.06	22.89	8.83
2022	294.23	18.19	0.19	35.52	23.86	9.69
2023	298.74	19.78	0.12	36.75	24.72	10.28

注：2011—2017年粮食产量及2016—2017年油料、棉花、肉类、水产品、牛奶产量根据第三次全国农业普查结果进行了修订。

10—4 各县（市）区水利建设基本情况（2023年）

地　区	水库总数（座）	大型水库	中型水库	小型水库
合　计	**676**	**2**	**21**	**653**
瑶海区	3		1	2
庐阳区	2	1		1
蜀山区	15	1		14
包河区				
长丰县	185		12	173
肥东县	205		5	200
肥西县	79		1	78
庐江县	110		1	109
巢湖市	63		1	62
其　他	14			14

地　区	供水工程总供水量（万立方米）	耕地灌溉面积（千公顷）	实际耕地灌溉面积	堤防长度（公里）
合　计	**308762.63**	**424.36**	**354.43**	**1512.61**
瑶海区	8705.86	2.15	1.30	5.25
庐阳区	10742.58	1.33	1.33	8.30
蜀山区	15109.88	5.95	5.95	
包河区	13452.50	2.09		116.76
长丰县	35643.81	92.66	54.46	35.30
肥东县	48149.69	100.65	77.95	179.21
肥西县	42079.76	64.12	64.12	238.92
庐江县	60958.51	97.78	96.55	512.68
巢湖市	37172.69	57.63	52.77	416.19
其　他	36747.36			

10—5　各县（市）区农业机械拥有量（2023年）

指　标		全　市	市　直	长丰县	肥东县	肥西县	庐江县	巢湖市
农业机械总动力	（万千瓦）	517.50	26.54	106.57	80.52	71.41	169.68	62.77
柴油发动机动力		434.24	21.99	101.50	69.87	59.34	129.87	51.67
汽油发动机动力		9.90	1.23	1.67	3.17	0.42	3.05	0.37
电动机动力		73.36	3.32	3.40	7.48	11.66	36.76	10.73
耕作机械								
大、中型拖拉机	（台）	18615	675	4899	2929	3158	4777	2177
小型拖拉机	（台）	162790	11724	45007	32450	16900	51288	5421
大、中型拖拉机配套农具	（部）	27064	548	7172	4150	5565	6598	3031
水稻插秧机	（台）	2677	46	333	413	380	1164	341
水稻直播机	（台）	438	0	171	0	5	182	80
谷物烘干机	（台）	1858	17	163	319	245	759	355
保鲜储藏设备	（台）	574	27	186	98	106	100	57
农产品初加工作业机械	（台）	22760	895	2047	3609	3929	7915	4365
#粮食加工机械		14842	685	1415	2485	2861	4319	3077
棉花加工机械		1690	55	71	311	275	650	328
油料加工机械		2516	128	337	424	682	619	326
畜牧机械	（台）	4796	225	517	1323	788	1478	465

10—6 各县（市）区农业现代化情况（2023年）

指　　标		全　市	瑶海区	庐阳区
农业机械化情况				
机耕面积	（千公顷）	635.03		
机播面积	（千公顷）	389.60		
机械植保面积	（千公顷）	328.04		
机械收割面积	（千公顷）	524.16		
农村主要物资消耗情况				
农用化肥施用量（折纯）	（吨）	202909	3	52
氮　肥		42219	0.4	4
磷　肥		12868	0.4	
钾　肥		11229		1
复合肥		136594	3	47
农用塑料薄膜使用量	（吨）	14347		11
地膜使用量	（吨）	3361		5
地膜覆盖面积	（公顷）	26700		43
农用柴油使用量	（吨）	71308		12
农药使用量	（吨）	2946		0.02

注：市区农业机械化情况为四城区合计数。

蜀山区	包河区	长丰县	肥东县	肥西县	庐江县	巢湖市
		142.19	160.46	81.85	140.02	92.62
		75.47	84.71	67.72	99.93	60.59
		31.83	51.58	75.2	133.2	30.23
		114.1	119.97	75.4	130.72	79.42
2217	384	50226	41585	27598	54288	22919
76	44	12271	9302	5513	6540	7625
	16	7045	1853	381	3021	189
	26	2156	1184	288	7304	126
2141	298	28754	29246	21416	37422	17979
44	396	9025	2088	1582	479	603
10	32	1941	416	614	73	234
88	357	12352	4164	6753	847	1281
212	32	18869	6363	18318	21447	4829
19	1	468	460	927	647	382

10—7　各县（市）区农林牧渔业总产值（2023年）

指　　标	全　市	瑶海区	庐阳区
农林牧渔业总产值（按现行价计算）	**5762826**	**1850**	**19218**
农业总产值	**2971782**	**1226**	**9743**
谷物及其他作物	987702		134
谷　物	788882		105
薯　类	6684		
油　料	124847		29
豆　类	14641		
棉　花	2506		
糖　料	1831		
其他农作物	48311		
蔬菜、食用菌及花卉盆景园艺产品	1457010	1226	5404
蔬菜（含菜用瓜）	1185827	1226	4367
食用菌	32313		149
花　卉	10644		888
盆景园艺	228226		
水果、坚果、茶、饮料和香料	509162		4205
#水果（含果用瓜）	461529		4205
茶及饮料原料	21035		
林业总产值	**326817**	**556**	**8867**
林木的培育和种植	290528	556	8867
竹木采运	22792		
林产品	13497		
牧业总产值	**1339778**		
牲畜饲养	93220		
#牛	24056		
羊	20531		
奶产品	48633		
猪的饲养	387685		
家禽饲养	764940		
肉　禽	517936		
禽　蛋	247004		
其他畜牧业	93933		
渔业总产值	**944332**		
内陆水域产品	944332		
#养　殖	838433		
农林牧渔专业及辅助性活动总产值	**180117**	**68**	**608**

单位：万元

蜀山区	包河区	长丰县	肥东县	肥西县	庐江县	巢湖市
20191	**62334**	**1241753**	**1327588**	**1164393**	**1091822**	**787061**
10025	**54988**	**645524**	**674858**	**509315**	**611177**	**415685**
5396	41	202836	240626	138256	235614	148716
4831	41	173472	171802	113896	202391	107840
		2025	1654	340	2177	488
531		13663	50902	18482	16414	23372
34		3740	4561	2664	2509	1008
		39	602	841	798	226
		69	554	412	562	234
		9828	10551	1621	10763	15548
3377	32439	207363	346252	316503	291799	233281
3036	30875	168529	301422	189021	265032	203012
42	167	5677	13170	6632	5757	660
299	1397	4175	1321	2160	397	7
		28982	30339	118690	20613	29602
1252	22508	231959	87980	54556	73302	29608
1252	22508	210107	85632	54326	54873	24881
			58	82	16539	4356
3035	**5153**	**56299**	**77536**	**80094**	**60862**	**32097**
2502	3903	52499	70375	78013	47110	24385
533	1250	3800	7161	1020	5072	3956
				1061	8680	3756
5897		**314122**	**334249**	**391171**	**132986**	**157336**
591		25875	48694	6038	5992	5856
465		5708	9250	3694	3288	1574
126		8495	2483	2344	2704	4282
		11672	36961			
453		121577	114936	88253	32867	29451
4853		158503	160301	260340	85120	92128
4423		103728	100127	188690	54750	64845
430		54775	60174	71650	30370	27283
		8167	10318	36540	9007	29901
582	**316**	**187465**	**203355**	**145421**	**248482**	**158711**
582	316	187465	203355	145421	248482	158711
582	316	145983	200936	131175	229282	130159
652	**1877**	**38343**	**37590**	**38392**	**38315**	**23232**

10—8 各县（市）区农作物播种面积和产量（2023年）

指　　标		全　市	瑶 海 区	庐 阳 区
农作物总播种面积	**（公顷）**	**713952**	**101**	**663**
粮食作物播种面积	**（公顷）**	**527015**		**77**
产　量	**（吨）**	**2987422**		**385**
#夏收粮食面积	（公顷）	527015		
产　量	（吨）	2987422		
#谷物播种面积	（公顷）	506167		77
产　量	（吨）	2950682		385
稻谷播种面积	（公顷）	355275		73
产　量	（吨）	2225049		367
早稻播种面积	（公顷）	35226		
产　量	（吨）	214203		
中稻和一季晚稻播种面积	（公顷）	284700		73
产　量	（吨）	1793155		367
双季晚稻播种面积	（公顷）	35348		
产　量	（吨）	217691		
小麦播种面积	（公顷）	129527		
产　量	（吨）	612116		
玉米播种面积	（公顷）	19252		3
产　量	（吨）	101855		18
其他谷物播种面积	（公顷）	2113		
产　量	（吨）	11662		
豆类播种面积	（公顷）	16259		
产　量	（吨）	22786		
薯类播种面积（按折粮类算）	（公顷）	4589		
产　量	（吨）	13954		

蜀山区	包河区	长丰县	肥东县	肥西县	庐江县	巢湖市
4666	**2883**	**144474**	**166460**	**103537**	**169905**	**105313**
3840	**28**	**115760**	**111882**	**74543**	**132161**	**75778**
18386	**149**	**664222**	**650459**	**430140**	**763369**	**406013**
1665		34541	24276	16909	31441	18573
7539		168993	109401	87501	142418	86395
3793	28	110574	105613	71235	127845	74213
18326	149	653606	640357	425266	755127	403385
2013	28	70783	76215	53481	91234	50991
10235	149	455296	501258	333849	588251	292669
					34511	715
					210004	4199
2013	28	70783	76215	53481	21374	50277
10235	149	455296	501258	333849	160557	288470
					35348	
					217691	
1665		34481	24276	16909	31441	18573
7539		168880	109401	87501	142418	86395
116		3264	5122	778	5171	4649
552		18073	29698	3610	24457	24321
		2046		68		
		11357		306		
47		3554	5141	3061	3025	1274
60		5882	6820	4195	3960	1652
		1632	1128	247	1290	292
		4734	3282	679	4282	977

10—8 续表

指标		全市	瑶海区	庐阳区
经济作物播种面积	**(公顷)**	**186937**	**101**	**586**
油料播种面积	(公顷)	71732		28
产　量	(吨)	197844		47
#花生播种面积	(公顷)	11495		
产　量	(吨)	41966		
油菜籽播种面积	(公顷)	57268		28
产　量	(吨)	145302		47
芝麻播种面积	(公顷)	2408		
产　量	(吨)	3705		
棉花播种面积	(公顷)	1608		
产　量	(吨)	1165		
糖料播种面积	(公顷)	116		
产　量	(吨)	4651		
蔬菜播种面积	(公顷)	97598	101	355
产　量	(吨)	2546314	2598	9417
瓜果类播种面积	(公顷)	11154		203
产　量	(吨)	300303		5777
#西瓜播种面积	(公顷)	4589		160
产　量	(吨)	148206		4881
草莓播种面积	(公顷)	5775		36
产　量	(吨)	133062		642
其他作物播种面积	(公顷)	3513		

蜀山区	包河区	长丰县	肥东县	肥西县	庐江县	巢湖市
827	**2855**	**28714**	**54579**	**28994**	**37744**	**29535**
386		8383	27358	10266	10354	14104
821		21259	76389	28428	32420	36179
		1171	5151	1699	930	2439
		4615	20219	7236	2825	6745
346		7148	20607	8404	8702	11288
785		18330	53674	20925	22507	28865
40		64	1549	164	221	367
36		145	2338	267	401	543
		25	378	537	533	135
		18	280	391	371	105
		4	31	26	36	18
		176	1320	1057	1487	611
389	2780	13917	25084	16506	22775	13674
6479	65591	363292	652617	406958	567568	430827
52	75	5978	1634	1492	878	717
1644	1734	147504	54394	40974	25040	20066
36	11	923	1285	1169	583	375
1294	414	30166	46154	32816	17795	13368
9	61	4763	278	152	159	254
148	1242	111367	6523	3311	3394	4922
		146	94	124	2710	439

10—9 各县（市）区茶叶、水果生产情况（2023年）

指标		全市	瑶海区	庐阳区	蜀山区	包河区
茶叶产量	（吨）	2628				
#绿毛茶		2603				
园林水果	（吨）	244937		1100	1299	28003
苹果		45				
梨		19555		90		
柑橘类		981				
其他园林水果		224238		1010	1299	28003
#桃		115662		503	540	620
葡萄		77747		224	389	19508
柿子		11032				
年末实有茶园面积	（公顷）	8489				
#本年采摘面积		6429				
年末果园面积	（公顷）	10399		46	158	576
#梨园		756		2		
桃园		5150		24	73	21
葡萄园		2785		9	29	520

指标		长丰县	肥东县	肥西县	庐江县	巢湖市
茶叶产量	（吨）		9	10	1912	697
#绿毛茶			9	10	1912	672
园林水果	（吨）	49373	67798	35856	44907	13109
苹果			31			14
梨		8703	5122	2203	2800	325
柑橘类		412		188	131	250
其他园林水果		40195	62645	33410	41976	12520
#桃		28965	49950	17726	9880	5620
葡萄		6402	3565	12809	29642	4105
柿子		3703	5370	1415	167	192
年末实有茶园面积	（公顷）		41	40	6525	1883
#本年采摘面积			36	9	4647	1738
年末果园面积	（公顷）	2076	2447	799	3131	962
#梨园		315	181	50	147	23
桃园		1382	1947	347	920	329
葡萄园		266	142	343	1255	169

10—10　造林面积

单位：公顷

年　份	营造林面积		人工造林按用途分			
		人工造林	用 材 林	经 济 林	防 护 林	特种用途林
2010	3276	3276	356	239	2670	
2015	11208	11207	5527	1452	3577	651
2018	21424	4053	1556	2256	241	
2019	20669	6705	3544	2880	281	
2020	18537	6691	2414	3000	1277	
2021	20070	2436	1122	224	1089	
2022	10207	1531	506	398	591	36
2023	7700	839	311	425	86	17

10—11　各县（市）区造林面积（2023年）

单位：公顷

地　区	营造林面积		人工造林按用途分			
		人工造林	用 材 林	经 济 林	防 护 林	特种用途林
合　计	**7700**	**839**	**311**	**425**	**86**	**17**
瑶 海 区	7	7	7			
庐 阳 区	248					
蜀 山 区	282	8			8	
包 河 区	529	56			39	17
长 丰 县	361	104		99	5	
肥 东 县	2121	92	80		12	
肥 西 县	1915	168	32	119	16	
庐 江 县	1485	272	132	133	6	
巢 湖 市	753	132	60	73		

10—12 各县（市）区畜牧业生产情况（2023年）

指标		全市	瑶海区	庐阳区
出栏数				
大牲畜	（头）	24154		
#牛		24154		
猪	（头）	1685129		
羊	（只）	208525		
#山羊		165550		
家禽	（万只）	12574.0		
#鸡		11003.6		
年末存栏数				
大牲畜	（头）	38969		
#牛		38969		
#肉牛		11725		
奶牛		27244		
猪	（头）	792270		
#能繁殖母畜		79643		
羊	（只）	106429		
#山羊		77221		
家禽	（万只）	3885		
肉类总产量	（吨）	367531		
牛		3726		
猪		142551		
羊		2982		
家禽		218271		
蜂蜜产量	（吨）			
奶类产量	（吨）	102817		
蚕茧产量	（吨）			
禽蛋产量	（吨）	223833		

注：全市包括高新区、经开区、新站区数据。

蜀山区	包河区	长丰县	肥东县	肥西县	庐江县	巢湖市
467		5731	9288	3709	3302	1580
467		5731	9288	3709	3302	1580
1976		528452	499584	383603	142861	128012
149		85804	25084	23559	27425	44058
149		71432	25084	23559	21214	21698
122.9		2626.6	2463.5	4634.5	1326.4	1362.5
117.0		2355.0	2052.4	4130.9	1065.7	1250.1
87		12357	22036	913	2443	1050
87		12357	22036	913	2443	1050
87		2745	4404	913	2443	1050
		9612	17632			
1341		259783	341782	92214	50841	45113
159		31681	24723	13441	5225	4259
2838		29042	16575	7392	17616	32051
2838		26271	16575	7392	10849	12511
46		703	946	1324	478	364
3050		98102	91124	108228	35805	30590
76		841	1434	509	607	244
156		46353	43680	31378	11033	9866
23		1064	315	315	460	772
2795		49844	45696	76026	23705	19708
		24676	78141			
391		48999	54260	66161	27147	24603

10—13　各县（市）区渔业生产情况（2023年）

指　　标		全　市	瑶海区	庐阳区	蜀山区	包河区
水产品产量	**（吨）**	**247160**			**416**	**218**
内陆水域捕捞		4585			7	
鱼　类		2181			4	
虾蟹类		1878			2	
贝　类		282			1	
其　他		244				
内陆水域养殖		242575			409	218
鱼　类		107723			409	218
虾蟹类		129668				
贝　类		789				
其　他		4395				
内陆水域养殖面积	**（公顷）**	**28964**			**270**	**35**
池塘养殖面积		19413			270	35
湖泊养殖面积						
河沟养殖面积		1924				
水库养殖面积		7177				
其他养殖		450				

指　　标		长丰县	肥东县	肥西县	庐江县	巢湖市
水产品产量	**（吨）**	**47755**	**52920**	**43390**	**56900**	**45561**
内陆水域捕捞		345	1041	1455	1500	237
鱼　类		237	519	851	480	90
虾蟹类		7	454	345	1010	60
贝　类		35	53	186		7
其　他		66	15	73	10	80
内陆水域养殖		47410	51879	41935	55400	45324
鱼　类		10679	28282	25101	27365	15669
虾蟹类		36140	22466	14568	27940	28554
贝　类		42	622	55		70
其　他		549	509	2211	95	1031
内陆水域养殖面积	**（公顷）**	**4841**	**6678**	**7037**	**6100**	**4003**
池塘养殖面积		3644	2726	4558	4900	3280
湖泊养殖面积						
河沟养殖面积			983	451	490	
水库养殖面积		1170	2955	1712	620	720
其他养殖		27	14	316	90	3

主要统计指标解释

农林牧渔业总产值

农林牧渔业总产值是以货币表现的农林牧渔业的全部产品总量和对农林牧渔业生产活动进行的各种支持性服务活动的价值。它反映一定时期内农林牧渔业生产总规模和总成果，是观察农林牧渔业生产水平和发展速度，研究农林牧渔业内部比例关系、农林牧渔业与工业、农林牧渔业与国家建设、人民生活比例关系的重要指标，同时也是计算农林牧渔业劳动生产率和农林牧渔业增加值的基础资料。1957 年以前的农业总产值中包括了厩肥和农民自给性手工业（如农民自制衣服、鞋、袜，自己从事粮食初步加工等）。1958 年及以后的农业总产值，林业中增加了村及村以下竹木采伐产值；牧业中取消了厩肥产值；副业中取消了农民自给性手工业产值，增加了村及村以下办的工业产值；渔业中增加了海洋捕捞水产品产值。1980 年及以后的农业总产值，在副业中增加了农民家庭兼营工业商品部分的产值。从 1984 年起村及村以下工业产值划归工业。从 1993 年起取消副业，将野生动物的捕猎划入牧业，野生植物采集和农民家庭兼营商品性工业划归农业。2003 年起，取消农业中的农民家庭兼营商品性工业，增加了农林牧渔专业及辅助性活动。

粮食产量

指全社会的产量。包括国有经济经营的、集体统一经营的和农民家庭经营的粮食产量，还包括工矿企业办的农场和其他生产单位的产量。粮食除包括稻谷、小麦、玉米、高粱、谷子及其他杂粮外，还包括薯类和豆类。其产量计算方法，豆类按去豆荚后的干豆计算；薯类（包括甘薯和马铃薯，不包括芋头和木薯）1963 年以前按每 4 公斤鲜薯折 1 公斤粮食计算，从 1964 年开始改为按 5 公斤鲜薯折 1 公斤粮食计算。城市郊区作为蔬菜的薯类（如马铃薯等）按鲜品计算，并且不作粮食统计。其他粮食一律按脱粒后的原粮计算。

油料产量

指全部油料作物的生产量。包括花生、油菜籽、芝麻、向日葵籽、胡麻籽（亚麻籽）和其他油料。不包括大豆、木本油料和野生油料。花生以带壳干花生计算。

水产品产量

指人工养殖的水产品和天然生长的水产品的捕捞量。包括海水的鱼类、虾蟹类、贝类和藻类以及内陆水域的鱼类、虾蟹类和贝类，不包括淡水生植物。

猪、牛、羊肉产量

指当年出栏并已屠宰、除去头蹄下水后带骨肉（即胴体重）的重量。

期初（末）畜禽存栏头（只）数

指报告期初（末）养殖户（单位）饲养的大牲畜、猪、羊、家禽等畜禽的存栏数。

农作物播种面积

指实际播种或移植有农作物的面积。凡是实际种植有农作物的面积，不论种植在耕地上还是种植在非耕地上，均包括在农作物播种面积中。在播种季节基本结束后，因遭灾而重新改种和补种的农作物面积，也包括在内。

农用化肥施用量

指本年内实际用于农业生产的化肥数量，包括氮肥、磷肥、钾肥和复合肥。化肥施用量要求按折纯量计算数量。折纯量是指把氮肥、磷肥、钾肥分别按含氮、含五氧化二磷、含氧化钾的百分之一百成份进行折算后的数量。复合肥按其所含主要成分折算。

农业机械总动力

指主要用于农、林、牧、渔业的各种动力机械的动力总和。包括耕作机械、排灌机械、收获机械、农用运输机械、植物保护机械、牧业机械、林业机械、渔业机械和其他农业机械〔内燃机按引擎马力折成瓦（特）计算、电动机按功率折成瓦（特）计算〕。不包括专门用于乡、镇、村、组办工业、基本建设、非农业运输、科学试验和教学等非农业生产方面用的动力机械与作业机械。

第十一篇

工　业

简要说明

一、本篇主要包括以下几部分汇总资料：

1. 全部规模以上工业企业按地区和行业分组的主要经济指标和经济效益指标，主要包括资产总计、流动资产、固定资产合计、流动负债、所有者权益、营业收入、营业税金及附加、利润总额、利税总额、总资产贡献率、资产负债率、流动资产周转次数和成本费用利润率等指标。

2．国有控股工业企业的主要经济指标。

3．外商投资和港澳台投资工业企业主要经济指标。

4. 大中型工业企业的主要经济指标。

5．民营规模以上工业企业主要经济指标。

6. 主要工业产品产量。

7．主要工业产品生产能力。

8. 工业企业总产值和营业收入 20 强。

二、2011 年开始，规模以上工业统计范围调整为年主营业务收入 2000 万元及以上工业企业。

三、资料来源：由市统计局工交处根据国家统计局和安徽省统计局工业统计报表制度收集、汇总、整理。

11—1　规模以上工业企业主要经济效益指标

年　　份	总资产贡献率(%)	资产负债率(%)	流动资产周转率(次/年)	成本费用利润率(%)	产品销售率(%)
2010	20.94	59.64	2.17	12.27	97.16
2011	16.59	57.75	2.55	8.07	96.87
2012	18.84	58.32	2.82	8.41	96.96
2013	17.06	57.86	2.72	7.52	96.92
2014	13.04	57.23	2.59	6.12	96.71
2015	12.49	57.23	2.43	5.99	97.00
2016	11.78	56.93	2.21	6.00	97.46
2017	9.86	55.39	1.92	5.96	97.83
2018	7.60	57.17	1.50	5.10	98.54
2019	6.58	59.25	1.32	4.72	98.98
2020	6.64	60.75	1.26	4.96	98.99
2021	7.43	60.62	1.27	6.13	99.50
2022	5.23	57.19	1.34	4.07	99.03
2023	4.89	59.24	1.31	3.71	99.59

注：产品销售率为快报数据。

11—2 按组成分主要经济效益指标（2023年）

项目	总资产贡献率(%)	资产负债率(%)	流动资产周转率(次/年)	成本费用利润率(%)
合计	**4.89**	**59.24**	**1.31**	**3.71**
#国有控股企业	5.48	51.12	1.54	3.08
按登记注册类型分				
内资企业	4.85	58.81	1.32	3.50
国有企业	5.97	30.43	0.50	19.61
有限责任公司	3.76	61.64	1.42	1.64
股份有限公司	8.52	49.51	1.04	11.02
私营企业	6.77	58.61	1.43	4.31
港、澳、台商投资企业	2.24	69.57	1.40	1.76
外商投资企业	8.74	50.59	1.15	9.58
按轻重工业分				
轻工业	8.49	53.77	1.25	5.90
重工业	3.89	60.77	1.33	3.12
按企业规模分				
大型企业	4.70	63.60	1.39	3.21
中型企业	5.41	48.56	1.20	5.70
小型企业	4.94	57.20	1.19	3.43

注：依据《关于市场主体统计分类的划分规定》(国统字〔2023〕14号)，内资企业中各类市场主体统计范围调整后有交叉关系，后同。

11—3　分行业规模以上工业企业主要经济效益指标（2023年）

行　业	总资产贡献率（%）	资产负债率（%）	流动资产周转率（次/年）	成本费用利润率（%）
合　计	**4.89**	**59.24**	**1.31**	**3.71**
黑色金属矿采选业	24.69	32.45	2.48	75.70
有色金属矿采选业	14.36	58.13	10.96	22.30
非金属矿采选业	18.16	55.93	1.40	23.64
农副食品加工业	9.39	53.50	1.44	7.43
食品制造业	13.91	49.96	2.28	7.40
酒、饮料和精制茶制造业	18.11	59.63	3.72	7.41
烟草制品业	115.28	31.74	2.23	15.29
纺织业	1.25	55.37	2.12	-1.43
纺织服装、服饰业	3.75	70.36	0.77	2.16
皮革、毛皮、羽毛及其制品和制鞋业	12.27	58.26	1.76	4.95
木材加工及木、竹、藤、棕、草制品业	2.19	73.11	1.97	-1.51
家具制造业	9.24	57.69	1.50	6.55
造纸及纸制品业	-2.67	61.61	1.71	-5.58
印刷和记录媒介复制业	8.84	39.00	1.06	8.99
文教、工美、体育和娱乐用品制造业	22.15	49.01	1.70	14.31
石油加工、炼焦及核燃料加工业	-12.89	126.22	2.35	-8.05
化学原料及化学制品制造业	7.79	57.83	1.66	5.94
医药制造业	6.44	37.80	0.84	14.22
化学纤维制造业	4.66	40.60	0.91	9.50
橡胶和塑料制品业	8.39	49.27	1.56	7.15
非金属矿物制品业	5.24	73.03	0.99	3.81
黑色金属冶炼及压延加工业	4.34	31.51	3.34	1.21
有色金属冶炼及压延加工业	2.96	48.45	2.29	1.36
金属制品业	5.48	53.88	1.75	2.80
通用设备制造业	9.38	52.46	1.11	9.63
专用设备制造业	8.34	38.46	0.81	11.87
汽车制造业	5.01	79.05	1.43	2.45
铁路、船舶、航空航天和其他运输设备制造业	7.18	45.44	0.65	12.55
电气机械和器材制造业	7.25	62.44	1.38	6.40
计算机、通信和其他电子设备制造业	-1.20	58.99	1.06	-3.05
仪器仪表制造业	5.69	37.06	0.70	7.28
其他制造业	4.08	54.73	0.58	10.55
废弃资源综合利用业	5.19	76.11	1.07	2.39
金属制品、机械和设备修理业	5.84	31.73	0.58	17.57
电力、热力生产和供应业	4.05	59.02	4.25	1.32
燃气生产和供应业	3.84	47.56	1.99	5.36
水的生产和供应业	1.08	40.80	0.79	-0.42

11—4　规模以上工业企业主要经济指标（2023年）

项　　目	企业单位数（个）	#亏损企业	资产总计	#流动资产合　　计	#应收账款
合　　计	**2669**	**600**	**168540527**	**98560726**	**37625806**
合计中					
内资企业	2484	558	139555284	79889194	29080741
国有企业	2		196569	138656	11145
有限责任公司	2301	526	107234840	58809263	23330716
股份有限公司	175	31	32109113	20927233	5732116
私营企业	1661	311	33346622	23204273	10611507
港、澳、台投资企业	73	18	16405139	10642911	6438378
港澳台投资有限责任公司	68	17	10083967	8224188	6173325
港澳台投资股份有限公司	5	1	6321173	2418723	265053
外商投资企业	112	24	12580103	8028620	2106688
外商投资有限责任公司	100	21	8795878	5498626	1775199
外商投资股份有限公司	9	3	3784226	2529995	331489
外商投资合伙企业	3				
合计中					
国有控股企业	222	44	51793940	21913555	6494119
合计中					
轻工业	831	192	36755796	22732891	6557893
重工业	1838	408	131784731	75827835	31067913
合计中					
大型企业	84	17	100126659	57113940	22043971
中型企业	280	60	34272587	19377136	6689084
小型企业	2305	523	34141281	22069650	8892751

单位：万元

#存　货	#产成品	固定资产原　价	累计折旧	负债合计	流动负债合　计
14590297	**5260727**	**66204918**	**28607468**	**99846742**	**79561408**
12432398	4442891	55736502	23296726	82068763	64123852
36558	15454	52909	31833	59819	38707
9305539	3472092	49350116	20316194	66103509	50679880
3089896	955021	6330654	2946318	15896760	13396590
4105029	1698290	10129291	4990165	19545019	17376370
1146811	345730	4415157	2049047	11413511	10062726
927728	264457	2587609	1368460	8131633	7613526
219083	81273	1827549	680586	3281877	2449200
1011088	472106	6053259	3261695	6364469	5374830
753022	342327	5070503	2840991	4550598	3938718
258066	129779	982756	420704	1813871	1436112
3436499	1097942	34454252	16895252	26477608	19510879
3382378	1528385	9011219	4155483	19764478	17287921
11207919	3732341	57193699	24451984	80082264	62273487
7215995	2270787	41173207	19041612	63678453	49592569
3468126	1407571	13902017	5363456	16641114	13410762
3906176	1582369	11129695	4202400	19527176	16558077

11—4 续表1

项目	所有者权益合计	#实收资本	国家资本	集体资本	法人资本
合计	**68680851**	**31480592**	**2657455**	**465509**	**21914972**
合计中					
内资企业	57473589	27405107	2401722	457509	20875605
国有企业	136749	10089	10089		
有限责任公司	41118400	24233595	2225679	302021	19311910
股份有限公司	16212351	3157322	165954	155488	1561425
私营企业	13801590	5056731	89250	116165	2595887
港、澳、台投资企业	4991628	1314469	148077	5383	437870
港澳台投资有限责任公司	1952333	948553	64239	5383	225362
港澳台投资股份有限公司	3039295	365916	83839		212508
外商投资企业	6215634	2761016	107656	2617	601497
外商投资有限责任公司	4245280	2441848	78556	2617	420414
外商投资股份有限公司	1970354	319168	29099		181083
外商投资合伙企业					
合计中					
国有控股企业	25303420	12892081	2509874	64745	9937200
合计中					
轻工业	16991310	6185313	473509	19523	3794577
重工业	51689541	25295279	2183946	445985	18120395
合计中					
大型企业	36448206	16997372	766288	204518	14268531
中型企业	17631470	7115523	1119446	117031	3821554
小型企业	14601176	7367697	771722	143960	3824887

单位：万元

个人资本	港澳台资本	外商资本	营业收入	营业成本	税金及附加	销售费用
3459663	**833631**	**2149362**	**129227285**	**111723531**	**1340397**	**3526660**
3324175	278992	67103	105118215	90585248	1245659	2727305
			70017	48384	91	122
2119263	210380	64342	83263553	73317040	1128287	1730267
1203082	68612	2761	21765522	17202873	117230	996693
2246880	7788	761	33124461	28181854	204266	1129806
26824	525277	171038	14875218	13869437	40076	254922
7115	478125	168330	12985213	12300186	23953	218939
19709	47153	2708	1890005	1569251	16123	35983
108664	29361	1911222	9233851	7268846	54662	544433
17514	23337	1899409	7183971	5606275	44036	437239
91150	6024	11813	2049881	1662571	10626	107194
244648	45745	89869	33668522	29600427	996822	495967
1104683	222696	570325	28319229	22716131	886044	1500532
2354980	610935	1579037	100908056	89007400	454353	2026127
765708	348516	643811	79670847	70211990	1093553	1811881
866003	253870	937620	23336079	19570227	122128	802451
1827952	231245	567932	26220360	21941314	124716	912328

11—4 续表2

项目	管理费用	研发费用	财务费用	#利息费用	营业利润	投资收益
合计	**3435734**	**4245290**	**419582**	**827912**	**4440415**	**496679**
合计中						
内资企业	2798007	3589723	453797	735312	3390213	284932
国有企业	8028	3348	-876		10955	35
有限责任公司	2158560	2730151	422936	584335	1221275	102053
股份有限公司	630216	856224	31616	150966	2157410	182845
私营企业	1142576	1002501	130833	164544	1281645	53272
港、澳、台投资企业	218176	369987	-1953	49211	252022	60792
港澳台投资有限责任公司	159490	238645	-3829	10462	78686	14556
港澳台投资股份有限公司	58686	131342	1876	38748	173336	46236
外商投资企业	419551	285581	-32262	43389	798180	150956
外商投资有限责任公司	357497	166519	-17263	34034	539225	1576
外商投资股份有限公司	62054	119061	-14999	9355	258955	149380
外商投资合伙企业						
合计中						
国有控股企业	940353	931067	118186	300421	985628	132170
合计中						
轻工业	1002273	966196	25832	159503	1504849	248981
重工业	2433461	3279095	393749	668409	2935566	247698
合计中						
大型企业	1314465	2251748	143416	489731	2411906	286646
中型企业	863664	925149	70221	140270	1255820	155919
小型企业	1257605	1068394	205945	197910	772689	54114

单位：万元

营业外收入	利润总额	所得税费用	亏损企业亏损总额	利税总额	本年应付职工薪酬	本年应交增值税	平均用工人数（人）
314393	**4573310**	**753539**	**2648476**	**7667589**	**8472250**	**1753882**	**585585**
196635	3501226	555730	2420864	6268455	6934414	1521571	491880
863	11571	1720		12281	21851	619	1199
159620	1316388	304593	2296117	3588039	5278997	1143365	398397
36057	2172856	249344	124670	2667367	1631848	377281	92080
103409	1361620	135728	292706	2145850	2338942	579963	210190
97927	259511	76962	107197	363835	690064	64248	45541
96800	86264	61424	99385	169981	488075	59765	36712
1127.1	173248	15538	7813	193854	201988	4483	8829
19831	812573	120847	120414	1035299	847773	168063	48164
16345	552352	109884	108012	754109	626667	157721	34897
3486	260221	10963	12402	281190	221106	10343	13267
49122	987628	171050	422850	2690981	2429064	706530	123531
56580	1546939	159618	341868	2998551	2155761	565568	172930
257814	3026371	593921	2306607	4669038	6316489	1188314	412655
146008	2433959	451364	1604549	4383765	4152636	856253	237836
41088	1267451	174795	391330	1769206	2109399	379628	153421
127298	871901	127380	652596	1514618	2210216	518001	194328

11—5 分行业规模以上工业企业主要经济指标（2023年）

行业	企业单位数（个）	#亏损企业	资产总计	#流动资产合计	#应收账款
合计	**2669**	**600**	**168540527**	**98560726**	**37625806**
黑色金属矿采选业	3		708496	127935	19931
有色金属矿采选业	2		244843	10018	711
非金属矿采选业	5		122498	48903	7649
农副食品加工业	102	26	2370913	1685301	322362
食品制造业	58	13	855696	518898	161254
酒、饮料和精制茶制造业	8	2	248867	117933	31865
烟草制品业	2		831177	582863	9602
纺织业	41	13	236134	121063	24896
纺织服装、服饰业	32	9	425280	334499	148066
皮革、毛皮、羽毛及其制品和制鞋业	20	3	63057	58687	22157
木材加工和木、竹、藤、棕、草制品业	9	3	49198	32570	17513
家具制造业	37	10	1235054	789460	213437
造纸和纸制品业	43	9	397937	274168	117381
印刷和记录媒介复制业	41	8	471963	341149	69470
文教、工美、体育和娱乐用品制造业	11	2	82352	65993	26047
石油加工、炼焦和核燃料加工业	3	3	15730	10896	1437
化学原料和化学制品制造业	108	21	3978070	2160918	677565
医药制造业	47	13	2727529	1239692	199882
化学纤维制造业	6	2	1548136	772944	41905
橡胶和塑料制品业	191	38	4761052	2619029	1070342
非金属矿物制品业	257	57	5995277	4108385	2760348
黑色金属冶炼和压延加工业	13	2	678476	375923	44961
有色金属冶炼和压延加工业	25	8	786434	397390	156693
金属制品业	188	32	5457103	3634509	1325307
通用设备制造业	230	46	8376284	5800473	1698774
专用设备制造业	214	37	5465135	4036785	1213178
汽车制造业	199	53	18709670	12440844	3596084
铁路、船舶、航空航天和其他运输设备制造业	14	3	777739	593687	185172
电气机械和器材制造业	335	60	36726228	25627830	9074706
计算机、通信和其他电子设备制造业	258	96	49646389	24941995	12982471
仪器仪表制造业	70	14	1717840	1383310	396527
其他制造业	13	3	599172	351448	33726
废弃资源综合利用业	15	1	273933	222475	67775
金属制品、机械和设备修理业	3		189848	129266	10638
电力、热力生产和供应业	33	5	7359017	1300566	777631
燃气生产和供应业	15	1	2091291	699744	40930
水的生产和供应业	18	7	2316713	603179	77420

单位：万元

#存　货	#产成品	固定资产原　价	累计折旧	负债合计	流动负债合　计
14590297	**5260727**	**66204918**	**28607468**	**99846742**	**79561408**
19972	12642	496573	154575	229915	175177
3421	585	221857	63511	142319	122477
2293	979	84813	38837	68516	41009
467044	175160	588858	226155	1268531	1066080
112417	29108	472840	227394	427467	363276
35812	19618	259263	150915	148398	138562
447483	25446	378135	212828	263775	260642
43072	17129	149285	63761	130748	94729
55190	30408	122887	71391	299220	273106
15274	4470	14592	7845	36739	36739
6536	4388	16720	7138	35971	32810
51267	13179	322537	106589	712443	690021
52497	17744	132556	60374	245187	223943
54792	18367	243599	141447	184087	166441
24088	14288	25064	12501	40360	39468
3986	3119	7905	4653	19855	19536
261352	115280	2045090	902057	2300494	1904997
252134	88595	791966	318157	1031141	945949
73874	33708	529327	290544	628585	531118
434129	223759	2477783	1430638	2345733	1925640
351511	147869	2059564	745368	4378195	3990817
82757	19169	450909	211159	213781	205192
73876	35407	364810	137851	381061	329878
823679	296655	1431696	597059	2940318	2437463
1161734	357301	2286394	1062427	4393816	3596109
876644	236397	1263036	613116	2102129	1926757
1136964	535039	5690258	2319615	14790244	13168298
99661	65738	198235	102117	353435	283670
3544424	1631906	5334752	1921646	22931753	20237530
3546697	906008	24521696	10082830	29286383	19440341
235185	71981	199676	71993	636553	606769
77325	47023	71247	32552	327935	272486
32029	18485	43852	17066	208480	177992
34181	16064	58660	35325	60232	39120
65753	11316	10199134	5200806	4342992	2720433
15908	6356	1073046	383184	994714	587181
15337	10040	1576305	582046	945241	489653

11—5 续表1

行业	所有者权益合计	#实收资本	国家资本	集体资本	法人资本
合计	**68680851**	**31480592**	**2657455**	**465509**	**21914972**
黑色金属矿采选业	478581	168297	61506	33669	54259
有色金属矿采选业	102523	70518			70000
非金属矿采选业	53982	26100	16800		1000
农副食品加工业	1102381	326337	17785	1500	142438
食品制造业	428229	266436			183319
酒、饮料和精制茶制造业	100469	44678			28948
烟草制品业	567402	66892	66892		
纺织业	105386	75462	28338		29450
纺织服装、服饰业	126060	39705	9500		11956
皮革、毛皮、羽毛及其制品和制鞋业	26318	12371			2568
木材加工和木、竹、藤、棕、草制品业	13227	11343		8660	1663
家具制造业	522611	144646	5451		86341
造纸和纸制品业	152750	73223			46168
印刷和记录媒介复制业	287876	93464	2444		43100
文教、工美、体育和娱乐用品制造业	41992	11452			2902
石油加工、炼焦和核燃料加工业	-4125	6140			5760
化学原料和化学制品制造业	1664664	712411	80865	200	260998
医药制造业	1696388	542719	11231		279790
化学纤维制造业	919551	284855	99890	7140	143642
橡胶和塑料制品业	2415318	1043433	109656	2060	431458
非金属矿物制品业	1617078	868567	337829	4500	282354
黑色金属冶炼和压延加工业	464694	333360	250000		61559
有色金属冶炼和压延加工业	405373	214726	37280		167318
金属制品业	2516784	986835	34751	68515	420175
通用设备制造业	3982466	1235333	76761	28137	627002
专用设备制造业	3363004	1060184	52165	7454	312330
汽车制造业	3919424	2051386	124365	27002	1262346
铁路、船舶、航空航天和其他运输设备制造业	424304	152828	76240		37393
电气机械和器材制造业	13794474	4649768	4490	219097	3331571
计算机、通信和其他电子设备制造业	20360004	12584873	534922	24763	11146056
仪器仪表制造业	1081287	175835	2460	5059	97922
其他制造业	271236	139098	2100	22035	60247
废弃资源综合利用业	65453	27569	2900	3463	11853
金属制品、机械和设备修理业	129616	20149	9989		8740
电力、热力生产和供应业	3016025	2382905	339188	2256	1977785
燃气生产和供应业	1096577	230117	50940		149193
水的生产和供应业	1371472	346578	210717		135371

单位：万元

个人资本	港澳台资本	外商资本	营业收入	营业成本	税金及附加	销售费用	管理费用
3459663	**833631**	**2149362**	**129227285**	**111723531**	**1340397**	**3526660**	**3435734**
18863			317758	145191	10790	1002	31348
518			109752	69105	4891	6	9487
8300			68509	42123	1501	913	7750
70733	66932	26949	2426148	2150357	7282	104085	64978
26078	46121	10918	1181090	991422	6123	75388	49806
2880	9981	2868	438235	319608	2573	74387	12084
			1300517	354114	762190	19030	84344
17123	552		257084	230716	850	7873	14165
11724	6525		256203	188316	1769	8936	49883
9803			103031	93059	267	1633	2438
1020			64053	58171	197	1624	2615
52854			1180484	920945	6546	83239	44325
24852	127	2077	468723	402720	1847	17456	20768
33590	5280	9051	362245	288737	2644	10111	20925
3300		5250	112429	87502	707	3800	4733
380			25651	25337	138	495	1207
99660	8192	262497	3595669	2864754	18804	194708	191203
228131	17285	6281	1036922	447866	9167	256892	86661
7720	26464		705579	619689	2943	12653	21812
146183	20906	333169	4080102	3333858	24577	169807	135738
229269	11389	3226	4058521	3488838	25035	125326	178626
17301	4500		1256023	1216884	3565	6422	10097
8828		1300	910830	849667	3994	4693	16471
286131		177265	6355159	5855056	18890	68766	131377
232808	5501	265125	6428913	5181980	32997	150018	279651
345452	12463	330322	3270460	2351622	23701	207927	212995
189292	222881	225500	17766891	15934096	137744	312906	460336
30746	8449		383922	277637	2589	8942	30438
941718	109553	43340	35304285	30339387	117291	1110997	511111
268821	243540	366771	26522660	24555922	70197	331626	549020
67808		2586	962891	670038	5845	84109	61998
53955		761	205329	142826	748	19501	18817
2780		6574	237520	218455	930	1377	5034
1420			74510	50975	116	2049	7903
6836		56840	5525075	5228219	22213	4831	52930
12299	6991	10695	1394598	1300482	3091	32626	23071
490			479519	427858	5644	10510	29590

11—5 续表2

行　　业	研发费用	财务费用	#利息费用	营业利润	投资收益
合　　计	**4245290**	**419582**	**827912**	**4440415**	**496679**
黑色金属矿采选业	7531	814	2160	141549	19294
有色金属矿采选业	4107	4613	4621	19496	
非金属矿采选业	1281	2025	2031	12916	
农副食品加工业	21048	1040	12462	171285	88803
食品制造业	13354	3717	3914	78909	1554
酒、饮料和精制茶制造业	690	50	177	29885	360
烟草制品业	6392	-4402	19	71413	1118
纺织业	6513	1637	1275	-4128	2044
纺织服装、服饰业	5174	-145	928	5422	1059
皮革、毛皮、羽毛及其制品和制鞋业	283	306	171	5055	10
木材加工和木、竹、藤、棕、草制品业	1895	824	730	-989	
家具制造业	43299	1129	2423	69901	-460
造纸和纸制品业	13766	4215	3664	-26851	5737
印刷和记录媒介复制业	10983	467	1784	28060	-1136
文教、工美、体育和娱乐用品制造业	1681	533	176	13481	9
石油加工、炼焦和核燃料加工业	695	277	47	-2347	-93
化学原料和化学制品制造业	106591	14827	33778	201834	-2215
医药制造业	136561	-2449	7547	124603	20710
化学纤维制造业	23362	-6380	5532	56128	19720
橡胶和塑料制品业	146065	24233	29139	268321	8887
非金属矿物制品业	69692	34183	30347	139186	-1271
黑色金属冶炼和压延加工业	6642	-347	2068	14290	878
有色金属冶炼和压延加工业	21295	5257	5211	10893	-274
金属制品业	134620	33624	37721	164149	23018
通用设备制造业	264979	22631	32040	557182	49388
专用设备制造业	197836	-1748	14013	341628	24093
汽车制造业	557316	25803	55001	410324	-16597
铁路、船舶、航空航天和其他运输设备制造业	24864	-1299	894	41266	995
电气机械和器材制造业	1066696	-6299	133133	2099336	161629
计算机、通信和其他电子设备制造业	1178629	159450	289469	-852860	33594
仪器仪表制造业	100491	-843	5146	63169	6353
其他制造业	16523	387	3801	18701	10050
废弃资源综合利用业	5653	1424	1435	6105	
金属制品、机械和设备修理业	3738	-807		10535	
电力、热力生产和供应业	41331	92475	83353	83150	4352
燃气生产和供应业	458	-3161	6453	72532	29093
水的生产和供应业	3258	11520	15249	-3113	5979

单位：万元

营业外收入	利润总额	所得税费用	亏损企业亏损总额	利税总额	本年应付职工薪酬	本年应交增值税	平均用工人数（人）
314393	**4573310**	**753539**	**2648476**	**7667589**	**8472250**	**1753882**	**585585**
190	140725	22442		174162	30590	22647	1675
14	19475	4682		30538	12282	6173	613
48	12788	2964		20215	5014	5925	680
5604	174065	7709	14789	196826	130784	15479	13254
5798	83843	9348	2976	115115	99354	25149	11262
599	30163	7710	655	44871	54209	12135	3630
214	70234	28712		953733	99294	121309	1457
939	-3734	-379	6190	1583	30343	4467	3808
411	5451	2645	6877	16733	70188	9513	7405
20	4835	22	74	7572	6011	2471	804
19	-981	35	1657	358	6067	1142	658
2475	71581	3745	6261	113676	102097	35549	9016
2467	-25587	2239	52101	-14509	38031	9231	3907
2267	29793	5015	1031	41096	41672	8659	4158
835	14059	3425	290	18038	16567	3273	2365
134	-2255	2	2255	-2075	1190	43	151
9638	200164	41875	60694	294646	247958	75679	15576
5469	131577	6461	167715	178428	197240	37684	12339
4006	63743	6347	2501	77742	52367	11056	3628
7523	272337	30504	12038	378586	425565	81672	32241
14250	148451	30432	32256	286194	237511	112707	22883
765	15005	1881	52	29890	22449	11320	1428
1583	12176	3303	13384	18421	40314	2251	3694
13676	174477	20510	23713	266883	333339	73515	28789
16680	568153	74881	37518	764656	598513	163506	45873
15323	352524	40075	37750	455511	491476	79286	33092
19314	424256	46323	174589	901387	1130479	339388	81396
1710	42727	4555	3383	58520	47027	13203	2496
24596	2112724	225174	245152	2562580	1575210	332564	108022
125776	-815674	49749	1591307	-782503	1637159	-37026	98359
5430	66653	3405	17645	95772	168040	23274	9262
3165	20886	540	6399	23889	34457	2255	1928
464	5551	170	749	13081	8549	6600	819
927	11223	1406		11925	22958	585	1339
17764	71459	50799	101229	216382	322820	122709	9747
1185	72488	11751	882	83411	66912	7832	3879
3116	-2045	3083	24365	14257	68217	10658	3952

11—6 国有控股工业企业主要经济指标（2023年）

项　　目	企业单位数（个）	#亏损企业	资产总计	#流动资产合计	#应收账款
合　　计	**222**	**44**	**51793940**	**21913555**	**6494119**
按轻重工业分					
轻工业	44	7	6267421	3310346	499883
重工业	178	37	45526519	18603209	5994236
按企业规模分					
大型企业	26	8	36053230	14985818	4106576
中型企业	55	13	9419778	3954767	1347529
小型企业	141	23	6320931	2972969	1040014
按行业分					
黑色金属矿采选业	1		334817	63417	17972
有色金属矿采选业	1		237150	5889	
非金属矿采选业	1		65010	15937	1448
农副食品加工业	8	1	216317	149733	21884
食品制造业	2		13702	10570	1714
烟草制品业	2		831177	582863	9602
纺织业	1	1	24667	7851	496
纺织服装、服饰业	6	1	148306	97167	2506
家具制造业	1		70512	64830	28354
印刷和记录媒介复制业	2		69590	48150	4968
化学原料和化学制品制造业	11	3	1576901	576581	85379
医药制造业	3	1	162719	56310	13269
化学纤维制造业	1		1289924	640642	20774
橡胶和塑料制品业	8	1	800362	274407	71361
非金属矿物制品业	21	1	1857477	813939	433133
黑色金属冶炼和压延加工业	3		523063	272030	3474
有色金属冶炼和压延加工业	3	1	225782	104075	23663
金属制品业	13	3	1086294	693751	222215
通用设备制造业	16	2	2043490	1482711	296694
专用设备制造业	14		842372	695159	235112
汽车制造业	15	5	5823169	3295627	1120539
铁路、船舶、航空航天和其他运输设备制造业	4		672466	526288	156218
电气机械和器材制造业	9	3	2500841	1328989	308471
计算机、通信和其他电子设备制造业	20	8	18293198	7160375	2514094
仪器仪表制造业	1		194632	184307	87482
其他制造业	5	2	484548	280435	15886
废弃资源综合利用业	2		29348	11327	339
金属制品、机械和设备修理业	1		174313	118337	6650
电力、热力生产和供应业	24	4	7046137	1145434	691464
燃气生产和供应业	10		1925759	651774	30468
水的生产和供应业	13	7	2229899	554650	68490

单位：万元

#存　货	#产成品	固定资产原　价	累计折旧	负债合计	流动负债合　计
3436499	**1097942**	**34454252**	**16895252**	**26477608**	**19510879**
768841	185551	1791760	816075	2864244	2351815
2667658	912391	32662492	16079177	23613364	17159064
2230547	624735	24874164	13344628	18474826	13536402
753844	323940	6604472	2638944	4519151	3243772
452108	149267	2975616	911680	3483630	2730706
4582	3385	250275	79843	79262	79262
3417	585	220226	63097	140774	120942
1203	80	70387	29389	38274	21795
73247	20424	79340	29402	112286	108082
4110	3702	5594	3138	6685	6538
447483	25446	378135	212828	263775	260642
6771	1895	53625	27723	6615	2444
8519	4116	64875	39454	66909	64674
2043	111	9239	7857	60429	58271
7772	4953	36680	21243	20270	19185
100116	47896	1182878	515498	1043104	713948
15342	11776	102771	44932	45213	44898
27164	14976	326659	160491	545433	460527
49173	22851	402963	146822	265773	211766
66502	34507	1151623	325719	1210755	1096935
60884	9116	389493	184315	127750	123413
23252	11448	169317	78853	87912	78358
184139	78000	355771	178674	448966	393707
190011	103238	397877	218280	1086951	710234
173567	38672	118689	48896	436265	425834
340678	212445	2370984	1341446	4093130	3510008
86751	59703	173378	93616	292322	231734
150066	81407	286258	140676	1421902	1080154
1212518	225194	13303187	6802966	8166386	5746085
10586	213	15094	8808	125924	125197
57350	37291	49058	22998	284086	240039
2252	1971	7225	2246	22835	9093
33387	15384	49866	29996	56882	35771
63589	11315	9996366	5144537	4131862	2590513
15058	5802	940556	355982	875135	468479
14968	10040	1495864	535527	913745	472355

11—6 续表1

项目	所有者权益合计	#实收资本	国家资本	集体资本	法人资本
合计	**25303420**	**12892081**	**2509874**	**64745**	**9937200**
按轻重工业分					
轻工业	3403176	1327438	438738	3173	858973
重工业	21900244	11564642	2071136	61572	9078227
按企业规模分					
大型企业	17578404	8503206	761000		7564323
中型企业	4900626	2802272	1106801	42936	1495107
小型企业	2824389	1586603	642074	21808	877770
按行业分					
黑色金属矿采选业	255555	92968	61506		31462
有色金属矿采选业	96376	70000			70000
非金属矿采选业	26736	24000	16800		
农副食品加工业	104030	37677	17785		16502
食品制造业	7017	4100			3600
烟草制品业	567402	66892	66892		
纺织业	18052	28041	28041		
纺织服装、服饰业	81397	10000	9500		500
家具制造业	10083	5451	5451		
印刷和记录媒介复制业	49320	11221			11209
化学原料和化学制品制造业	520886	206436	80603		124133
医药制造业	117506	92750	11231		70278
化学纤维制造业	744491	215925	73427		142498
橡胶和塑料制品业	534588	287999	106912		172585
非金属矿物制品业	646722	403120	331960	2900	66200
黑色金属冶炼和压延加工业	395313	292896	250000		42896
有色金属冶炼和压延加工业	137871	125102	37280		87822
金属制品业	637329	194472	20951		173521
通用设备制造业	956538	205035	69474	11779	73571
专用设备制造业	406106	110168	48750	7429	47769
汽车制造业	1730039	708424	108675	20602	514840
铁路、船舶、航空航天和其他运输设备制造业	380144	124899	76240		20000
电气机械和器材制造业	1078939	593625			590070
计算机、通信和其他电子设备制造业	10126812	5958533	476364		5422325
仪器仪表制造业	68708	10089			10089
其他制造业	200462	114339	2100	22035	36517
废弃资源综合利用业	6513	3500	2900		600
金属制品、机械和设备修理业	117431	9989	9989		
电力、热力生产和供应业	2914275	2347481	339188		1951117
燃气生产和供应业	1050624	216827	47640		147193
水的生产和供应业	1316155	320124	210217		109907

单位：万元

个人资本	营业收入	营业成本	税金及附加	销售费用	管理费用	研发费用
244648	**33668522**	**29600427**	**996822**	**495967**	**940353**	**931067**
22945	4202774	2916867	779266	90391	195959	103983
221703	29465748	26683560	217557	405577	744394	827085
130561	22812101	20109946	931836	315062	577042	642713
70037	6020861	5306371	39832	110377	225287	182656
44049	4835560	4184110	25153	70528	138024	105698
	157979	70656	5089	592	11443	6428
	106713	66829	4741	6	9107	4107
7200	31516	18169	312	39	924	1277
3390	295034	260441	851	5827	4459	442
	20244	17517	124	438	429	578
	1300517	354114	762190	19030	84344	6392
	30296	30543	109	137	805	
	71614	38846	709	1109	35869	996
	83730	75636	262	146	1609	4930
12	38787	32710	266	318	4014	1246
1700	1142470	1020015	5803	20569	34227	40031
11241	70999	32335	1047	19880	12538	4245
	439544	402322	1430	2916	12843	17768
8102	436964	386294	2617	15056	13116	16216
2060	1178472	1017884	10806	12093	39134	27244
	1094575	1075634	2839	2384	6516	618
	371793	357799	1441	965	3417	4388
	690928	630098	3488	5976	26528	26041
50212	1979496	1705489	8580	26575	49062	84030
6221	594594	455518	3069	21322	30703	35572
42251	7439413	6830115	110155	149950	223480	154285
28659	293328	207499	2144	4025	26257	18828
848	1442486	1309227	9627	33034	20710	49225
17191	6789907	6111281	28399	92212	165635	362707
	201841	181514	668	6943	3261	6224
52926	123389	82635	421	14541	13506	10212
	6572	3845	90	160	642	97
	61966	42873	51	122	7263	3348
336	5463999	5185844	21773	4182	50436	40087
12299	1265478	1188295	2638	24919	21674	247
	443880	408449	5087	10507	26402	3258

11—6 续表2

项　目	财务费用	#利息费用	营业利润	投资收益	营业外收入
合　计	**118186**	**300421**	**985628**	**132170**	**49122**
按轻重工业分					
轻工业	-14990	13286	201448	46940	3685
重工业	133176	287135	784179	85231	45437
按企业规模分					
大型企业	44279	198826	486367	66697	28036
中型企业	30361	49116	196810	48638	15210
小型企业	43546	52479	302450	16835	5876
按行业分					
黑色金属矿采选业	-1103	27	65134		118
有色金属矿采选业	4606	4613	19270		13
非金属矿采选业	1992	1992	8802		37
农副食品加工业	662	1018	24239	243	173
食品制造业	177	108	834		77
烟草制品业	-4402	19	71413	1118	214
纺织业			-789		
纺织服装、服饰业	-1479	25	-2869		109
家具制造业	-56	127	1401	-53	
印刷和记录媒介复制业	-340	2	791	-614	10
化学原料和化学制品制造业	15838	24119	-10801	-18708	4329
医药制造业	1343	1745	17983	2218	97
化学纤维制造业	-6890	4385	33961	19934	2154
橡胶和塑料制品业	1307	3275	14620	5383	595
非金属矿物制品业	9738	9919	63599	-1381	803
黑色金属冶炼和压延加工业	-1714	920	9811	698	100
有色金属冶炼和压延加工业	1925	1994	2534	-198	7
金属制品业	-2287	1368	42771	22586	1547
通用设备制造业	4905	12600	145318	35673	993
专用设备制造业	-979	1618	56869	1888	2086
汽车制造业	9039	30999	22680	-22691	3057
铁路、船舶、航空航天和其他运输设备制造业	-3172	32	38169	987	738
电气机械和器材制造业	-4295	3249	41235	19262	409
计算机、通信和其他电子设备制造业	-45	91985	166330	16864	6660
仪器仪表制造业	-1146	2	4367		23
其他制造业	359	3720	13727	10050	2558
废弃资源综合利用业	124	127	1698		43
金属制品、机械和设备修理业	-710		9019		841
电力、热力生产和供应业	88526	80982	72033	4352	17512
燃气生产和供应业	-4618	4951	66412	28583	1057
水的生产和供应业	10880	14501	-14929	5979	2762

单位：万元

利润总额	所得税费用	亏损企业亏损总额	利税总额	本年应付职工薪酬	本年应交增值税	平均用工人数（人）
987628	**171050**	**422850**	**2690981**	**2429064**	**706530**	**123531**
206090	34891	23964	1191532	344961	206177	17943
781538	136159	398887	1499448	2084102	500353	105588
483459	67160	229194	1916735	1645364	501440	75341
199141	48807	122312	350901	520059	111928	32820
305028	55083	71345	423344	263641	93163	15370
64949	9228		81466	14787	11428	592
19248	4682		29864	11796	5875	533
8832	2208		11363	2153	2219	192
24160	352	61	27922	7005	2911	535
902	181		701	1661	-326	271
70234	28712		953733	99294	121309	1457
-790		790	-54	4557	627	551
-2835	987	5453	2884	33377	5010	2270
1401	-247		3195	4769	1532	222
766	159		1415	7470	384	594
-15830	2777	50869	9516	87255	19542	5405
17825	3685	8563	24061	13277	5189	1004
39989	2636		46428	28983	5008	1913
14806	1409	4694	19331	37031	1908	2556
64062	13018	5854	103819	65241	28951	4620
9899	1297		21711	13896	8973	783
2530	1392	123	5931	11990	1960	1007
43322	2206	10046	59178	67417	12368	4398
145840	9494	2167	205868	159518	51449	9719
58468	4180		75404	75165	13867	3998
24728	7179	21796	300814	407880	165931	22932
38739	4157		52019	38736	11136	1739
41099	-2259	4939	114565	105430	63839	6240
171342	12903	176723	225878	633705	26137	30859
4361	176		7904	7978	2875	312
15484		6384	16457	20292	552	1013
1741			1981	1269	151	77
9632	1244		9707	20785	24	1123
60101	47697	100025	200717	320766	118843	9579
66830	10208		75973	60833	6505	3349
-14208	1388	24365	1231	64749	10352	3688

11—7 外商投资和港澳台投资工业企业主要经济指标（2023年）

项目	企业单位数（个）	#亏损企业	资产总计	#流动资产合计	#应收账款
合计	**185**	**42**	**28985242**	**18671532**	**8545066**
按轻重工业分					
轻工业	70	16	8862367	6745872	1485677
重工业	115	26	20122875	11925660	7059388
按企业规模分					
大型企业	17		20771705	14687318	7287233
中型企业	39	7	5134026	2065484	637430
小型企业	129	35	3079512	1918731	620403
按行业分					
黑色金属矿采选业	1		211434	45849	1400
农副食品加工业	11	4	1369239	974036	111600
食品制造业	6		187253	107640	25604
酒、饮料和精制茶制造业	5	1	222114	103280	30338
纺织业	1	1	958	679	422
纺织服装、服饰业	2	1	154542	142272	127024
家具制造业	1	1	14523	1877	-5
造纸和纸制品业	5	3	74047	60876	30001
印刷和记录媒介复制业	2		64016	48958	8225
文教、工美、体育和娱乐用品制造业	1		34921	31820	12160
化学原料和化学制品制造业	12	2	1096613	800572	336655
医药制造业	7		262498	147097	27591
化学纤维制造业	1		106657	61671	3952
橡胶和塑料制品业	16	1	1669953	987730	424051
非金属矿物制品业	5	1	152664	128755	68543
黑色金属冶炼和压延加工业	1		58932	29148	8412
有色金属冶炼和压延加工业	1	1	2365	1664	479
金属制品业	3	1	231310	154615	23020
通用设备制造业	13	4	992574	406981	91503
专用设备制造业	12	3	579699	402798	63439
汽车制造业	23	5	866249	560501	229855
铁路、船舶、航空航天和其他运输设备制造业	1	1	6013	3246	37
电气机械和器材制造业	16	3	5217246	4224214	821018
计算机、通信和其他电子设备制造业	28	7	13351888	8518926	6029276
仪器仪表制造业	2		23775	16629	4278
其他制造业	1		49790	17375	1907
废弃资源综合利用业	1		13840	6282	952
电力、热力生产和供应业	2	1	309882	112977	45316
燃气生产和供应业	4	1	1647011	571805	17259
水的生产和供应业	1		13238	1262	754

单位：万元

#存　　货	#产成品	固定资产原　　价	累计折旧	负债合计	流动负债合　　计
2157899	**817836**	**10468416**	**5310741**	**17777979**	**15437556**
773397	423067	2570895	1424386	4834843	4538713
1384502	394769	7897521	3886355	12943137	10898843
1301039	507257	4975012	2647906	13899239	12490044
360667	121496	3781161	1856617	2465311	1742015
496193	189083	1712244	806219	1413430	1205497
7397	4176	111695	57323	41969	32710
258190	77638	279901	102763	744161	569303
14644	7026	114908	73986	64116	63050
29327	16914	243165	142827	138122	128286
103	88	1088	980	91	91
6605	3198	30374	21146	145642	122530
577	255	10827	1886	11300	3459
2872	824	31943	17602	22775	22775
7354	4247	49034	36140	10746	9752
13895	7822	4700	1949	11662	11662
32966	17188	431022	237055	571021	562220
47129	9791	140546	85305	125317	112028
29623	14486	152312	112903	11200	8973
180476	103032	1343042	954183	796917	601118
12670	8642	38391	19164	121242	100900
7046	1860	37801	16702	25726	21476
678	130	2015	1366	1002	1002
24805	13204	186438	82061	33638	28471
77618	21995	533695	172682	466766	462277
142189	19855	390391	261898	96166	91268
112469	39675	471420	247805	544682	497681
2877	1779	2976	826	2439	2439
339445	269194	884848	457953	3155000	3089777
764103	156825	3317666	1225986	9705471	8555062
1906	125	6611	4841	4102	3031
3122	1000	14422	7734	13233	4133
1011	408	10682	4301	7842	4216
23034	11315	863497	651635	189165	16034
13760	5145	746483	303580	712159	308037
11		16526	6159	4309	3796

11—7 续表1

项目	所有者权益合计	#实收资本	国家资本	集体资本	法人资本	个人资本
合计	**11207262**	**4075485**	**255733**	**8000**	**1039367**	**135488**
按轻重工业分						
轻工业	4027524	1297094	47799		380741	76808
重工业	7179738	2778391	207934	8000	658626	58680
按企业规模分						
大型企业	6872465	1508835	86398		441442	59242
中型企业	2668715	1473432	104027		323978	57329
小型企业	1666082	1093218	65308	8000	273947	18917
按行业分						
黑色金属矿采选业	169465	37800			22798	15002
农副食品加工业	625079	157217	17275		45651	410
食品制造业	123137	62084			5045	
酒、饮料和精制茶制造业	83992	41648			28798	
纺织业	868	849	297			
纺织服装、服饰业	8900	8527			2002	
家具制造业	3223	3223				3223
造纸和纸制品业	51271	25637			23433	
印刷和记录媒介复制业	53270	20051			5720	
文教、工美、体育和娱乐用品制造业	23259	5250				
化学原料和化学制品制造业	525591	278480			12491	1300
医药制造业	137181	40896			3540	13790
化学纤维制造业	95458	52927	26464			
橡胶和塑料制品业	873036	362691	1203		8588	100
非金属矿物制品业	31422	18052	1069	1500	1550	2192
黑色金属冶炼和压延加工业	33205	9510			303	4707
有色金属冶炼和压延加工业	1363	1300				
金属制品业	197672	177878			614	
通用设备制造业	525808	290927		4983	18082	1500
专用设备制造业	483532	348685			12113	1288
汽车制造业	321568	288213	29492	400	57826	6668
铁路、船舶、航空航天和其他运输设备制造业	3575	8449				
电气机械和器材制造业	2062246	385290	2560	1117	237717	58832
计算机、通信和其他电子设备制造业	3646417	1141321	92693		424298	14020
仪器仪表制造业	19673	2924			219	158
其他制造业	36557	23266			23266	
废弃资源综合利用业	5998	6574				
电力、热力生产和供应业	120716	116000	59160			
燃气生产和供应业	934852	154817	25520		100313	12299
水的生产和供应业	8928	5000			5000	

单位：万元

港澳台资本	外商资本	营业收入	营业成本	税金及附加	销售费用	管理费用
554639	**2082259**	**24109070**	**21138283**	**94738**	**799355**	**637727**
221421	570325	7779268	6248008	43427	606323	264078
333218	1511934	16329801	14890276	51311	193032	373649
279903	641849	17674136	15775112	58624	597201	309194
51278	936821	3092267	2461705	20843	119870	198384
223457	503589	3342666	2901467	15271	82284	130148
		114808	49170	4318	326	7297
66932	26949	1217303	1082172	4094	65063	34019
46121	10918	345772	281697	2106	36638	13154
9981	2868	408068	297969	2472	73132	11059
552		2623	2455	12	55	284
6525		33860	26844	447	866	4785
		8060	5827	120	969	763
127	2077	59686	49164	520	2946	5948
5280	9051	48158	30623	518	854	3108
	5250	43010	28366	271	177.8	632
8192	256497	1216652	814531	8089	128859	107142
17285	6281	249895	150257	1314	47674	14224
26464		126137	118072	737	274	3717
19631	333169	1476737	1094101	13476	96800	35623
8514	3226	107015	88016	760	3963	2669
4500		43823	35688	220	238	1729
	1300	2349	2045	12		413
	177265	181150	131047	1113	12826	8102
2588	263775	473201	300447	3980	12765	87568
10463	324822	518207	454626	5148	5864	26151
20289	173538	1410994	1289783	5471	18176	48622
8449		9612	8775	11	298	691
42216	42847	4047902	3418158	22159	239530	64159
243540	366771	10975583	10419185	13606	26059	129427
	2548	9125	5724	46	762	1574
		31775	24224	137	1230	1670
	6574	6698	5243	97	373	781
	56840	384597	405720	1893	3016	3709
6991	9695	550846	515974	1544	19376	18282
		5426	2382	47	245	427

11—7 续表2

项　　目	研发费用	财务费用	#利息费用	营业利润	投资收益
合　　计	**655567**	**-34215**	**92599**	**1050202**	**211748**
按轻重工业分					
轻工业	230165	-56112	16099	586178	150549
重工业	425403	21897	76500	464024	61199
按企业规模分					
大型企业	509645	-70724	51408	755129	167951
中型企业	58281	21093	27838	216387	41359
小型企业	87641	15416	13354	78686	2437
按行业分					
黑色金属矿采选业	405	1145	1360	72357	19294
农副食品加工业	8527	-6793	6634	119698	88411
食品制造业	1614	-420	230	47314	1509
酒、饮料和精制茶制造业	434	-67	59	23962	210
纺织业				-184	
纺织服装、服饰业	90	308	-19	556	
家具制造业	389	567		-574	
造纸和纸制品业	1412	54	231	-43026	
印刷和记录媒介复制业	1322	-166	5	11466	116
文教、工美、体育和娱乐用品制造业	138	11		13415	
化学原料和化学制品制造业	22539	-6725	5047	139091	770
医药制造业	21078	2218	756	13068	-1484
化学纤维制造业	809	387		2143	
橡胶和塑料制品业	53800	-93	5346	183598	-95
非金属矿物制品业	2431	745	170	7887	
黑色金属冶炼和压延加工业	1724	491	572	3949	57
有色金属冶炼和压延加工业	155	2		-285	
金属制品业	7528	-2485	209	22667	12
通用设备制造业	6076	5045	7068	58223	109
专用设备制造业	10027	-1396	467	24724	1385
汽车制造业	19728	4606	4559	23121	-97
铁路、船舶、航空航天和其他运输设备制造业	1442	1110		-2633	
电气机械和器材制造业	165353	-39204	6811	238187	61769
计算机、通信和其他电子设备制造业	324480	8654	45124	112990	10385
仪器仪表制造业	1063	-60		1393	6
其他制造业	1339			3179	
废弃资源综合利用业		-163	116	227	
电力、热力生产和供应业	1426	3483	3915	-64162	178
燃气生产和供应业	239	-5486	3921	34915	28583
水的生产和供应业		20	19	2939	628

单位：万元

营业外收入	利润总额	所得税费用	亏损企业亏损总额	利税总额	本年应付职工薪酬	本年应交增值税	平均用工人数（人）
117758	**1072084**	**197809**	**227611**	**1399134**	**1537836**	**232312**	**93705**
9871	591341	77199	67440	724658	607681	89890	41839
107887	480743	120610	160171	674476	930155	142422	51866
95470	767397	104753		926799	964911	100778	57237
14528	221011	67993	116754	316047	335251	74193	21191
7760	83676	25063	110858	156289	237675	57341	15277
6	71653	13214		86663	12127	10692	769
1237	119675	4119	10019	130170	72878	6401	6692
622	47646	3577		55913	21690	6160	2485
436	24082	6106	129	38344	52253	11790	3324
5	-199		199	-137	312	49	36
5	291	100	149	1318	8443	580	979
171	-415		415	-11	1663	284	174
240	-43002	1049	50863	-40792	6651	1690	540
285	11678	1930		14844	5803	2648	346
	13415	3407		15839	3914	2154	762
954	139648	31992	847	188231	80866	40495	3003
1485	14322	228		20049	35925	4413	2647
1592	3731	947		6531	7788	2063	240
407	183609	25255	300	245582	190905	48497	10254
635	8307	905	208	12535	8761	3468	645
372	4311	572		5934	4256	1403	253
8	-281		281	-162	631	107	44
981	23627	3864	3591	30886	24147	6146	1193
324	58403	15889	5435	83638	37200	21255	2183
355	24710	6546	2962	33999	70902	4141	3871
2696	25420	5076	9150	57078	130872	26186	7435
1	-2632		2632	-2548	2259	74	106
2898	239429	16169	3238	271321	298561	9733	19772
92680	124620	35291	65162	150792	373697	12567	21770
290	1677	318		1724	2776	1	144
108	3227	530		2912	5175	-452	292
14	198	101		635	1275	340	80
8014	-63102	17474	71150	-53894	25372	7315	692
930	35091	2618	882	38583	49870	1948	2892
7	2945	533		3159	866	167	82

11—8 大中型工业企业主要经济指标（2023年）

项目	企业单位数（个）	#亏损企业	资产总计	#流动资产合计	#应收账款
合计	**364**	**77**	**134399245**	**76491076**	**28733055**
#国有控股企业	81	21	45473008	18940585	5454105
按轻重工业分					
轻工业	109	15	29403907	18262808	5160252
重工业	255	62	104995339	58228268	23572803
按企业规模分					
大型企业	84	17	100126659	57113940	22043971
中型企业	280	60	34272587	19377136	6689084
按行业分					
黑色金属矿采选业	2		546251	109267	19372
有色金属矿采选业	1		237150	5889	
农副食品加工业	5	2	1171647	907669	150563
食品制造业	8		462925	240394	40850
酒、饮料和精制茶制造业	2		165124	60739	3463
烟草制品业	1		811543	571003	8439
纺织业	3	3	94283	36037	5818
纺织服装、服饰业	6	2	267417	213909	133391
家具制造业	5	1	971125	605132	149966
造纸和纸制品业	3		137685	99570	47367
印刷和记录媒介复制业	2		102707	74870	9795
文教、工美、体育和娱乐用品制造业	2		42213	33796	12641
化学原料和化学制品制造业	8	2	2598121	1360121	373030
医药制造业	10	1	1704055	886665	111121
化学纤维制造业	3		1424412	706834	37724
橡胶和塑料制品业	18	2	3387855	1752206	700600
非金属矿物制品业	11	1	1322786	530641	205701
黑色金属冶炼和压延加工业	1		403297	168956	977
有色金属冶炼和压延加工业	3	1	438641	174855	59768
金属制品业	21	4	3910849	2586903	857722
通用设备制造业	30	4	6047515	4280622	1256392
专用设备制造业	27	2	3301626	2352368	625554
汽车制造业	38	11	16288868	10959339	3074787
铁路、船舶、航空航天和其他运输设备制造业	2		488001	394128	73822
电气机械和器材制造业	67	11	33466117	23235275	8034229
计算机、通信和其他电子设备制造业	65	23	44168095	21145321	11969701
仪器仪表制造业	7	1	1030413	847782	211390
其他制造业	1		395581	225391	6931
金属制品、机械和设备修理业	1		174313	118337	6650
电力、热力生产和供应业	5	3	5576894	784144	468284
燃气生产和供应业	3		1717163	571321	17264
水的生产和供应业	3	3	1544574	451592	59743

单位：万元

#存　货	#产成品	固定资产原　价	累计折旧	负债合计	流动负债合　计
10684120	**3678358**	**55075224**	**24405068**	**80319567**	**63003331**
2984391	948675	31478636	15983572	22993977	16780174
2260173	1059232	6230100	2966741	15677828	13604934
8423948	2619125	48845124	21438327	64641739	49398397
7215995	2270787	41173207	19041612	63678453	49592569
3468126	1407571	13902017	5363456	16641114	13410762
11979	7561	361970	137166	121230	111972
3417	585	220226	63097	140774	120942
160231	52635	142910	72403	565367	413879
39383	9911	333068	167450	181512	147062
24333	16347	193692	105162	120983	111357
444957	24137	367808	209253	260721	257588
17984	4183	94972	37471	48670	34030
24889	18369	65109	40833	203750	179316
25261	4199	235486	68969	561608	550792
9438	3812	43753	22433	83672	82564
9329	5361	45745	24240	35968	33162
14220	7928	11612	4429	15785	15785
124183	55782	1387360	651076	1533926	1192843
172448	47371	316579	136899	444671	396984
43084	18365	363141	173742	599320	509286
280060	145473	1990905	1212894	1635529	1264356
73234	36232	938817	301298	713574	617560
29399	2713	359474	168123	58096	53874
34674	17996	278602	119532	161389	138397
617877	203050	902461	399127	2096565	1686897
835848	240739	1603620	771991	2908711	2476229
467118	105775	841268	417475	1011582	895081
797322	395467	4719723	1928970	13201801	11819094
84070	59479	141285	79590	170762	135486
3069973	1412299	4624533	1657545	21007314	18532378
3022799	690027	23426933	9718177	27103799	17777103
114728	28789	79774	24728	315284	300935
33052	32394	20793	9475	223436	180216
33387	15384	49866	29996	56882	35771
47257	11315	8902291	4850151	3324876	2236369
13592	4682	823356	317404	772417	368344
4596		1188094	483971	639595	327680

11—8 续表1

项　　目	所有者权益合计	#实收资本	国家资本	集体资本	法人资本	个人资本
合　　计	**54079675**	**24112895**	**1885733**	**321549**	**18090085**	**1631711**
#国有控股企业	22479030	11305478	1867801	42936	9059430	200599
按轻重工业分						
轻工业	13726078	4375672	316205	3173	2919407	607184
重工业	40353598	19737223	1569528	318376	15170678	1024527
按企业规模分						
大型企业	36448206	16997372	766288	204518	14268531	765708
中型企业	17631470	7115523	1119446	117031	3821554	866003
按行业分						
黑色金属矿采选业	425021	130768	61506		54259	15002
有色金属矿采选业	96376	70000			70000	
农副食品加工业	606281	68984			59716	410
食品制造业	281413	195046			148256	2121
酒、饮料和精制茶制造业	44141	16327			6346	
烟草制品业	550822	66742	66742			
纺织业	45613	49740	28041		21699	
纺织服装、服饰业	63667	13455	50		4700	2180
家具制造业	409518	62134			60855	1279
造纸和纸制品业	54013	13200			5123	6000
印刷和记录媒介复制业	66738	11329			10774	555
文教、工美、体育和娱乐用品制造业	26429	7750			2500	
化学原料和化学制品制造业	1064195	428155	49300		132563	9472
医药制造业	1259384	267170	1581		64708	195645
化学纤维制造业	825092	224278	73427		143132	7720
橡胶和塑料制品业	1752326	681327	28805		330605	33616
非金属矿物制品业	609213	378509	286412		82052	10045
黑色金属冶炼和压延加工业	345201	250000	250000			
有色金属冶炼和压延加工业	277252	131762	37280		94482	
金属制品业	1814284	498382	15851	68315	255751	123141
通用设备制造业	3138803	676305	61609	11864	253334	115654
专用设备制造业	2290043	697450	44615	6949	128605	207402
汽车制造业	3087067	1450113	33986	4500	989137	77910
铁路、船舶、航空航天和其他运输设备制造业	317239	99134	52075		20000	27059
电气机械和器材制造业	12458804	3849946	2560	204518	2924648	607779
计算机、通信和其他电子设备制造业	17064295	11415811	469744		10371529	99842
仪器仪表制造业	715129	65002	523	3368	35704	25369
其他制造业	172145	94733		22035	20725	51212
金属制品、机械和设备修理业	117431	9989	9989			
电力、热力生产和供应业	2252018	1904118	190819		1656459	
燃气生产和供应业	944746	151127	28820		100313	12299
水的生产和供应业	904979	134110	92000		42110	

单位：万元

港澳台资本	外商资本	营业收入	营业成本	税金及附加	销售费用	管理费用
602386	**1581431**	**103006925**	**89782217**	**1215681**	**2614331**	**2178129**
45245	89468	28832962	25416316	971669	425439	802329
78717	450986	21598101	17006650	856223	1201365	673009
523669	1130445	81408824	72775567	359458	1412966	1505120
348516	643811	79670847	70211990	1093553	1811881	1314465
253870	937620	23336079	19570227	122128	802451	863664
		272787	119827	9406	917	18740
		106713	66829	4741	6	9107
6024	2835	729144	590727	3240	61307	28716
44670		769200	651500	4192	55621	25493
9981		342793	246331	1960	70390	8853
		1287061	344560	762020	18949	81867
		120513	113798	365	1526	5780
6525		126971	88727	1052	4692	29356
		959385	740422	5471	71632	31102
	2077	179243	147363	797	7842	4591
		49066	39773	293	870	5161
	5250	57780	40722	443	1022	1325
	236820	2186228	1680188	12144	140330	140587
5236		759024	277673	5485	172843	39994
		576047	497836	2151	12193	17267
6282	282020	2681954	2136283	18880	127363	76556
		865640	747511	7082	9511	32498
		643143	633668	1977		5011
		472119	438609	2891	993	6010
	35325	5040544	4716100	12096	40710	66667
	233843	4988542	4058467	24771	89022	188917
4748	305131	1836487	1294755	14846	121301	112447
208592	135988	15233682	13654491	128690	273325	333745
		184013	117628	1148	3525	22943
83853	26587	32123587	27732746	103936	1001694	384452
226475	248221	23885371	22473977	58335	233462	378133
	38	515840	373023	2832	44222	24599
	761	74924	44330	289	9864	8692
		61966	42873	51	122	7263
	56840	4968700	4818045	18599	4182	44024
	9695	575132	532120	1775	25123	18243
		333329	321315	3725	9773	19992

11—8 续表2

项目	研发费用	财务费用	#利息费用	营业利润	投资收益
合计	**3176897**	**213637**	**630001**	**3667726**	**442565**
#国有控股企业	825369	74640	247942	683177	115335
按轻重工业分					
轻工业	703527	-14596	120126	1494594	233321
重工业	2473370	228232	509875	2173132	209244
按企业规模分					
大型企业	2251748	143416	489731	2411906	286646
中型企业	925149	70221	140270	1255820	155919
按行业分					
黑色金属矿采选业	6832	42	1387	137491	19294
有色金属矿采选业	4107	4606	4613	19270	
农副食品加工业	8818	-7135	6201	134585	88137
食品制造业	4578	2153	2596	63210	1467
酒、饮料和精制茶制造业	434	-93	59	15762	210
烟草制品业	5599	-4387	36	71000	1118
纺织业	2522	666	889	-4888	-76
纺织服装、服饰业	2340	314	487	1525	
家具制造业	33384	-288	1599	65874	-621
造纸和纸制品业	5800	-337	164	19769	5718
印刷和记录媒介复制业	2199	-113	221	1080	-603
文教、工美、体育和娱乐用品制造业	741	16	13	13512	
化学原料和化学制品制造业	56739	3418	24410	149828	-3442
医药制造业	55146	-5255	2593	250610	19764
化学纤维制造业	22189	-7493	4652	56501	19720
橡胶和塑料制品业	97908	13874	19669	219553	4846
非金属矿物制品业	27132	4678	5345	39490	-1165
黑色金属冶炼和压延加工业	593	-1939		5058	698
有色金属冶炼和压延加工业	9364	3098	3242	15307	-76
金属制品业	95022	20016	25992	131857	13776
通用设备制造业	180148	11832	23429	483263	44012
专用设备制造业	92977	-8085	5484	257916	18005
汽车制造业	499759	11511	43786	402048	-21484
铁路、船舶、航空航天和其他运输设备制造业	12465	-2890	32	29089	987
电气机械和器材制造业	913970	-27824	115201	1945817	151657
计算机、通信和其他电子设备制造业	934216	144354	263296	-903249	26705
仪器仪表制造业	54041	-3066	2803	32591	5592
其他制造业	4990	521	3635	17625	10050
金属制品、机械和设备修理业	3348	-710		9019	
电力、热力生产和供应业	36363	65672	58541	-29113	3833
燃气生产和供应业	239	-4066	5225	36201	29093
水的生产和供应业	2934	543	4403	-19873	5352

单位：万元

营业外收入	利润总额	所得税费用	亏损企业亏损总额	利税总额	本年应付职工薪酬	本年应交增值税	平均用工人数（人）
187096	**3701409**	**626158**	**1995880**	**6152971**	**6262034**	**1235881**	**391257**
43245	682600	115966	351506	2267636	2165422	613368	108161
22091	1506404	164553	50330	2821389	1555249	458761	110209
165005	2195005	461605	1945549	3331582	4706785	777120	281048
146008	2433959	451364	1604549	4383765	4152636	856253	237836
41088	1267451	174795	391330	1769206	2109399	379628	153421
124	136602	22442		168129	26914	22121	1361
13	19248	4682		29864	11796	5875	533
1687	134926	5871	1072	149385	66988	11219	6859
1158	63727	6323		84376	65196	16457	6460
417	15864	4020		27180	46084	9356	2924
213	69820	28684		952513	95835	120673	1320
115	-4859	-533	4859	-2698	13367	1796	1467
129	1424	1670	6233	7816	42844	5340	3943
1060	66306	3573	4785	102804	76981	31027	6188
294	19126	1851		23332	15872	3409	1282
663	1592	369		2553	10229	668	832
126	13629	3409		16993	7175	2922	1245
4722	144820	34058	38613	205207	153276	48242	7977
2633	250866	32245	7814	282905	115454	26554	6678
2390	62514	5400		73591	43641	8926	3287
1628	219359	25846	6142	295346	305009	57106	18723
1153	40454	5659	1516	68099	72892	20563	5678
15	5065	103		14558	11499	7516	655
48	15331	2747	123	21732	22121	3510	1841
7517	137695	17001	10415	198936	201178	49146	15591
3637	485138	67891	19532	631466	407197	121558	30102
3348	259684	30864	12052	311724	276898	37195	15670
9602	408694	40034	110125	846115	948040	308731	64361
321	29274	3321		36953	32252	6532	1450
8637	1945526	213304	199470	2321101	1334523	271638	85143
112615	-876706	33198	1450348	-892645	1345825	-74275	79944
424	31751	550	7157	40774	81792	6192	3623
1654	18484			18981	11003	208	396
841	9632	1244		9707	20785	24	1123
16898	-41484	27648	96924	71514	295234	94399	8679
924	36608	2686		40848	52723	2465	3126
2089	-18701		18701	-6186	51410	8790	2796

11—9　民营规模以上工业企业主要经济指标（2023年）

项　　目	企业单位数（个）	#亏损企业	资产总计	#流动资产合计	#应收账款
合　　计	**2289**	**518**	**97116105**	**61835171**	**21621803**
按轻重工业分					
轻工业	725	170	25504066	15805067	4970325
重工业	1564	348	71612039	46030104	16651478
按企业规模分					
大型企业	45	9	51315924	30921014	9708725
中型企业	191	41	20755953	13383362	4539589
小型企业	2053	468	25044228	17530795	7373490
按行业分					
黑色金属矿采选业	2		373679	64518	1959
有色金属矿采选业	1		7693	4129	711
非金属矿采选业	4		57488	32965	6201
农副食品加工业	86	22	1764313	1297539	235472
食品制造业	50	13	613673	377154	130349
酒、饮料和精制茶制造业	4	2	43602	30890	5004
纺织业	38	11	210509	112533	23979
纺织服装、服饰业	24	7	122432	95061	18536
皮革、毛皮、羽毛及其制品和制鞋业	20	3	63057	58687	22157
木材加工和木、竹、藤、棕、草制品业	9	3	49198	32570	17513
家具制造业	35	9	1150019	722752	185088
造纸和纸制品业	38	6	323890	213293	87380
印刷和记录媒介复制业	38	8	383553	283558	58892
文教、工美、体育和娱乐用品制造业	10	2	47431	34173	13887
石油、煤炭及其他燃料加工业	3	3	15730	10896	1437
化学原料和化学制品制造业	88	16	1389629	854598	295332
医药制造业	39	12	2365548	1064770	162975
化学纤维制造业	4	2	151554	70631	17178
橡胶和塑料制品业	167	35	2291170	1355569	575086
非金属矿物制品业	234	55	4093504	3268573	2325323
黑色金属冶炼和压延加工业	9	2	96481	74745	33075
有色金属冶炼和压延加工业	21	6	558286	291651	132552
金属制品业	172	28	4139499	2786144	1080073
通用设备制造业	202	41	5316763	3887968	1296574
专用设备制造业	188	35	4021407	2922969	916445
汽车制造业	163	41	11667886	8425397	2161545
铁路、船舶、航空航天和其他运输设备制造业	9	2	99260	64153	28917
电气机械和器材制造业	311	54	31819708	22405637	8288922
计算机、通信和其他电子设备制造业	216	83	21565072	9312979	3010907
仪器仪表制造业	68	14	1513745	1191122	308342
其他制造业	7	1	64834	53638	15933
废弃资源综合利用业	12	1	230745	204867	66483
金属制品、机械和设备修理业	2		15535	10929	3988
电力、热力生产和供应业	9	1	312880	155132	86167
燃气生产和供应业	2		108081	21307	2095
水的生产和供应业	4		68251	41675	5332

单位：万元

#存　　货	#产成品	固定资产原　　价	累计折旧	负债合计	流动负债合　　计
9475885	**3537848**	**25008299**	**8168086**	**59602116**	**47107068**
2138789	1056066	5098795	2165816	14363702	12528797
7337096	2481782	19909504	6002269	45238414	34578272
4080317	1311975	13513004	3843683	34852792	25940992
2352235	949347	4980290	1777488	10019189	8409284
3043333	1276526	6515005	2546915	14730135	12756792
15390	9258	246298	74732	150653	95915
3		1630	414	1545	1535
1090	899	14426	9448	30242	19214
267782	88043	344363	147928	881789	709664
94185	19468	324761	137663	342688	281476
8655	3231	17250	8627	19929	19929
36198	15146	94573	35058	124042	92194
40067	23093	27637	10790	86669	85902
15274	4470	14592	7845	36739	36739
6536	4388	16720	7138	35971	32810
48647	12813	302471	96845	640715	628291
49625	16920	100613	42772	222411	201168
46073	12822	180246	101315	159056	143341
10193	6466	20364	10553	28699	27807
3986	3119	7905	4653	19855	19536
137310	53458	451788	161564	713273	655406
202325	67833	593502	214626	891633	819955
17087	4246	50356	17151	71952	61618
204894	98028	736688	332978	1280965	1110679
282120	112358	886173	412041	3133798	2860245
14827	8193	23615	10142	60305	60303
49947	23830	193478	57633	292147	250519
614735	205452	889487	336324	2457714	2015285
893875	231601	1353822	670684	2824731	2407789
558813	177800	721543	275637	1572972	1413127
651357	275954	2845505	772801	9930860	9003037
10034	4256	21880	7675	58674	49497
3198824	1400432	4452301	1484132	20152124	17845175
1723559	556985	9493220	2528621	12342668	5259705
223244	71768	179145	59161	509977	480919
16853	8732	7768	1820	30616	28314
28766	16106	25945	10519	177803	164683
793	679	8794	5329	3350	3350
2165	1	202768	56270	211130	129920
296		96351	19094	80802	80802
358		60322	38108	23621	11223

11—9 续表1

项目	所有者权益合计	#实收资本	国家资本	集体资本	法人资本	个人资本
合计	**37513968**	**15203846**	**97366**	**394264**	**11471205**	**3139665**
按轻重工业分						
轻工业	11140358	3821057	5451	16350	2767586	1017930
重工业	26373611	11382789	91915	377914	8703619	2121736
按企业规模分						
大型企业	16463132	7526624	2728	204518	6668836	575905
中型企业	10736762	2979278	11819	74094	2101467	791466
小型企业	10314075	4697944	82819	115652	2700902	1772295
按行业分						
黑色金属矿采选业	223026	75329		33669	22798	18863
有色金属矿采选业	6148	518				518
非金属矿采选业	27246	2100			1000	1100
农副食品加工业	882523	200218		1500	125561	66933
食品制造业	270984	173952			147874	26078
酒、饮料和精制茶制造业	23674	11155			8275	2880
纺织业	86466	46572			29450	17123
纺织服装、服饰业	35762	21178			9454	11724
皮革、毛皮、羽毛及其制品和制鞋业	26318	12371			2568	9803
木材加工和木、竹、藤、棕、草制品业	13227	11343		8660	1663	1020
家具制造业	509305	135972			86341	49631
造纸和纸制品业	101479	47586			22735	24852
印刷和记录媒介复制业	224496	73193	2444		31891	33578
文教、工美、体育和娱乐用品制造业	18733	6202			2902	3300
石油、煤炭及其他燃料加工业		6140			5760	380
化学原料和化学制品制造业	676356	229001	262	200	129223	97960
医药制造业	1473914	422569			205972	216099
化学纤维制造业	79602	16003		7140	1143	7720
橡胶和塑料制品业	1010204	394147	2745	2060	250085	137982
非金属矿物制品业	959704	451913	4800	1600	214604	227209
黑色金属冶炼和压延加工业	36176	30954			18360	12594
有色金属冶炼和压延加工业	266139	88324			79497	8828
金属制品业	1681784	614485	13800	68515	246040	286131
通用设备制造业	2492029	742939	7287	11375	535439	181096
专用设备制造业	2448433	581831	3415	25	235148	337942
汽车制造业	1737024	845767	3700	6000	692559	142541
铁路、船舶、航空航天和其他运输设备制造业	40586	19480			17393	2088
电气机械和器材制造业	11667583	3853468	1930	217980	2683691	882038
计算机、通信和其他电子设备制造业	9222403	5836617	50723	24763	5508609	251629
仪器仪表制造业	1003768	163441	2460	5059	87834	67808
其他制造业	34218	1493			464	1029
废弃资源综合利用业	52942	17495		3463	11253	2780
金属制品、机械和设备修理业	12185	10160			8740	1420
电力、热力生产和供应业	101750	35424		2256	26668	6500
燃气生产和供应业	27279	5300	3300		2000	
水的生产和供应业	44630	19205	500		18215	490

单位：万元

港澳台资本	外商资本	营业收入	营业成本	税金及附加	销售费用	管理费用
91669	**9676**	**74437308**	**63346717**	**275284**	**2432967**	**1946117**
13077	664	18992764	15837878	78368	974103	587522
78593	9012	55444544	47508838	196916	1458864	1358595
74637		41618505	36233344	120517	1114962	497937
	431	14321476	11903203	68440	536633	458884
17032	9245	18497326	15210170	86327	781372	989296
		159778	74534	5702	410	19904.9
		3039	2276	150		380
		36993	23954	1190	874	6825
6024	200	1499532	1308471	4830	64733	45145
		782247	671229	3715	28232	34648
		48627	37763	170	2789	1878
		224166	197718	729	7681	13076
		150729	122626	613	6961	9230
		103031	93059	267	1633	2438
		64053	58171	197	1624	2615
		1088693	839483	6164	82124	41954
		409038	353556	1327	14509	14820
5280		305363	242012	2160	9127	15519
		69418	59136	436	3622	4101
		25651	25337	138	495	1207
742	614	1340120	1112938	5386	49561	54077
497		800159	329781	7417	198139	65401
		139898	99296	776	9463	5253
1275		2171601	1857539	8568	57950	87250
3200	500	2852316	2450408	13881	110669	138359
		117626	105562	506	3801	1852
		536688	489823	2541	3727	12641
		5483081	5093911	14290	49964	96747
2913	4829	3927178	3131265	20386	107470	143435
4400	900	2129098	1415314	15091	180728	155782
	967	8723778	7621113	22506	141253	162781
		80982	61363	434	4619	3490
67337	492	31772918	27312808	97118	976584	445942
	894	8182068	7293977	31221	223793	287486
	280	754040	483823	5134	76689	57885
		50166	35967	190	3730	3640
		224249	209367	743	845	3611
		12543	8102	66	1927	640
		61076	42376	441	648	2495
		77409	65393	322	6589	567
		29958	17266	482	3	3045

11—9 续表2

项　　目	研发费用	财务费用	#利息费用	营业利润	投资收益
合　　计	**2805638**	**299214**	**487519**	**2783076**	**310928**
按轻重工业分					
轻工业	705335	58424	139176	915279	151854
重工业	2100303	240790	348342	1867797	159074
按企业规模分					
大型企业	1279848	123949	282113	1431527	168981
中型企业	636366	28405	72619	897458	107247
小型企业	889424	146861	132787	454092	34700
按行业分					
黑色金属矿采选业	1103	1917	2133	76416	19294
有色金属矿采选业		7	7	226	
非金属矿采选业	3	33	39	4114	
农副食品加工业	18426	-699	10054	144479	81960
食品制造业	11210	3906	3476	30494	45
酒、饮料和精制茶制造业	256	142	118	5779	150
纺织业	6513	1637	1275	-3155	2044
纺织服装、服饰业	4087	1026	923	7735	1059
皮革、毛皮、羽毛及其制品和制鞋业	283	306	171	5055	10
木材加工和木、竹、藤、棕、草制品业	1895	824	730	-989	
家具制造业	37980	618	2295	69074	-407
造纸和纸制品业	12354	4161	3433	16175	5737
印刷和记录媒介复制业	9738	833	1778	25048	-562
文教、工美、体育和娱乐用品制造业	1543	522	176	67	9
石油、煤炭及其他燃料加工业	695	277	47	-2347	-93
化学原料和化学制品制造业	47996	5859	4833	81430	15708
医药制造业	114885	-5236	5245	94026	20048
化学纤维制造业	4786	124	1148	20025	-214
橡胶和塑料制品业	76049	23136	20610	70758	3598
非金属矿物制品业	41334	24320	20373	74227	110
黑色金属冶炼和压延加工业	4300	877	575	531	124
有色金属冶炼和压延加工业	16751	3329	3217	8644	-76
金属制品业	101051	38397	36144	98711	419
通用设备制造业	173255	12940	12523	353187	13589
专用设备制造业	152305	908	11979	257899	20635
汽车制造业	339372	11277	19445	438282	6192
铁路、船舶、航空航天和其他运输设备制造业	4594	763	862	5730	9
电气机械和器材制造业	913742	5839	126698	1890494	99000
计算机、通信和其他电子设备制造业	602705	153717	186563	-1077907	15678
仪器仪表制造业	94266	357	5144	57813	6353
其他制造业	4972	28	81	1796	
废弃资源综合利用业	5556	1463	1192	4180	
金属制品、机械和设备修理业	390	-97		1516	
电力、热力生产和供应业	1244	3949	2372	11118	
燃气生产和供应业		1328	1326	3730	510
水的生产和供应业		429	535	8717	

单位：万元

营业外收入	利润总额	所得税费用	亏损企业亏损总额	利税总额	本年应付职工薪酬	本年应交增值税	平均用工人数（人）
158798	**2893341**	**426660**	**2012675**	**4005089**	**4869865**	**836464**	**388178**
44402	947741	59518	250879	1299520	1352733	273411	123755
114396	1945600	367141	1761797	2705569	3517132	563053	264423
25169	1445259	288172	1375356	1818622	1831238	252846	120450
19400	901791	88017	184564	1173312	1302182	203081	101456
114229	546291	50471	452755	1013155	1736446	380537	166272
72	75775	13214		92695	15803	11218	1083
1	227			675	486	298	80
12	3957	756		8852	2861	3706	488
5170	147646	6419	5236	165819	88644	13344	8816
5013	34971	5839	2976	56913	73058	18227	8137
178	5952	1604	655	6891	3935	769	450
934	-2746	-379	5202	1774	25474	3791	3221
297	7995	1559	1275	12531	28368	3924	4156
20	4835	22	74	7572	6011	2471	804
19	-981	35	1657	358	6067	1142	658
2304	70595	3992	5846	110492	95665	33734	8620
2228	17415	1189	1238	26283	31379	7541	3367
2004	26621	4238	1031	35984	30949	7203	3397
835	644	19	290	2199	12653	1119	1603
134	-2255	2	2255	-2075	1190	43	151
4483	84196	8244	8978	107952	85489	18371	7540
3978	99836	2694	159153	136715	159465	29462	9727
260	20023	2764	2501	24784	15596	3984	1475
6520	74577	3949	6803	114802	198812	31656	19544
13343	83118	17251	26195	179034	167586	82034	18002
293	795	12	52	2246	4296	944	392
1568	9927	1910	12980	12652	27694	184	2643
11148	107529	14439	10076	176819	241774	55001	23198
15337	363430	49458	30236	475221	399177	91405	33430
12893	267220	29223	35535	342377	341266	60066	24963
13548	447792	34068	72905	618882	581032	148584	51222
971	6620	398	751	9048	6033	1994	651
21608	1902735	218246	236975	2252802	1268546	252949	88684
27178	-1057392	-2847	1362188	-1108869	765136	-82698	50543
5121	61022	2911	17645	86550	158881	20395	8876
499	2175	10	15	4521	8990	2156	623
406	3613	70	749	10464	6005	6108	662
85	1591	162		2218	2174	562	216
251	11358	3102	1204	15664	2053	3866	168
31	3760	849		4916	4171	834	355
55	8766	1238		9328	3145	80	233

11—10 各县（市）区规模以上工业企业主要经济指标（2023年）

指标	全市	瑶海区	庐阳区	蜀山区	包河区	高新区
企业单位数 （个）	2669	27	72	69	94	367
#亏损企业	600	10	12	12	22	86
资产合计	168540527	1648573	1997114	4185627	7676563	29571799
流动资产合计	98560726	619559	1351410	2289725	3174630	21841820
应收账款	37625806	182731	415741	754693	974965	7048623
产成品存货	5260726	9772	76908	130447	191724	1191417
固定资产原价	66204918	1149666	742105	1812187	6346901	5703609
负债合计	99846742	712511	1266641	2298756	4265598	15254627
所有者权益合计	68680851	936062	730473	1886870	3410964	14317171
实收资本	31480592	136604	380742	687180	1876399	3440477
#国家资本	2657455	90297	132750	25831	202297	271831
外商资本	2149362			58490	36475	187628
营业收入	129227285	498429	2095820	3283229	5828836	27376273
营业成本	111723531	446437	1805865	2867168	5224302	21416312
销售费用	3526660	17244	108071	109740	123869	1152684
税金及附加	1340397	3954	10927	48497	23829	897614
管理费用	3435734	31018	64522	117951	143198	719782
财务费用	419582	1760	7291	6417	44610	-78039
#利息费用	827911	4760	12130	19178	47351	67422
利润总额	4573310	-3390	24550	142982	169638	2169161
亏损企业亏损额	2648476	16247	13944	47274	53557	544209
利税总额	7667589	11043	81684	241253	303542	3506125
本年应交增值税	1753882	10478	46207	49774	110075	439351
平均用工人数 （人）	585585	4193	11329	15558	26867	90351

单位：万元

经开区	新站区	安巢经开区	长丰县	肥东县	肥西县	庐江县	巢湖市
350	176	71	375	288	383	204	193
81	56	25	77	67	68	37	47
34218831	24407655	1063438	27176961	9272531	15211144	6447651	5662639
20851865	10367461	648377	15063572	5217218	10973342	3164912	2996835
9103828	3788092	211175	4819355	2270146	5808496	1091584	1156378
1126493	478820	86434	558507	277898	717954	168333	246021
14305785	10159201	400153	10503694	4450413	4664463	3136218	2830522
21544414	13043312	724604	17592939	5933140	10280420	3855706	3074076
12674415	11351431	338834	9584020	3339388	4930718	2591943	2588562
6332056	6455601	219279	5541098	1892728	2089622	1324524	1104280
498390	263451	8000	167303	508026	125775	105256	258248
1111309	404937	5250	120012	71264	131038	10274	12686
26787434	10095240	932369	18800839	8959779	15335054	4472813	4761171
23642394	8866426	805950	16750275	8134899	13606951	3783761	4372791
819512	203609	23932	311786	155557	349137	80836	70682
114631	40254	4450	55021	29937	59214	32396	19673
754228	312626	37697	353915	205171	413148	158262	124217
132148	91922	6386	57167	56933	32709	44068	16209
219964	152617	5477	97866	65238	68712	42646	24550
-261395	333098	20366	808473	234628	523361	310474	101365
1423689	125714	25743	108522	91631	55904	31181	110861
174031	391065	41991	1138794	371703	800382	430212	175763
320796	17713	17176	275300	107138	217808	87342	54725
116929	45557	9849	92026	38676	81259	30616	22377

11—11　主要工业产品产量（2023年）

产品名称		产量	产品名称		产量
饲料	万吨	131.5	钢材	万吨	227.2
精制食用植物油	万吨	40.8	叉车	万台	12.4
乳制品	万吨	32.1	泵	万台	420.3
饮料酒	千升	38430.0	挖掘机	台	3944.0
卷烟	亿支	299.6	医疗仪器设备及器械	台	389639.0
纱	吨	17362.0	工业机器人	套	14953.0
布	万米	2030.5	汽车	万辆	85.8
服装	万件	4283.7	载货汽车	万辆	19.2
人造板	立方米	77551.0	新能源汽车	万辆	26.0
家具	万件	288.3	变压器	万千伏安	2560.6
#木质家具	万件	118.8	电力电缆	万千米	40.1
软体家具	万件	25.4	光缆	万芯千米	49.9
机制纸及纸板(外购原纸加工除外)	吨	156574.5	太阳能电池	万千瓦	2209.7
硫酸（折100%）	吨	10519.0	家用电冰箱	万台	2383.9
烧碱（折100%）	万吨	14.3	房间空气调节器	万台	873.5
纯碱（碳酸钠）	万吨	43.1	微波炉	万台	11.9
合成氨（无水氨）	万吨	36.1	家用洗衣机	万台	2688.6
农用氮、磷、钾化学肥料	万吨	27.9	微型计算机设备	万台	2125.8
#氮肥（折含氮100%）	万吨	27.9	彩色电视机	万台	516.5
初级形态塑料	万吨	27.0	#智能电视	万台	313.1
合成洗涤剂	万吨	49.9	半导体分立器件	亿只	34.1
中成药	吨	6384.3	集成电路	亿块	12.2
橡胶轮胎外胎	万条	3250.9	液晶显示屏	万片	52747.9
#子午线轮胎外胎	万条	1536.7	智能手环	万台	275.8
塑料制品	万吨	91.1	智能手表	万个	237.4
水泥	万吨	1491.7	电子元件	万只	81861.4
砖	万块	70231.6	工业自动调节仪表与控制系统	台（套）	158071.0

注：汽车和新能源汽车产量中，不含未纳统的整车产业活动单位产量。

11—12　主要年份主要工业产品生产能力

产品名称		2010年	2015年	2020年	2022年	2023年
家用电冰箱	(万台)	2360	3278	3155	3130	3186
房间空气调节器	(万台)	995	1400	1557	1367	1030
彩色电视机	(万台)	603	979	2160	1462	1369
卷　烟	(亿支)	369	409	288	298	300
农用氮磷钾化学肥料总计	(吨)	354566	330630	385100	385100	447400
发电设备容量总计	(万千瓦)	152	363	519	537	486
汽　车	(万辆)	73	88	98	100	100
#乘用车				66	73	73
商用车				32	27	27
微型计算机	(万台)	10	4368	4799	5177	4851
太阳能电池	(万千瓦)		413	1941	3254	3733
钢　材	(万吨)	305	399	216	234	289
水　泥	(万吨)	810	3163	2217	2445	2290

11—13　工业企业总产值20强（2023年）

企业名称	位次
联宝（合肥）电子科技有限公司	1
安徽江淮汽车集团股份有限公司	2
合肥比亚迪汽车有限公司	3
国网安徽省电力有限公司	4
阳光电源股份有限公司	5
合肥长安汽车有限公司	6
合肥晶澳太阳能科技有限公司	7
合肥鑫晟光电科技有限公司	8
合肥联跃电子有限公司	9
通威太阳能（合肥）有限公司	10
合肥京东方显示技术有限公司	11
阳光新能源开发股份有限公司	12
安徽中烟工业有限责任公司	13
阳光储能技术有限公司	14
合肥美的洗衣机有限公司	15
安徽晶科能源有限公司	16
合肥协鑫集成新能源科技有限公司	17
晶科能源（肥东）有限公司	18
格力电器（合肥）有限公司	19
合肥华凌股份有限公司	20

11—14　工业企业营业收入20强（2023年）

企业名称	位次
联宝（合肥）电子科技有限公司	1
合肥比亚迪汽车有限公司	2
安徽江淮汽车集团股份有限公司	3
国网安徽省电力有限公司	4
阳光电源股份有限公司	5
通威太阳能（合肥）有限公司	6
合肥国轩高科动力能源有限公司	7
合肥晶澳太阳能科技有限公司	8
阳光新能源开发股份有限公司	9
合肥长安汽车有限公司	10
安徽鸿翔建材有限公司	11
合肥鑫晟光电科技有限公司	12
合肥联跃电子有限公司	13
安徽合力股份有限公司	14
合肥美的洗衣机有限公司	15
合肥京东方显示技术有限公司	16
安徽中烟工业有限责任公司	17
阳光储能技术有限公司	18
合肥协鑫集成新能源科技有限公司	19
安徽晶科能源有限公司	20

主要统计指标解释

工业

指从事自然资源的开采，对采掘品和农产品进行加工和再加工的物质生产部门。具体包括：(1)对自然资源的开采，如采矿、晒盐等(但不包括禽兽捕猎和水产捕捞)；(2)对农副产品的加工、再加工，如粮油加工、食品加工、缫丝、纺织、制革等；(3)对采掘品的加工、再加工，如炼铁、炼钢、化工生产、石油加工、机器制造、木材加工等，以及电力、自来水、煤气的生产和供应等。

工业统计调查单位为独立核算法人工业企业。

独立核算法人工业企业指从事工业生产经营活动的单位。独立核算法人工业企业应同时具备以下条件：①依法成立，有自己的名称、组织机构和场所，能够承担民事责任；②独立拥有和使用资产，承担负债，有权与其他单位签订合同；③独立核算盈亏，并能够编制资产负债表。

国有控股企业

指在企业的全部资本中，国家资本股本占较高比例，并且由国家实际控制的企业。包括：（1）在企业的全部实收资本中，国有经济成分的出资人拥有的实收资本（股本）所占企业全部实收资本（股本）的比例大于50%的国有绝对控股。（2）在企业的全部实收资本中，国有经济成分的出资人拥有的实收资本（股本）所占比例虽未大于50%，但相对大于其他任何一方经济成分的出资人所占比例的国有相对控股；或者虽不大于其他经济成分，但根据协议规定拥有企业实际控制权的国有协议控股。（3）投资双方各占50%，且未明确由谁绝对控股的企业，若其中一方为国有经济成分的，一律按国有控股处理。

轻工业

指主要提供生活消费品和制作手工工具的工业。按其所使用的原料不同，可分为两大类：(1)以农产品为原料的轻工业，是指直接或间接以农产品为基本原料的轻工业。主要包括食品制造、饮料制造、烟草加工、纺织、缝纫、皮革和毛皮制作、造纸以及印刷等工业；(2)以非农产品为原料的轻工业，是指以工业品为原料的轻工业。主要包括文教体育用品、化学药品制造、合成纤维制造、日用化学制品、日用玻璃制品、日用金属制品、手工工具制造、医疗器械制造、文化和办公用机械制造等工业。

重工业

指为国民经济各部门提供物质技术基础的主要生产资料的工业。按其生产性质和产品用途，可以分为下列三类：(1)采掘(伐)工业，是指对自然资源的开采，包括石油开采、煤炭开采、金属矿开采、非金属矿开采等工业；(2)原材料工业，指向国民经济各部门提供基本材料、动力和燃料的工业。包括金属冶炼及加工、炼焦及焦炭、化学、化工原料、水泥、人造板以及电力、石油和煤炭加工等工业；(3)加工工业，是指对工业原材料进行再加工制造的工业。包括装备国民经济各部门的机械设备制造工业、金属结构、水泥制品等工业，以及为农业提供的生产资料如化肥、农药等工业。

工业总产值

(1)定义：

工业总产值是工业企业在一定时期内生产的以货币形式表现的工业最终产品或提供工业性劳务活

动的总价值量。它反映一定时间内工业生产的总规模和总水平。

(2)计算原则:

工业生产的原则，即凡是企业在报告期生产的经检验合格的产品，不管是否在报告期销售，均包括在内。

最终产品的原则，即凡是计入工业总产值的产品，必须是本企业生产的经检验合格的，不需要再进行任何加工的最终产品。如果企业有中间产品(半成品)对外销售，则对外销售的中间产品应视为企业的最终产品。

工厂法原则，即工业总产值是以工业企业作为基本计算(核算)单位，即按企业的最终产品计算工业总产值。按这种方法计算的工业总产值，不允许同一产品价值在企业内部重复计算，不能把企业内部各个车间(分厂)生产的成果相加，但允许企业间的重复计算。

(3)内容及计算方法:

工业总产值(新规定)包括三项内容：即本期生产成品价值、对外加工费收入、在制品半成品期末期初差额价值三部分。

本期生产成品价值：指企业本期生产，并在报告期内不再进行加工，经检验、包装入库的全部工业成品(半成品)价值合计，包括企业生产的自制设备及提供给本企业在建工程、其他非工业部门和福利部门等单位使用的成品价值。本期生产成品价值为按自备原材料生产的产品的数量乘以本期不含增值税(销项税额)的产品实际销售平均单价计算；会计核算中按成本价格转账的自制设备和自产自用的成品，按成本价格计算生产成品价值。生产成品价值中不包括用订货者来料加工的成品(半成品)价值。

对外加工费收入：指企业在报告期内完成的对外承接的工业品加工(包括用订货者来料加工产品)的加工费收入和对外工业修理作业所取得的加工费收入。对外加工费收入按不含增值税(销项税额)的价格计算，可根据会计“产品销售收入”科目的有关资料取得。

对于本企业对内非工业部门提供的加工修理、设备安装的劳务收入，如果企业会计核算基础较好，能取得这部分资料，而且这部分价值所占比重较大，应包括在对外加工费收入中。

自制半成品在制品期末期初差额价值：指企业报告期在制品期末减期初的差额价值，本指标一般可以从会计核算资料中取得。如果会计产品成本核算中不计算半成品、在制品的成本，则总产值中也不包括这部分价值，反之则包括。

工业增加值

指工业企业在报告期内以货币表现的工业生产活动的最终成果。

工业增加值有两种计算方法：一是生产法，即工业总产出减去工业中间投入加上应交增值税；二是收入法，即从收入的角度出发，根据生产要素在生产过程中应得到的收入份额计算，具体构成项目有固定资产折旧、劳动者报酬、生产税净额、营业盈余，这种方法也称要素分配法。

资产总计

指企业拥有或控制的能以货币计量的经济资源，包括各种财产、债权和其他权利。资产按流动性分为流动资产、长期投资、固定资产、无形资产、递延资产和其他资产。该指标根据企业会计“资产负债表”中“资产总计”项目的期末数增列。

流动资产

指企业可以在一年内或者超过一年的一个生产周期内变现或者耗用的资产，包括现金及各种存款、短期投资，应收及预付款项、存货等。

固定资产原价

指企业在建造、购置、安装、改建、扩建、技术改造某项固定资产时所支出的全部货币总额。它一般包括买价、包装费、运杂费和安装费等。

负债合计

指企业所承担的能以货币计量，将以资产或劳务偿付的债务，偿还形式包括货币、资产或提供劳务。负债一般按偿还期长短分为流动负债和长期负债。根据会计“资产负债表”中“负债合计”的年末数填列。

所有者权益合计

指企业投资人对企业净资产的所有权。企业净资产为企业全部资产与企业全部负债的差额，包括实收资本、资本公积、盈余公积、未分配利润等。根据会计“资产负债表”中“所有者权益”项的期末数填列。

营业收入

指企业从事销售商品、提供劳务和让渡资产使用权等生产经营活动形成的经济利益流入。包括“主营业务收入”和“其他业务收入”。根据会计“利润表”中“营业收入”项目的本年累计数填报。

营业成本

指企业从事销售商品、提供劳务和让渡资产使用权等生产经营活动发生的实际成本。“营业成本”应当与“营业收入”进行配比。包括“主营业务成本”和“其他业务成本”。根据会计“利润表”中“营业成本”项目的本年累计数填报。

税金及附加

指企业因从事生产经营活动按税法规定应缴纳的消费税、城市维护建设税、资源税、环境保护税、教育费附加、房产税、城镇土地使用税、车船税、印花税等相关税费。根据会计“利润表”中“税金及附加”项目的本年累计数填报。

利润总额

指企业在生产经营过程中各种收入扣除各种耗费后的盈余，反映企业在报告期内实现的盈亏总额，包括营业利润、补贴收入、投资净收益和营业外收支净额。根据会计“利润表”中的对应指标的本期累计数填列。

本年应交增值税

指企业按税法规定，从事货物销售或提供加工、修理修配劳务等增加货物价值的活动本期应交纳的税金。指企业在报告期应交增值税额。计算公式为：

本年应交增值税＝销项税额-（进项税额-进项税额转出）-出口抵减内销产品应纳税额-减免税款+出口退税+简易计税

本年进项税额指工业企业在报告期内购入货物或接受应税劳务而支付的、准予从销项税额中抵扣的增值税额。

本年销项税额指工业企业在报告期内销售货物或提供应税劳务应收取的增值税额。

所得税费用

所得税费用由两部分组成：当期所得税和递延所得税。当期所得税是指企业按照税法规定计算确定的针对当期发生的交易和事项，应交纳给税务部门的所得税金额，即应交所得税。递延所得税是指按照所得税准则规定应予确认的递延所得税资产和递延所得税负债应有的金额相对于原已确认金额之间的差异。执行《企业会计准则》或《小企业会计准则》的企业，根据会计“利润表”中“所得税费用”项目的本期金额数填报；执行其他企业会计制度的企业，根据会计“利润表”中 “所得税”项目的本期金额数填报。

平均用工人数（人）

是指报告期企业平均实际拥有的、参与本企业生产经营活动的人员数。其计算公式为：

月平均人数＝报告月内每天实有人数之和/报告月日历日数

季平均人数＝季内各月平均人数之和/3

年平均人数＝年内各月平均人数之和/12

总资产贡献率

反映企业全部资产的获利能力，是企业经营业绩和管理水平的集中体现，是评价和考核企业盈利能力的核心指标。计算公式为：

总资产贡献率（%）＝（利润总额+税金总额+利息支出）/平均资产总额×100%

税金总额为产品销售税金及附加与应交增值税之和；平均资产总额为期初期末资产之和的算术平均值。

资产负债率

该指标既反映企业经营风险的大小，也反映企业利用债权人提供的资金从事经营活动的能力。计算公式为：

资产负债率（%）＝负债总额/资产总额×100%

资产与负债均为报告期期末数。

流动资产周转次数

指一定时期内流动资产完成的周转次数，反映投入工业企业流动资金的周转速度。计算公式为：

流动资产周转次数产品销售收入/全部流动资产平均余额

全部流动资产平均余额为期初和期末的流动资产之和的算术平均值。

成本费用利润率

反映企业投入的生产成本及费用的经济效益，同时也反映企业降低成本所取得的经济效益。计算公式为：

成本费用利润率（%）＝利润总额/成本费用总额×100%

成本费用总额为产品销售成本、销售费用、管理费用、财务费用之和。

产品销售率

该指标反映工业产品已实现销售的程度，是分析工业产销衔接情况，研究工业产品满足社会需求的指标。计算公式为：

产品销售率（%）＝工业销售产值/工业总产值（现价）×100%

第十二篇

建筑业

简要说明

一、本篇资料反映我市建筑业概况和发展情况，主要包括建筑业企业生产经营情况，指标有企业个数、从业人员数、建筑业总产值、房屋建筑面积、机械设备、资产负债、利润税金、劳动生产率、技术装备等。

二、建筑业企业资料由市统计局固定资产投资统计处提供。资料来源于依据国家统计局制定的《建筑业统计报表制度》收集的有关年报资料（按当年有建筑活动的企业数据汇总）。

12—1 建筑业企业概况

指 标	总 计	国有经济	集体经济
企业单位数 （个）			
2010	703	75	20
2013	840	79	22
2014	856	76	18
2015	867	76	15
2016	901	76	12
2017	953	74	13
2018	1364	73	13
2019	1423	71	11
2020	1622	67	6
2021	1843	74	5
2022	1909	78	8
2023	1989	99	5
从事建筑业活动的平均人数 （万人）			
2010	66.83	29.56	0.51
2013	73.40	25.80	1.54
2014	74.69	26.54	1.89
2015	72.30	23.54	1.64
2016	72.97	24.81	1.53
2017	75.64	23.58	1.68
2018	91.74	3.46	1.81
2019	83.56	26.30	1.49
2020	84.09	28.42	1.86
2021	82.16	28.54	2.06
2022	89.14	31.05	3.99
2023	103.48	40.29	2.15
总 产 值 （万元）			
2010	13595612	7393799	194459
2013	25352143	12849414	58832
2014	28760610	14321786	56559
2015	30065964	14517864	47500
2016	31523631	15147503	46105
2017	34622450	17149502	43285
2018	39192700	20182407	606761
2019	40799710	19878161	766538
2020	44659565	22598241	886552
2021	50815439	26641371	737384
2022	56132673	30961579	1683061
2023	58692122	32807949	1132987

注：统计口径为总承包和专业承包建筑业。

12—2 主要年份建筑业企业主要经济指标

指　　标		2010年	2015年	2020年	2022年	2023年
企业单位数	(个)	703	867	1622	1909	1989
年末从业人数	(万人)	66.83	72.30	84.09	89.14	103.48
自有固定资产原价	(万元)	1636977	2730797	3083325	3110929	3280226
自有固定资产净值	(万元)	1070320	1929989	1664468	1601887	1374982
自有机械设备净值	(万元)	659840	755525	468200	441150	372786
自有机械设备总台数	(台)	120052	166199	89911	91165	59642
自有机械设备总功率	(万千瓦)	228.53	374.08	181.96	177.80	143.80
建筑业总产值	(万元)	13595612	30065964	44659565	56132673	58692122
建筑工程		11916633	26039048	38759701	49407582	50880306
安装工程		1121492	2515456	3814463	4631318	5159596
其　　他		557487	1511461	2085401	2093774	2652221
固定资产本年折旧	(万元)	147126	187549	220469	215144	262313
应付职工薪酬	(万元)		3907108	6652997	6358930	7462073
主营业务收入	(万元)	12798111	26086688	38289076	46449258	47842542
主营业务税金及附加	(万元)	540660	854110	188105	158567	127898
利润总额	(万元)	498995	870173	1179456	1176492	1476341
利税总额	(万元)	1084002	1751991	2220372	2223497	2570528
劳动生产率（按总产值计算）	(元/人)	203436	415873	531104	632321	567172
房屋建筑施工面积	(万平方米)	9008	22429	24904	22202	25906
房屋建筑竣工面积	(万平方米)	3290	6412	5592	5015	5964
技术装备率	(元/人)	11203	10091	5568	4969	3602
动力装备率	(千瓦/人)	3.88	5.00	2.16	2.00	1.39
房屋建筑面积竣工率	(%)	36.53	28.59	22.45	22.59	23.02
产值利润率	(%)	3.67	2.89	2.64	2.10	2.52
产值利税率	(%)	7.97	5.83	4.97	3.96	4.38

注：应付职工薪酬包含应付工资和福利费。

12—3 主要年份国有建筑业企业主要经济指标

指　　标		2010年	2015年	2020年	2022年	2023年
企业单位数	(个)	75	76	67	78	99
年末从业人数	(万人)	29.56	23.54	28.42	31.05	40.29
自有固定资产原价	(万元)	847702	1351925	1550414	1560523	1676370
自有固定资产净值	(万元)	522805	765778	790444	769515	703877
自有机械设备净值	(万元)	417507	289108	221378	254350	254470
自有机械设备总台数	(台)	40045	40273	18328	14535	15117
自有机械设备总功率	(万千瓦)	112.20	131.94	86.86	107.25	103.96
建筑业总产值	(万元)	7393799	14517865	22656568	30961579	32807949
建筑工程		6742691	13249327	20848545	28876417	29667004
安装工程		425619	884638	1331877	1803753	2289396
其　　他		225489	383900	476146	281409	851550
固定资产本年折旧	(万元)	98369	108787	98246	91014	126682
应付职工薪酬	(万元)		1566092	3084446	2839753	3607132
主营业务收入	(万元)	7005711	13308223	20196974	26684725	29496234
主营业务税金及附加	(万元)	315004	413222	53153	56475	53420
利润总额	(万元)	240383	303138	622961	771238	883746
利税总额	(万元)	586036	726000	1050299	1192929	1317940
劳动生产率（按总产值计算）	(元/人)	250129	616732	797323	977070	814358
房屋建筑施工面积	(万平方米)	3353	12439	13395	12399	13648
房屋建筑竣工面积	(万平方米)	773	1880	2114	1860	3150
技术装备率	(元/人)	18113	12570	7791	8027	6316
动力装备率	(千瓦/人)	4.87	5.74	3.06	3.38	2.58
房屋建筑面积竣工率	(%)	23.06	15.12	15.78	15.00	23.08
产值利润率	(%)	3.25	2.09	2.75	2.49	2.69
产值利税率	(%)	7.93	5.00	4.64	3.85	4.02

12—4 建筑业企业主要生产指标（2023年）

项目	企业数(个)	签订的合同额	上年结转合同额	本年新签合同额	直接从建设单位承揽工程完成的产值	自行完成施工产值	分包出去工程产值	从建设单位以外承揽工程完成的产值
合计	**1989**	**132063343**	**61093725**	**70969619**	**50689542**	**49458794**	**1230748**	**9233329**
登记注册统计类别								
内资企业	1986	128438817	58900209	69538608	49753231	48522482	1230748	9233329
港澳台投资企业	2	3621338	2193516	1427823	934398	934398		
外商投资企业	1	3188		3188	1913	1913		
按企业控股情况分								
国有控股	99	88204405	39714761	48489644	28925236	27927194	998042	4880756
集体控股	5	2493528	944752	1548777	1122438	1122438		10548
私人控股	1882	37740884	18240697	19500188	19705557	19472851	232706	4342025
港澳台商控股	2	3621338	2193516	1427823	934398	934398		
外商控股	1	3188		3188	1913	1913		
按国民经济行业分								
房屋建筑业	722	53501414	29786259	23715155	22715281	22145960	569321	3747951
土木工程建筑业	733	67916490	27694065	40222426	22798134	22154486	643648	4456080
#铁路道路隧道和桥梁工程建筑业	504	53123030	21531208	31591822	16654976	16609279	45698	3304888
建筑安装业	179	5678474	1914278	3764196	2522922	2517369	5554	248306
建筑装饰和其他建筑业	355	4966965	1699123	3267842	2653205	2640979	12226	780991
#建筑装饰业	300	4090582	1337274	2753308	2385666	2373440	12226	555112
按资质等级分								
施工总承包	1169	117397466	54709844	62687622	43841759	42638427	1203333	7044073
特级	23	74402225	31729694	42672531	23611049	22989875	621174	2885872
一级	176	32028735	17980623	14048112	15435321	14879596	555725	2009447
二级	428	6594794	2847950	3746845	2912136	2896561	15575	1392571
三级及以下	542	4371711	2151577	2220134	1883254	1872396	10858	756183
专业承包	820	14665878	6383881	8281997	6847783	6820367	27416	2189256
一级	452	9421008	4553260	4867748	4722175	4703153	19022	1505891
二级	254	2347963	910150	1437813	1131176	1123150	8026	443679
三级及以下	114	2896907	920471	1976436	994432	994064	368	239686

单位：万元

建筑业总产值	#装配式建筑工程产值	#装饰装修产值	#在外省完成产值	#建筑工程	安装工程	其　他	竣工产值	房屋建筑施工面积（万平方米）	#本年新开工	房屋建筑竣工面积（万平方米）	房屋竣工价值	从事建筑业活动的平均人数（万人）
58692122	**1358164**	**1856117**	**18975753**	**50880306**	**5159596**	**2652221**	**20355467**	**25906**	**6955**	**5964**	**10442033**	**103**
57755811	1358164	1856117	18406738	49943995	5159596	2652221	20087784	23533	6420	5919	10249065	102
934398			569015	934398			267683	2373	536	45	192968	1
1913				1913								
32807949	553981	301676	14445972	29667004	2289396	851550	11816085	13648	3912	3150	5679319	40
1132987			45084	503216	530482	99289	3664	59	29	2	3664	2
23814875	804183	1554441	3915682	19773775	2339718	1701382	8268035	9827	2478	2766	4566082	60
934398			569015	934398			267683	2373	536	45	192968	1
1913				1913								
25893912	945644	690958	6808959	22872837	1810129	1210945	11827808	22283	5438	5507	9574514	51
26610566	385664	182992	10961450	23568661	2074656	967249	7110766	1729	570	327	683400	39
19914167	9557	72092	8199662	19212921	160044	541202	6172375	941	257	205	581909	25
2765674		83738	278365	1593202	1024752	147720	676700	148	95	26	55039	6
3421970	26856	898428	926979	2845605	250059	326307	740194	1745	853	104	129081	7
2928552	25226	892948	777733	2403427	213268	311856	587264	1611	774	44	102847	6
49682499	1204889	832263	17104822	44319966	3615461	1747072	17901608	22464	5724	5302	9494527	83
25875746	524461	338554	11364132	23211408	2140381	523957	10342213	10406	2439	2227	4465408	35
16889042	332547	326863	5030770	15672879	838917	377247	5915817	10472	2630	2819	4573055	30
4289132	316118	127883	428674	3528321	321110	439701	885577	1293	561	153	289036	12
2628579	31763	38963	281246	1907358	315054	406167	758001	294	94	104	167029	7
9009623	153275	1023854	1870931	6560339	1544135	905149	2453858	3441	1232	662	947506	20
6209043	147296	675555	1539174	4802540	685964	720540	2063985	3120	1085	543	873885	14
1566829	5979	306588	259475	930213	477133	159484	270189	216	94	97	45697	4
1233751		41711	72281	827587	381039	25125	119684	105	52	22	27924	2

12—5 建筑业企业主要财务指标（2023年）

项目	企业数（个）	流动资产合计	存货	固定资产原价	累计折旧	本年折旧
合计	**1989**	**52968316**	**3162979**	**3280226**	**1617313**	**262313**
登记注册统计类别						
内资企业	1986	50382110	3162806	3276250	1615375	262174
港澳台投资企业	2	2580638	173	3937	1900	137
外商投资企业	1	5568		40	38	2
按企业控股情况分						
国有控股	99	31914354	856575	1676370	857234	126682
集体控股	5	1043460	108777	34279	14607	3988
私人控股	1882	17424296	2197454	1565601	743534	131504
港澳台商控股	2	2580638	173	3937	1900	137
外商控股	1	5568		40	38	2
按国民经济行业分						
房屋建筑业	722	23445776	1556427	1089249	470430	69488
土木工程建筑业	733	23772134	1122436	1769026	945710	138034
#铁路道路隧道和桥梁工程建筑业	504	19462501	713153	1400971	755728	114277
建筑安装业	179	3025868	302642	247184	113336	31939
建筑装饰和其他建筑业	355	2724537	181474	174767	87837	22852
#建筑装饰业	300	1826227	159691	113832	56268	18850
按资质等级分						
施工总承包	1169	45388749	2594833	2724601	1341295	190131
特　级	23	25778658	861288	1438411	689211	93072
一　级	176	13619946	1033390	699594	365624	37785
二　级	428	3609585	423907	377591	175505	35791
三级及以下	542	2380561	276248	209006	110956	23483
专业承包	820	7579567	568146	555625	276018	72182
一　级	452	5466418	370338	349710	168835	44419
二　级	254	1223720	126281	106055	55080	10953
三级及以下	114	889429	71527	99860	52103	16810

单位：万元

资产总计	负债合计	所有者权益	实收资本	个人资本	营业收入	主营业务收入	营业成本
65491083	**52229261**	**13260844**	**5642911**	**943148**	**53548670**	**47842542**	**49391941**
62726341	49752500	12972862	5534595	943148	52604700	46899530	48674891
2759170	2475480	283690	105116		942058	941099	715514
5571	1280	4291	3200		1913	1913	1537
40345145	33481567	6863578	3153680	26459	32044741	29496234	29843362
2127537	1775343	352194	57410		1044985	711465	976699
20253659	14495590	5757090	2323504	916689	19514974	16691832	17854829
2759170	2475480	283690	105116		942058	941099	715514
5571	1280	4291	3200		1913	1913	1537
26482882	22043547	4439336	1767862	338367	21485613	20173968	19865028
31759789	24981027	6778762	3172206	404274	25788778	23543353	23888640
25914539	20519338	5395201	2490228	288286	19729113	18088517	18298698
3571296	2732035	838282	314964	71671	3109338	2270697	2763942
3677116	2472652	1204464	387880	128835	3164941	1854525	2874331
2153776	1469535	684241	284069	122745	2624791	1466610	2406684
55535917	44736580	10799338	4809085	704382	44714944	41641605	41414053
33388542	27423841	5964701	2762071	6254	25439351	24256916	23558709
15421249	12144047	3277202	1248502	394514	12335368	11564205	11410090
4097691	3101513	996178	553016	206024	4379972	3830191	4093034
2628435	2067178	561257	245496	97591	2560254	1990293	2352220
9955166	7492681	2461506	833826	238765	8833726	6200937	7977888
6757471	5028259	1729212	589264	151957	6056606	4537734	5448436
2155101	1731226	423875	133873	63652	1638475	1043280	1472871
1042594	733196	308419	110689	23156	1138645	619924	1056581

12—5 续表

项　　目	主营业务成　　本	营业税金及附加	主营业务税金及附加	其他业务利　　润	销售费用	管理费用
合　　计	**44210025**	**166432**	**127898**	**48321**	**172487**	**1307976**
登记注册统计类别						
内资企业	43493804	164906	127885	48321	172487	1306320
港澳台投资企业	714684	1513				1443
外商投资企业	1537	13	13			213
按企业控股情况分						
国有控股	27544293	71061	53420	39908	28900	436982
集体控股	655709	3504	2386		3527	50484
私人控股	15293803	90341	72079	8412	140060	818854
港澳台商控股	714684	1513				1443
外商控股	1537	13	13			213
按国民经济行业分						
房屋建筑业	18608872	79178	63068	7796	30549	421535
土木工程建筑业	21950697	65670	52027	38682	43502	591527
＃铁路道路隧道和桥梁工程建筑业	16914542	47160	40240	30556	20226	403854
建筑安装业	1978436	9792	6952	201	77175	147126
建筑装饰和其他建筑业	1672020	11792	5852	1642	21261	147788
＃建筑装饰业	1324179	9711	5160	1638	13188	116199
按资质等级分						
施工总承包	38686078	136585	110237	47634	61596	902249
特　级	22592501	76210	67958	35162	17444	380630
一　级	10683141	37556	25749	9678	27093	213243
二　级	3588542	14512	10740	1609	11725	161540
三级及以下	1821894	8307	5790	1185	5334	146836
专业承包	5523947	29847	17661	687	110891	405727
一　级	4039853	19293	11173	583	84400	250228
二　级	917276	6914	4469	105	23175	112253
三级及以下	566818	3640	2019		3316	43246

单位：万元

研发费用	财务费用	营业利润	利润总额	所得税费用	应付职工薪酬（本年贷方累计发生额）	应交增值税	建筑业企业在境外完成的营业收入
956515	**315885**	**1468715**	**1476341**	**197773**	**7462073**	**927754**	**1195498**
927904	306801	1282126	1289772	169769	7369286	857605	1195498
28611	9116	186406	186387	27958	92524	70187	
	-32	182	182	46	263	-38	
738301	192313	877356	883746	106401	3607132	363133	1071730
132	4160	57929	59041	10033	222098	7977	
189472	110328	346841	346986	53335	3540056	486496	123768
28611	9116	186406	186387	27958	92524	70187	
	-32	182	182	46	263	-38	
344145	178037	568768	569968	79670	3505434	424894	305634
513342	96021	760756	768657	107013	3012015	384867	858293
399357	87985	595438	597753	82095	2194307	284830	560428
62339	12080	55251	55253	6025	389162	60720	23701
36689	29746	83940	82464	5064	555462	57274	7870
28752	15312	51118	49162	4142	484429	47078	7870
839395	264617	1227212	1232254	178871	6047932	753545	1142289
606281	199064	643419	647781	93588	2761662	310788	949201
189901	35306	489245	486518	69843	2081182	275873	172423
33626	18200	55745	57232	7156	771333	105040	19603
9588	12047	38803	40723	8284	433756	61845	1061
117120	51268	241503	244087	18901	1414141	174209	53209
86659	39336	156794	158227	8621	1047085	93855	30220
13375	7061	57689	59125	5615	242501	40006	22990
17086	4871	27021	26735	4665	124555	40348	

12—6 建筑业企业房屋建筑完成情况（2023年）

项目	房屋建筑竣工面积（万平方米）	国有控股企业	竣工房屋价值（万元）	国有控股企业
合计	**5963.99**	**3150.49**	**10442033**	**5679319**
住宅房屋	4171.51	2119.60	7520579	4218159
商业及服务用房屋	293.97	53.53	708303	122222
办公用房屋	151.66	101.49	388512	261251
科研、教育、医疗用房屋	237.60	163.83	695034	469703
文化、体育、娱乐用房屋	32.56		27097	
厂房及建筑物	517.62	190.93	699759	254626
仓 库	6.49	1.83	11108	6650
其他未列明的房屋建筑物	552.57	519.27	391641	346707

12—7 各县（市）区建筑业企业房屋建筑完成情况（2023年）

地区	房屋建筑竣工面积（万平方米）	住宅	竣工房屋价值（万元）	住宅
合计	**5963.99**	**4171.51**	**10442033**	**7520579**
瑶海区	1345.44	1255.27	2650479	2486989
庐阳区	626.72	377.28	901323	460440
蜀山区	941.03	274.37	1207637	501831
包河区	654.94	485.33	1195323	938671
高新区	974.35	824.50	1991808	1603650
经开区	254.71	147.21	594390	239435
新站区	29.10	13.46	51489	23470
安巢经开区	13.44		34193	
长丰县	160.48	62.32	289629	130360
肥东县	642.21	532.07	887931	693125
肥西县	217.03	166.92	470017	396750
庐江县	59.07	32.29	96189	44857
巢湖市	45.46	0.50	71624	1000

12—8 各县（市）区按登记注册类型和行业分的建筑业企业单位数（2023年）

单位：个

地 区	总 计	内资企业	港澳台商投资企业	外 商投资企业	国有控股	民营控股	房 屋建 筑 业	土木工程建 筑 业	建 筑安 装 业	建筑装饰和其他建筑业
合 计	**1989**	**1986**	**2**	**1**	**99**	**1887**	**722**	**733**	**179**	**355**
瑶 海 区	170	170			10	160	59	42	16	53
庐 阳 区	204	202	1	1	8	194	46	69	26	63
蜀 山 区	122	122			9	113	24	56	14	28
包 河 区	263	263			9	254	76	77	33	77
高 新 区	109	109			22	87	23	41	27	18
经 开 区	91	90	1		7	83	16	39	20	16
新 站 区	42	42			8	34	15	15	6	6
安巢经开区	31	31			2	29	15	14	1	1
长 丰 县	262	262			3	259	132	97	8	25
肥 东 县	206	206			5	201	107	67	11	21
肥 西 县	231	231			13	218	106	91	7	27
庐 江 县	157	157			2	155	62	81	5	9
巢 湖 市	101	101			1	100	41	44	5	11

12—9 各县（市）区按登记注册类型和行业分的建筑业企业总产值（2023年）

单位：万元

地 区	总 计	内资企业	港澳台商投资企业	外 商投资企业	国有控股	民营控股	房 屋建 筑 业	土木工程建 筑 业	建 筑安 装 业	建筑装饰和其他建筑业
合 计	**58692122**	**57755811**	**934398**	**1913**	**32807949**	**24947862**	**25893912**	**26610566**	**2765674**	**3421970**
瑶 海 区	8111823	8111823			5451096	2660727	4604098	2911071	220979	375675
庐 阳 区	5793077	5790205	959	1913	2281732	3508473	2474930	2741917	211924	364305
蜀 山 区	6719246	6719246			5110572	1608674	3017716	3349469	67257	284806
包 河 区	10219015	10219015			6555914	3663101	2427106	6950294	392345	449271
高 新 区	7193474	7193474			4685198	2508276	3435261	2176367	1270740	311106
经 开 区	5839922	4906483	933440		4164866	741616	1986570	3657882	135588	59883
新 站 区	1472607	1472607			1235332	237275	192821	1183509	66883	29394
安巢经开区	127721	127721			24865	102856	59761	67927	18	14
长 丰 县	1923802	1923802			74601	1849202	939135	817592	48239	118838
肥 东 县	3679649	3679649			269885	3409765	2711642	631149	71662	265197
肥 西 县	5033607	5033607			2867346	2166261	3010247	826157	192356	1004847
庐 江 县	1401916	1401916			21694	1380222	355806	912839	77364	55907
巢 湖 市	1176263	1176263			64848	1111414	678820	384395	10321	102727

12—10 各县（市）区建筑业企业生产情况（2023年）

单位：万元

地区	企业单位数（个）	签订的合同额	上年结转合同额	本年新签合同额	直接从建设单位承揽工程完成的产值	自行完成施工产值
合计	**1989**	**132063343**	**61093725**	**70969619**	**50689542**	**49458794**
瑶海区	170	12608186	7291363	5316823	6051016	6044446
庐阳区	204	6503339	3063337	3440001	5486172	5423708
蜀山区	122	12329951	6501741	5828210	6802999	6518689
包河区	263	40129912	12894380	27235532	9706824	9683497
高新区	109	21372401	11380108	9992293	7263303	6877065
经开区	91	16101898	8161693	7940205	4757135	4305655
新站区	42	3653975	2201642	1452333	681285	680261
安巢经开区	31	283151	136494	146656	119122	119122
长丰县	262	3300543	1277611	2022933	1316643	1310378
肥东县	206	4425972	2105411	2320561	2953557	2947924
肥西县	231	8341082	4719932	3621150	4345337	4344816
庐江县	157	1316965	502340	814626	517046	514204
巢湖市	101	1695970	857674	838297	689103	689029

地区	分包出去工程产值	从建设单位以外承揽工程完成的产值	建筑业总产值	#装配式建筑工程产值	#装饰装修产值	#在外省完成产值
合计	**1230748**	**9233329**	**58692122**	**1358164**	**1856117**	**18975753**
瑶海区	6569	2067377	8111823	363987	222102	3205215
庐阳区	62465	369369	5793077	275448	174618	1637185
蜀山区	284311	200558	6719246	137307	438779	1730469
包河区	23327	535518	10219015	120079	377608	4583477
高新区	386238	316409	7193474	81635	238888	2373157
经开区	451480	1534267	5839922	9078	42960	2883001
新站区	1024	792346	1472607	285719	12034	311106
安巢经开区		8599	127721	537	1264	6504
长丰县	6265	613425	1923802	56922	116973	280541
肥东县	5633	731725	3679649		118030	326437
肥西县	521	688791	5033607	18932	70773	904562
庐江县	2842	887712	1401916	3295	4157	372302
巢湖市	74	487234	1176263	5226	37931	361799

12—11 续表

单位：万元

地 区	建筑工程	安装工程	其 他	竣工产值	房屋建筑施工面积(万平方米)	#本年新开工
合 计	**50880306**	**5159596**	**2652221**	**20355467**	**25905.61**	**6955.22**
瑶海区	7279954	281127	550742	3582899	5542.17	1383.58
庐阳区	5188513	299179	305385	1555535	2562.52	433.30
蜀山区	6327754	287887	103605	3070151	2641.56	694.79
包河区	9123109	843064	252842	3937421	3055.20	836.14
高新区	6003875	761763	427837	2857288	3045.49	620.80
经开区	4379518	1342455	117950	1937080	3105.93	634.01
新站区	1354738	28413	89456	85524	277.07	198.48
安巢经开区	112759	9942	5020	41282	22.04	4.17
长丰县	1506250	129610	287942	713981	674.88	342.59
肥东县	3387347	212821	79481	1192837	1789.21	469.28
肥西县	4298238	581822	153547	822390	2680.65	1110.39
庐江县	1126046	71251	204619	332829	298.42	112.13
巢湖市	792205	310263	73795	226249	210.47	115.57

地 区	房屋建筑竣工面积(万平方米)	房屋竣工价值	从事建筑业活动的平均人数(万人)	年末自有施工机械设备净值	年末自有施工机械设备总台数(台)	年末自有施工机械设备总功率(万千瓦)
合 计	**5963.99**	**10442033**	**103.48**	**372786**	**59642**	**143.80**
瑶海区	1345.44	2650479	12.47	45332	1735	10.60
庐阳区	626.72	901323	11.91	6336	29499	2.06
蜀山区	941.03	1207637	8.29	34061	5573	11.63
包河区	654.94	1195323	15.25	136322	3316	60.83
高新区	974.35	1991808	13.80	12412	2236	5.10
经开区	254.71	594390	8.92	51316	4946	23.51
新站区	29.10	51489	2.90	4450	944	2.54
安巢经开区	13.44	34193	0.33	424	18	0.06
长丰县	160.48	289629	3.90	13516	952	3.12
肥东县	642.21	887931	6.49	22566	5429	13.00
肥西县	217.03	470017	10.60	14741	2379	5.58
庐江县	59.07	96189	5.21	29604	2157	5.52
巢湖市	45.46	71624	3.41	1706	458	0.28

12—11 各县（市）区建筑业企业主要财务指标（2023年）

单位：万元

地区	企业数（个）	流动资产合计	存货	固定资产原价	累计折旧	本年折旧	资产总计
合计	**1989**	**52968316**	**3162979**	**3280226**	**1617313**	**262313**	**65491083**
瑶海区	170	6201544	335346	320502	142097	21284	7188927
庐阳区	204	3638395	206092	248064	130367	25054	4296923
蜀山区	122	5983361	315668	273284	144572	16792	6883399
包河区	263	12281682	596477	790195	384404	57345	17362044
高新区	109	8465213	384913	406114	205039	33200	10624358
经开区	91	7240123	348076	311086	158472	15906	8608711
新站区	42	993748	52485	81333	45398	12316	1194776
安巢经开区	31	94250	3435	4773	2830	439	101276
长丰县	262	1300072	184415	164270	77311	16043	1497163
肥东县	206	1735799	331545	147986	72129	15200	1943427
肥西县	231	2936178	251189	170731	92732	26698	3255271
庐江县	157	844411	90364	141941	80838	12089	1007956
巢湖市	101	1253540	62975	219946	81125	9946	1526853

地区	负债合计	所有者权益	实收资本	营业收入	主营业务收入	营业成本	主营业务成本
合计	**52229261**	**13260844**	**5642911**	**53548670**	**47842542**	**49391941**	**44210025**
瑶海区	6109268	1079659	571855	6503095	6281774	6115728	5937798
庐阳区	3332480	964443	429963	4894711	4783934	4493436	4395886
蜀山区	5430702	1452697	715261	5795247	4657329	5367430	4338724
包河区	14241523	3119541	1358432	11977983	10705556	11111308	9999169
高新区	8248214	2376144	852587	7332977	6441354	6614257	5785531
经开区	7231108	1377603	626079	5775265	5548104	5166163	4956854
新站区	1051998	142778	71277	1388515	1200574	1325535	1144514
安巢经开区	83343	17934	1677	108938	71010	102986	66759
长丰县	1071931	425232	210964	1536826	1395979	1415773	1285729
肥东县	1219528	723899	262502	2101840	2082475	1969503	1953655
肥西县	2637113	618158	231093	3845754	2642949	3639808	2513342
庐江县	566268	441688	188790	1221076	1199360	1104602	1085200
巢湖市	1005785	521067	122431	1066445	832143	965413	746866

12—11 续表

单位：万元

地 区	营业税金及附加	主营业务税金及附加	其他业务利润	销售费用	管理费用	研发费用
合 计	**166432**	**127898**	**48321**	**172487**	**1307976**	**956515**
瑶 海 区	15230	11653	29855	3422	113423	114573
庐 阳 区	34328	34026	395	25171	128959	53651
蜀 山 区	12852	11651	8030	10731	155430	125434
包 河 区	33559	28642	581	11828	282084	241223
高 新 区	20484	8066	581	84404	189564	201159
经 开 区	14278	6732	2893	10151	92680	143435
新 站 区	2479	1724		4047	17515	14836
安巢经开区	330	144	-33	437	4603	
长 丰 县	6308	4583		4500	71285	11224
肥 东 县	7248	6876	1422	3057	75420	7011
肥 西 县	10101	6832	4	2486	84362	22647
庐 江 县	5845	4524	1	8171	58598	3661
巢 湖 市	3392	2446	4592	4082	34051	17662

地 区	财务费用	营业利润	利润总额	所得税费用	应付职工薪酬(本年贷方累计发生额)	应交增值税	建筑业企业在境外完成的营业收入
合 计	**315885**	**1468715**	**1476341**	**197773**	**7462073**	**927754**	**1195498**
瑶 海 区	51022	75799	74788	8590	1336345	97285	7870
庐 阳 区	17524	133341	130416	24563	795998	98472	210399
蜀 山 区	15428	118701	119512	21415	427329	74056	
包 河 区	60279	398899	400755	47624	916048	176262	286667
高 新 区	86497	210154	209759	17217	962278	120777	194212
经 开 区	23586	316680	319373	43858	720208	123167	358266
新 站 区	7575	17021	16326	2540	95318	9230	9412
安巢经开区	362	443	576	177	23091	3487	
长 丰 县	5261	25275	27264	4652	260219	45479	50
肥 东 县	10956	30424	35114	7635	386175	56375	
肥 西 县	11289	80238	79547	9366	1100749	54804	128456
庐 江 县	5698	34550	35819	7370	367258	49397	165
巢 湖 市	20407	27191	27093	2766	71057	18963	

主要统计指标解释

建筑业统计单位

指从事房屋、构筑物建造和设备安装活动的法人企业。建筑业法人企业应同时具备的条件是：①依法成立，有自己的名称、组织机构和场所，能够承担民事责任；②独立拥有和使用资产，承担负债，有权与其他单位签订合同；③独立核算盈亏，能够编制资产负债表。

建筑业总产值

指以货币表现的建筑业企业在一定时期内生产的建筑业产品和服务的总和。建筑业总产值包括建筑工程产值、安装工程产值和其他产值三部分内容。

自有机械设备年末总台数

指归本企业所有，属于本企业固定资产的生产性机械设备年末总台数。包括施工机械、生产设备、运输设备以及其他设备。

自有机械设备年末总功率

指本企业自有施工机械、生产设备、运输设备以及其他设备等列为在册固定资产的生产性机械设备年末总功率，按设定能力或查定能力计算。包括机械本身的动力和为该机械服务的单独动力设备，如电动机等。计算单位用千瓦，动力换算可按1马力＝0.735千瓦折合成千瓦数。电焊机、变压器、锅炉不计算动力。

主营业务收入

指企业确认的销售商品、提供劳务等主营业务的收入。根据会计“主营业务收入”科目的期末贷方余额填报。执行《企业会计准则》或《小企业会计准则》的企业，如未设置该科目，以“营业收入”代替填报。

应付职工薪酬

指企业为获得职工提供的服务而给予各种形式的报酬以及其他相关支出。包括职工工资、奖金、津贴和补贴，职工福利费，医疗保险费、养老保险费、失业保险费、工伤保险费和生育保险费等社会保险费，住房公积金，工会经费和职工教育经费，非货币性福利，因解除与职工的劳动关系给予的补偿，其他与获得职工提供的服务相关的支出。

建筑业企业在境外完成的营业收入

指建筑业企业报告期内在国外及港、澳、台等区域所有经营活动的收入总额。

第十三篇

服务业

简要说明

一、本篇资料反映我市第三产业和规模以上服务业发展情况。

二、规模以上服务业企业即国家一套表在统服务业企业。

三、国家服务业一套表企业标准分三类：

1. 辖区内年营业收入 2000 万元及以上服务业法人单位。包括：交通运输、仓储和邮政业，信息传输、软件和信息技术服务业，水利、环境和公共设施管理业三个门类和卫生行业大类。

2. 辖区内年营业收入 1000 万元及以上服务业法人单位。包括：租赁和商务服务业，科学研究和技术服务业，教育三个门类，以及物业管理、房地产中介服务、房地产租赁经营和其他房地产业四个行业小类。

3. 辖区内年营业收入 500 万元及以上服务业法人单位。包括：居民服务、修理和其他服务业，文化、体育和娱乐业两个门类，以及社会工作行业大类。

四、本篇资料由市统计局服务业处整理编制。

13—1 主要年份服务业发展情况

指 标		2015年	2019年	2020年	2022年	2023年
服务业增加值	(亿元)	3093.96	5736.84	6134.56	7275.91	7654.38
增 速	(%)	11.8	7.9	3.0	2.4	5.1
占全市生产总值比重	(%)	53.1	61.2	61.3	60.6	60.4
服务业固定资产投资增速	(%)	17.0	9.3	8.0	3.4	-2.5
服务业投资占固定资产投资比重	(%)	63.3	74.0	76.4	71.1	67.3
服务业新登记注册企业	(户)	95676	212295	203412	252572	289774
增 速	(%)	29.2	20.5	-4.2	-6.4	14.7
占全部新登记注册企业比重	(%)	90.7	89.4	87.5	86.5	88.0
服务业税收收入	(亿元)	552.44	802.81	766.21	783.68	848.74
增 速	(%)	9.6	-2.6	-4.6	-7.9	8.3
占全部社会税收收入比重	(%)	62.3	70.6	69.3	65.5	62.8

注：1．此表服务业口径为全部第三产业。

2．2018年及以前年份服务业增加值根据四经普结果进行了修订。

13—2 规模以上服务业分行业主要经济指标（2023年）

单位：万元

行业	企业数(个)	本年折旧	固定资产原价	资产总计	负债合计	营业收入	营业成本	税金及附加	销售费用
合计	**2351**	**1673330**	**41026581**	**109993077**	**62458084**	**30375017**	**23859199**	**172258**	**1180638**
交通运输、仓储和邮政业	336	972516	30144306	51321760	29226354	7877477	6410014	36048	62045
信息传输、软件和信息技术服务业	485	342771	4572134	14109746	6800780	8428614	5581361	28315	649542
房地产业	224	61271	1499621	6371021	4109066	1371468	1046106	31904	33140
租赁和商务服务业	590	119178	2334420	25618326	14470150	6161022	5468455	42615	119056
科学研究和技术服务业	400	99571	1179501	7733192	5026227	4650988	4009433	24032	133642
水利、环境和公共设施管理业	35	14247	304942	1646660	831031	332133	279191	2239	5168
居民服务、修理和其他服务业	70	7165	51992	166029	154684	209716	161811	602	26334
教育	38	10665	247626	412108	299216	197134	118531	602	33387
卫生和社会工作	77	33715	449642	826131	624011	595215	394368	1667	73304
文化、体育和娱乐业	96	12231	242398	1788105	916566	551249	389930	4235	45019

行业	管理费用	财务费用	投资收益	营业利润	利润总额	所得税费用	应付职工薪酬	应交增值税	期末用工人数(人)
合计	**2331247**	**668610**	**679877**	**1953711**	**2095841**	**423529**	**6859102**	**527073**	**613178**
交通运输、仓储和邮政业	304293	475157	282982	1027816	1100677	203462	1039880	135910	82877
信息传输、软件和信息技术服务业	718750	23882	65357	655074	673355	90600	1746031	114440	101780
房地产业	172092	49040	17033	56468	46151	14740	410446	47640	69888
租赁和商务服务业	422818	107169	265474	332198	352509	45441	1838473	142000	244067
科学研究和技术服务业	436968	-6586	37056	-184530	-162627	50310	1286205	57577	59701
水利、环境和公共设施管理业	32458	7188	3205	12407	22577	3739	78234	7400	13675
居民服务、修理和其他服务业	26368	1396	536	-6710	-5244	1040	65081	3481	11097
教育	31814	2731	-3055	8869	14254	4552	89551	3962	8302
卫生和社会工作	107427	10679	2954	-622	-5772	6671	199406	513	14969
文化、体育和娱乐业	78258	-2044	8336	52740	59960	2974	105795	14149	6822

注：规模以上服务业为国家一套表口径。

13—3 各县（市）区规模以上服务业主要经济指标（2023年）

单位：万元

地区	企业数(个)	本年折旧	固定资产原价	资产总计	负债合计	营业收入	营业成本	税金及附加	销售费用
合计	**2351**	**1673330**	**41026581**	**109993077**	**62458084**	**30375017**	**23859199**	**172258**	**1180638**
瑶海区	166	111338	1355317	3318411	1634558	1361449	1282519	10232	43373
庐阳区	234	191836	7332164	17725474	11621526	2529595	1988887	16817	88066
蜀山区	429	241674	3428864	15605019	8556893	6084951	4764188	28037	265485
包河区	352	737169	21971481	37627762	20553106	4744601	3068706	35194	97616
高新区	367	113665	1940480	12984665	6473611	6787157	4527061	29912	496194
经开区	327	115428	2293597	9969238	5333936	3771229	3680508	24961	73000
新站区	88	46221	731703	6586006	4117886	626756	513886	6236	23206
安巢经开区	25	2179	15941	116047	89176	588100	567784	1819	8473
长丰县	78	28159	686592	1571559	1048324	843778	725458	5188	15181
肥东县	107	29196	257078	900533	709057	1709484	1597677	6178	14525
肥西县	91	33902	617853	2148395	1207016	781844	603686	4963	37025
庐江县	42	9351	139726	558206	370726	119066	117160	910	2774
巢湖市	45	13212	255786	881762	742269	427008	421680	1811	15721

地区	管理费用	财务费用	投资收益	营业利润	利润总额	所得税费用	应付职工薪酬	应交增值税	期末用工人数(人)
合计	**2331247**	**668610**	**679877**	**1953711**	**2095841**	**423529**	**6859102**	**527073**	**613178**
瑶海区	127328	9438	8640	2257	7366	8719	474963	27887	44756
庐阳区	198170	93060	10016	83254	88316	11665	876850	36824	84505
蜀山区	519299	46408	190519	593453	593542	84723	1146193	63314	126557
包河区	351293	422572	315250	1018004	1035239	164745	870195	131262	71325
高新区	554072	13488	85483	565018	569313	84487	1371471	150326	76190
经开区	279332	20027	52784	-365638	-333105	33419	1051511	-1299	79882
新站区	75179	26862	14081	-11391	-5479	6618	146753	6608	13374
安巢经开区	6903	698	-101	5407	5949	1615	9939	18241	1078
长丰县	46427	11009	444	44062	43437	10870	159552	18942	15335
肥东县	59502	5238	-541	24862	33633	5342	480675	42386	69192
肥西县	77603	10508	2643	35271	43608	8010	199437	22123	22627
庐江县	10278	3182	34	319	1045	182	16262	1589	1753
巢湖市	25863	6120	624	-41166	12978	3135	55303	8871	6604

注：规模以上服务业为国家一套表口径。

13—4 服务业企业营业收入20强（2023年）

企 业 名 称	位 次
安徽省交通控股集团有限公司	1
科大讯飞股份有限公司	2
中国移动通信集团安徽有限公司合肥分公司	3
安徽顺丰速运有限公司	4
安徽皖信人力资源管理有限公司	5
中国能源建设集团安徽省电力设计院有限公司	6
合肥市轨道交通集团有限公司	7
中国电信股份有限公司合肥分公司	8
安徽上铁地方铁路开发有限公司	9
安徽皖通高速公路股份有限公司	10
蔚来汽车科技(安徽)有限公司	11
外企德科人力资源服务安徽有限公司	12
合肥三只羊网络科技有限公司	13
正德人力资源股份有限公司	14
安徽智慧皆成数字技术有限公司	15
安徽省交通规划设计研究总院股份有限公司	16
安徽省极兔供应链有限公司	17
中国邮政速递物流股份有限公司安徽省分公司	18
安徽领效传媒科技有限公司	19
安徽省京邦达供应链科技有限公司	20

主要统计指标解释

本年折旧

指企业在报告期内提取的固定资产折旧合计数。可以根据会计“财务状况变动表”中“固定资产折旧”项的数值填报。若企业执行2001年《企业会计制度》,可以根据会计核算中《资产减值准备、投资及固定资产情况表》内“当年计提的固定资产折旧总额”项本年增加数填报。

营业收入

指企业经营主要业务和其他业务所确认的收入总额。营业收入合计包括“主营业务收入”和“其他业务收入”。根据会计“利润表”中“营业收入”项目的本期金额数填报。

营业成本

指企业经营主要业务和其他业务所发生的成本总额。包括企业（单位）在报告期内从事销售商品、提供劳务等日常活动发生的各种耗费。包括“主营业务成本”和“其他业务成本”。根据会计“利润表”中“营业成本”项目的本期金额数填报。

税金及附加

指企业因从事生产经营活动按税法规定应缴纳的消费税、城市维护建设税、资源税、环境保护税、教育费附加、房产税、城镇土地使用税、车船税、印花税等相关税费。根据会计“利润表”中“税金及附加”项目的本年累计数填报。

销售费用

指企业在销售商品和材料、提供劳务的过程中发生的各种费用，包括保险费、包装费、展览费和广告费、商品维修费、预计产品质量保证损失、运输费、装卸费等以及为销售本企业商品而专设的销售机构（含销售网点、售后服务网点等）的职工薪酬、业务费、折旧费等经营费用。

管理费用

指企业为组织和管理企业生产经营所发生的费用，包括企业在筹建期间内发生的开办费、董事会和行政管理部门在企业经营管理中发生的，或者应当由企业统一负担的公司经费等。根据会计“利润表”中“管理费用”项目的本期金额数填报。

财务费用

指企业为筹集生产经营所需资金等而发生的筹资费用,包括企业生产经营期间发生的利息支出(减利息收入)、汇兑损失（减汇兑收益）以及相关的手续费等。根据会计“利润表”中“财务费用”项目的本期金额数填报。

投资收益

指企业确认的投资收益或投资损失，反映企业以各种方式对外投资所取得的收益。根据会计“利润表”中“投资收益”项目的本期金额数填报。如为投资损失以“—”号记。

营业利润

指企业从事生产经营活动所取得的利润。执行《企业会计准则》或《小企业会计准则》的企业，营业利润为营业收入减去营业成本、税金及附加、销售费用、管理费用、财务费用、研发费用、资产减值损失、信用减值损失，再加上公允价值变动收益、资产处置收益、投资收益、净敞口套期收益和其他收益。执行其他企业会计制度的企业，营业利润为营业收入减去营业成本、税金及附加，加上其他业务利润后，再减去销售费用、管理费用、财务费用、研发费用后的金额，应符合以下逻辑关系：营业利润等千营业收入减去营业成本、税金及附加、销售费用、管理费用、财务费用、研发费用。根据会计利润表中“营业利润”项目的本年累计数填报。

应付职工薪酬

指企业为获得职工提供的服务而给予各种形式的报酬以及其他相关支出。包括职工工资、奖金、津贴和补贴，职工福利费，医疗保险费、养老保险费、失业保险费、工伤保险费和生育保险费等社会保险费，住房公积金，工会经费和职工教育经费，非货币性福利，因解除与职工的劳动关系给予的补偿，其他与获得职工提供的服务相关的支出。执行《企业会计准则》或《小企业会计准则》的企业，根据会计科目“应付职工薪酬”的本年贷方累计发生额填报；执行其他企业会计制度的企业，应将本年上述职工薪酬包含的科目归并填报。

期末用工人数

指报告期最后一日 24 时企业实际拥有的、参与本企业生产经营活动的人员数，无论是否从本企业领取劳动报酬均视为用工人数。该指标为时点指标，不包括最后一日当天及以前已经不再参与本企业生产经营活动的人员。

第十四篇

运输和邮电

简要说明

一、交通运输业资料主要包括：铁路、公路、水路、民航四种运输方式完成的客、货运输量，还包括公路里程、公路营运车辆拥有量、公共交通基本情况等。

邮电通信业资料主要包括：全市邮电局（所）及邮路情况，主要邮电业务完成情况，邮电通信发展水平等。

二、有关交通运输资料分别来源于市交通局、市海事局、安徽民航机场集团有限公司等，铁路和民用车辆拥有量资料由省统计局反馈。邮电通信资料来源于市邮政局和安徽省统计局反馈。

三、各部门资料调查及统计单位范围：

1. 铁路资料：包括客、货运输量，资料来源于安徽省统计局反馈，由省统计局反馈全省分站点数据，从中提取属于合肥境内的站点并进行汇总而成。

2. 公路资料：公路线路里程为年末通车里程数（不含在建和未正式投入使用的公路），由市交通局提供。民用和公路营运车辆拥有量分别由省统计局反馈和市交通局提供。

3. 民航运输资料：由安徽民航机场集团有限公司提供合肥机场的客、货运输量数据。

4. 邮电通信资料：邮电通信包括邮政和电信业务。

14—1 主要年份客运量、货运量

指标		2010年	2015年	2020年	2022年	2023年
客运量	**（万人）**	**19804.0**	**14697.3**	**6953.2**	**3778.9**	**7076.2**
民航		208.5	356.2	458.7	311.5	596.7
铁路		1587.5	3105.1	3105.5	2434.5	5013.5
公路		18006.0	11211.0	3355.0	1010.0	1417.0
水运		2.0	25.0	34.0	23.0	49.0
货运量	**（万吨）**	**18873.2**	**32606.3**	**46907.8**	**39641.7**	**46940.9**
民航		1.4	5.1	8.8	7.7	11.5
铁路		150.8	116.6	264.0	320.1	415.4
公路		17401.0	27578.0	39203.0	28546.0	34400.0
水运		1320.0	4906.5	7432.0	10768.0	12114.0

14—2 全社会公路客、货运输量及周转量

指标		2022年		2023年	
		总计	个体经济	总计	个体经济
旅客运输量	（万人）	1010	1	1417	1
旅客周转量	（万人公里）	143537	16	223201	29
货物运输量	（万吨）	28546	615	34400	737
货物周转量	（万吨公里）	2568745	54735	3171210	67937

14—3 主要年份民用车辆拥有量

单位：辆

指标	2010年	2015年	2020年	2022年	2023年
民用汽车合计	393249	1168809	2341024	2727532	2920142
载客汽车	302467	1051933	2160418	2527260	2712575
载货汽车	75932	106900	169294	186214	192718
其他汽车	14850	9976	11312	14058	14849
摩托车	162114	210773	171826	131464	117373
私人汽车合计	250545	964331	2027247	2383531	2558994
载客汽车	231729	939361	1978652	2323395	2491972
载货汽车	14657	19292	44175	55705	62610
其他汽车	4159	5678	4420	4431	4412
私人摩托车	160732	209821	170848	127672	113591

注：2015年及以后民用车辆拥有量相关指标为省统计局反馈数。

14—4 主要年份公路里程

单位：公里

指标	2010年	2015年	2020年	2022年	2023年
公路里程	8512	18860	19981	20154	20583
#晴雨通车里程	8512	18859	19981	20154	20583
#绿化里程	8462	16040	16996	17186	18040
#国道、省道	664	1113	1290	2403	1842
县　道	1384	2311	2301	2124	2218
乡　道	2431	3313	3674	3821	4175
专用公路	37	55			
按公路等级分					
高速公路	305	443	481	569	618
一级公路	101	424	784	872	940
二级公路	533	851	1654	1658	1721
三级公路	1093	1857	2009	2140	2315
四级公路	6466	14378	15053	14914	14989
等外公路	14	906			

14—5 公路营运车辆拥有量

指　　标		2022年		2023年	
		总　计	个体经济	总　计	个体经济
汽　车	（辆）	79453	2297	82076	2375
载客汽车	（辆）	2619	3	2682	2
	（客位）	103660	21	104344	14
#大　型	（辆）	1985		2042	
	（客位）	93219		94205	
中　型	（辆）	443		461	
	（客位）	8905		8590	
载货汽车	（辆）	76834	2294	79394	2373
	（吨位）	1087617	23445	1112720	23838
货　车	（辆）	39831	2149	41159	2177
	（吨位）	556718	22239	569551	22535
普通载货汽车	（辆）	12830	550	13258	558
	（吨位）	179419	5942	183532	6040
#大　型	（辆）	12810	550	13240	558
	（吨位）	179383	5942	183500	6040
中　型	（辆）				
	（吨位）				
专用载货汽车	（辆）	27001	1599	27901	1619
	（吨位）	377299	16297	386019	16495
牵引车	（辆）	20393	108	21072	156
挂　车	（辆）	16610	37	17163	40
	（吨位）	530899	1206	543169	1303

注：按照三年内正常年审车辆的口径统计。

14—6 公共交通

年份	运营车数（辆）	标准运营车数（标台）	运营线路总长度（公里）	客运总量（万人次）	每万人拥有公交车辆（标台）	出租汽车（辆）
2005	2353	2460	495	46895	14	6500
2010	2836	3282	2020	62312	15	8395
2015	5324	6702	4501	69959	27	11553
2017	6966	8737	6317	63528	33	12053
2018	7030	8672	8138	64054	31	11553
2019	7989	9754	10745	65446	34	11553
2020	8370	10209	13740	39156	35	11553
2021	7734	9433	14584	46865	31	11552
2022	6497	7705	14951	34958	24	11552
2023	5989	6962	14998	39155	19	11628

注：每万人拥有公交车辆计算的人口数为市区平均户籍人口，2012年及以后每万人拥有公交车辆计算的人口数含高刘镇和小庙镇。

14—7 邮政局所数及邮递线路（年末数）

年份	邮政局所（处）	邮政信筒信箱（处）	邮路总长度（公里）	汽车邮路	农村投递线路（公里）
2005	158	402	3443	3081	7740
2010	135	295	1301	1301	7240
2015	187	321	1263	1263	12875
2017	185	262	122024	82733	13394
2018	185	245	42020	40904	13843
2019	185	248	45937	44828	14968
2020	187	248	60875	58738	12220
2021	187	249	84169	81160	16006
2022	187	249	93093	59498	13845
2023	197	249			

注：2015年及以前邮路总长度仅包括市邮政公司所属邮路，不含县邮政公司及合肥邮区中心局所属邮路。根据属地原则，2016年以后邮路总长度为合肥市行政区划内邮路总长度。2023年起行业统计调查制度调整部分指标不再统计。

14—8 邮政业务基本情况

年份	邮政业务总量（万元）	函件（万件）	包裹（万件）	汇票（万张）	快递（万件）	报纸累计份数（万份）	杂志累计份数（万份）
2010	24879	5219.00	37.36	23.60		6853.42	563.72
2012	59290	6552.00	35.00	19.00		7796.00	818.00
2013	152565	5584.20	35.05	13.83	5606.73	9337.80	812.15
2014	238966	4389.47	30.04	8.39	10189.61	8939.01	791.41
2015	413722	3259.00	28.26	6.21	18475.21	8932.00	673.00
2016	613465	2790.13	24.93	40.02	30324.15	9848.29	599.48
2017	863431	1505.35	21.11	23.56	39110.83	9719.79	586.84
2018	1034265	1630.39	16.48	15.39	47287.66	9762.75	557.14
2019	1497996	1629.54	11.02	10.88	65195.41	9700.78	483.99
2020	2078178	1082.85	10.42	11.11	88540.43	9572.40	495.48
2021	1250332	1096.95	7.55	6.08	120038.37	12183.95	541.69
2022	1389863	1061.27	11.34	4.39	132838.06	12197.09	550.39
2023	1425755	999.98	11.18	2.86	133727.46	12321.67	497.25

注：1. 2012年及以前邮政业务总量为安徽省统计局反馈数据(仅包含省邮政公司和省邮政速递公司数据)，其中2010年不含速递部分；2013年及以后为市邮政管理局提供数据；2021年邮政业务总量按2020年不变单价计算。
2. 2011年及以后函件、包裹、汇票、报纸累计份数、杂志累计份数为市邮政管理局数据。
3. 包裹统计口径为邮政普遍服务业务，不包含快递业务。

14—9 电信业务基本情况

年份	电信业务总量（万元）	固定电话年末用户（户）	移动电话期末到达户数（户）	固定互联网宽带接入用户（户）
2010	496603	1607481	4213565	537600
2012	763775	1870858	6293733	940508
2013	983239	1792556	7189326	1210016
2014	1203870	1666483	7591336	1417162
2015	1586955	1492721	7761684	1833082
2016	2524964	1345861	7989278	2174645
2017	1872023	1237441	8770065	2581642
2018	4924362	1179133	10065047	3150632
2019	8030376	1277890	10450083	3484927
2020	9931008	1256900	10630216	3909800
2021	1284657	1193758	11086109	4351097
2022	1358711	1161296	11450837	4879947
2023	1491205	1125927	11828226	5445364

注：2011年以后电信业务基本情况指标由安徽省统计局反馈数据；2021年以后电信业务总量按2020年不变单价计算。

主要统计指标解释

公路里程

是指凡达到交通运输部《公路工程技术标准》规定的技术等级公路，并经公路主管部门正式验收交付使用的里程。包括大中城市的郊区公路以及通过城镇街道的里程和桥梁、隧道、渡口的长度，不包括大中城市的街道、厂矿、林区生产用道和农业生产用道的里程。两条或多条公路共同经由同一路段，只计算一次，不得重复计算里程长度。按公路技术等级分：等级公路里程和等外公路里程，等级公路里程可分为高速公路、一级公路、二级公路、三级公路、四级公路里程。

货（客）运量

指在一定时期内，各种运输工具实际运送的货物（旅客）数量。它是反映运输业为国民经济和人民生活服务的数量指标，也是制定和检查运输生产计划、研究运输发展规模和速度的重要指标。货运按吨计算，客运按人计算。货物不论运输距离长短、货物类别，均按实际重量统计。旅客不论行程远近或票价多少，均按一人一次客运量统计；半价票、小孩票也按一人统计。

货物（旅客）周转量

指在一定时期内，由各种运输工具运送的货物（旅客）数量与其相应运输距离的乘积之总和。它是反映运输业生产总成果的重要指标，也是编制和检查运输生产计划，计算运输效率、劳动生产率以及核算运输单位成本的主要基础资料。计算货物周转量通常按发出站与到达站之间的最短距离，也就是计费距离计算。计算公式为：

货物（旅客）周转量＝Σ货物（旅客）运输量×运输距离。

民用汽车拥有量

指报告期末，在公安交通管理部门按照《机动车注册登记工作规范》，已注册登记领有民用车辆牌照的全部汽车数量。汽车拥有量统计的主要分类：根据汽车结构分为载客汽车、载货汽车及其他汽车；根据汽车所有者不同分为个人（私人）汽车、单位汽车；根据汽车的使用性质分为营运汽车、非营运汽车；根据汽车大小规格不同载客汽车分为大型、中型、小型和微型，载货汽车分为重型、中型、轻型和微型。

邮政业务总量

是以货币形式表现的邮政企业为社会提供各类邮政服务的总和。是用于观察邮政业务发展变化总趋势的综合性总量指标。计算公式为：

邮政业务总量＝Σ（各类邮政业务量×不变单价）+出租代维及其他业务收入

电信业务总量

是以货币形式表现的电信企业为社会提供各类通信服务的总和。是用于观察电信业务发展变化总趋势的综合性总量指标。按专业可分为本地网通信业务总量、长途通信业务总量、移动通信业务总量、数据通信业务总量、卫星通信业务总量。按通信范围可分为：国内电信业务总量、国际及港澳台电信业务总量。计算公式为：

电信业务总量＝Σ（各类电信业务量×不变单价）+ 出租代维及其他业务收入

固定电话用户

指实际已接入国家公众固定电话网的全部电话用户。

移动电话用户

指通过移动电话交换机进入移动电话网、占用移动电话号码的全部电话用户。

第十五篇

国内贸易

简要说明

一、本篇资料反映我市国内市场发展情况和批发零售业、餐饮业和住宿业商品经营情况。主要内容有批发零售业商品流通，限额以上批发零售贸易企业、住宿餐饮企业财务状况，社会消费品零售总额、亿元商品交易市场成交情况和连锁企业经营情况等。

二、本篇资料是根据国家统计局的批发零售、住宿餐饮业统计报表制度进行搜集和加工整理。

本资料的调查范围：财务状况报表为各种经济类型的限额以上批发、零售法人企业和住宿、餐饮业法人企业。社会消费品零售总额报表为有零售业务的各种经济类型的企业、行政事业单位。主要采取全面调查方法，局部资料有的以抽样调查推断，有的利用工商、税务等部门的有关资料推算。

三、限额以上批发和零售业、住宿和餐饮业统计限额标准：批发业，年主营业务收入 2000 万元及以上；零售业，年主营业务收入 500 万元及以上；住宿业、餐饮业，年主营业务收入 200 万元及以上。

15—1 社会消费品零售总额

单位：万元

年　　份	全　　市	市　　区	长丰县	肥东县	肥西县	庐江县	巢湖市
1980	63644	38680	6024	10132	8808		
1985	128432	82795	10776	19153	15708		
1990	302206	236408	15457	28694	21647		
1994	756824	486163	26508	54039	33454		
1995	994658	637504	33942	65387	47569		
1996	1232873	786860	39373	71925	62480		
1997	1506509	947672	42543	82762	69891		
1998	1655779	1024184	46412	85970	73392		
1999	1807228	1129232	48857	89913	76138		
2000	1985162	1252677	51041	97348	81607		
2001	2242890	1401400	52311	104111	88169		
2002	2515727	1585450	56018	110357	95867		
2003	2878353	1784755	62740	121000	105837		
2004	3684901	2491157	73543	139769	112770		
2005	4284588	2871047	84436	157730	130717		
2006	5134730	3406370	98712	184844	153172		
2007	6340248	4145313	121633	227716	195361		
2008	8330765	5461331	160658	290328	259757		
2009	9814588	7403851	443893	527104	362083	442598	635059
2010	12389604	9543736	548192	555811	452997	526455	762412
2011	16054091	12383129	713184	723093	596846	673295	964544
2012	18931614	14629012	852030	864234	716662	798698	1070978
2013	22103215	17076941	1006342	1034283	852434	932328	1200887
2014	25273397	19503323	1181072	1215985	1000937	1046593	1325487
2015	28616614	22046257	1371588	1413390	1161890	1172613	1450877
2016	32409942	24866314	1605336	1648468	1356375	1315695	1617755
2017	36570112	27917866	1860663	1926438	1565199	1485174	1814772
2018	40316659	30390067	2161707	2240066	1815280	1670046	2039493
2019	43782159	32510473	2514335	2580897	2060695	1884165	2231595
2020	45137605	33209356	2877470	2707752	2141256	1911845	2289925
2021	51116824	37264375	3340166	3154923	2541902	2196056	2619402
2022	50216208	36124226	3411340	3173360	2624279	2202008	2680994
2023	52708287	38403161	3543720	3259899	2840809	2377887	2282811

注：1. 1992—2019年全市和2009—2019年市区、五县（市）数据根据四经普结果进行了修订。
　　2. 巢湖市包括安巢经开区。

15—2 限额以上批发和零售业商品购进、销售、库存总额（2023年）

项目	法人企业数（个）	年末从业人员数（人）	商品购进总额	#进口额
合计	**2425**	**140962**	**91777236**	**3521412**
批发业	**1474**	**62515**	**74623557**	**3287856**
#国有控股	129	17901	26194928	2654223
按登记注册类型分				
内资企业	1456	57728	61008847	3287856
港、澳、台商投资企业	11	1647	10540023	
外商投资企业	6	3129	3073078	
按批发行业小类分				
农、林、牧产品批发	45	1383	1588543	3990
食品、饮料及烟草制品批发	241	9448	6502743	1154886
#米、面制品及食用油批发	40	1437	2606362	1095398
烟草制品批发	1	1098	1010460	
纺织、服装及家庭用品批发	167	13888	11749973	540047
#服装批发	35	1865	506300	20051
文化、体育用品及器材批发	46	1884	1934550	2025
医药及医疗器材批发	224	14040	7839928	475805
矿产品、建材及化工产品批发	390	8329	22215762	1091095
#煤炭及制品批发	10	269	3390014	
石油及制品批发	24	745	2000940	
金属及金属矿批发	121	2364	9026120	1064102
建材批发	106	2206	4235631	
化肥批发	17	666	1035468	
机械设备、五金交电及电子产品批发	316	12528	21167086	19861
#汽车及零配件批发	62	2656	11071825	9838
五金产品批发	21	281	124365	
电气设备批发	36	852	398811	1772
计算机、软件及辅助设备批发	46	2284	7079907	5527
贸易经纪与代理	2	56	12802	142
其他批发	43	959	1612170	5

单位：万元

商品销售总额	批发额	#出口额	零售额	年末商品库存总额	年末零售营业面积（平方米）
100337067	**79726161**	**2443586**	**20576283**	**5472151**	**6277603**
80272964	**78062139**	**2443586**	**2176965**	**4043030**	**1175610**
28360335	27958042	1385857	391583	1568028	312516
65011183	63813507	2337558	1163816	3354876	1167840
11333743	11322417	97764	11327	260645	270
3926395	2924572	8265	1001823	427509	6600
1370138	1331893	18582	38246	81911	22775
7496249	7163953	140932	320571	552119	144442
2853790	2827482	133684	26308	265286	8084
1470394	1469966		427	22701	1000
12884872	11715013	1008168	1166450	947160	192703
561949	553584	310542	8366	49060	73624
2096076	1924327	62466	164807	179029	22023
8999065	8990825	37065	8241	813197	120562
23245038	23012270	691817	221149	749459	279392
3498325	3495400		2924	9712	91
2113605	1937663	6893	175942	170353	143984
9316612	9315709	523531	903	326034	45777
4632650	4600565	4099	31177	89865	24733
1097419	1086706	31388	2	67991	2497
22471349	22221325	462295	249857	698679	372137
11929408	11883121	328415	46286	302998	112772
141598	137394	22153	4203	4161	3081
438948	418231	65736	20550	20907	13379
7211934	7157562	1052	54372	244841	91157
14301	14301	6931		717	400
1695877	1688233	15330	7645	20759	21176

15—2 续表

项目	法人企业数（个）	年末从业人员数（人）	商品购进总额	#进口额
零售业	**951**	**78447**	**17153679**	**233556**
#国有控股	46	10586	3308351	2341
按登记注册类型分				
内资企业	924	71653	15856957	183510
港、澳、台商投资企业	21	3229	1138928	50046
外商投资企业	6	3565	157794	
按零售行业小类分				
综合零售	93	25441	2849957	5044
#百货零售	46	6315	1500943	2946
超级市场零售	40	17826	1263474	2098
食品、饮料及烟草制品专门零售	74	6174	549253	
纺织、服装及日用品专门零售	61	5618	392536	
#服装零售	34	4449	251281	
文化、体育用品及器材专门零售	32	1740	236587	
#图书、报刊零售	6	1007	153276	
医药及医疗器材专门零售	32	8494	413572	
汽车、摩托车、燃料及零配件专门零售	370	19087	8867559	214077
家用电器及电子产品专门零售	101	4996	1193116	1969
#家用视听设备零售	6	1291	442254	
日用家电设备零售	43	1371	269539	
计算机、软件及辅助设备零售	16	490	100601	1969
通信设备零售	29	1630	246572	
五金、家具及室内装修材料专门零售	14	1155	62621	
货摊、无店铺及其他零售业	174	5742	2588477	12466

单位：万元

商品销售总　额	批发额	零售额	年末商品库存总额	年末零售营业面积（平方米）
20064104	**1664022**	**18399318**	**1429121**	**5101993**
5138655	828639	4310016	121298	1551997
16986708	1350628	15635317	1351739	4669920
1252357	9865	1242493	50753	349386
1825038	303530	1521508	26630	82687
3204850	424471	2780379	157010	1950633
1627755	378125	1249629	52258	1009093
1477842	20850	1456992	98872	882677
667630	72107	595523	53170	133852
550022	28260	521762	111126	342532
371866	4987	366879	71485	310791
197744	3507	194237	44976	46178
103007		103007	11579	25730
499363	4985	494378	65293	224209
10597779	810327	9787452	764691	1794497
1252864	104721	1148144	90426	304250
450100	20131	429970	14794	182730
281561	19999	261563	23987	81726
107486	20461	87026	7009	4294
264209	39906	224302	21939	27056
86768		86768	7040	33454
3007084	215645	2790675	135391	272388

15—3 限额以上批发和零售业企业财务状况（2023年）

项目	流动资产合计	#存货	固定资产原价	累计折旧	#本年折旧
合计	**45406558**	**5315672**	**3407509**	**1509813**	**268237**
批发业	**39117636**	**3873467**	**2061308**	**872097**	**142156**
#国有控股	13542297	1351393	557556	229302	21640
按登记注册类型分					
内资企业	31215876	3119657	1269301	547324	74347
港、澳、台商投资企业	5606060	238875	747381	297799	65947
外商投资企业	2294823	514935	44511	26889	1861
按批发行业小类分					
农、林、牧产品批发	920059	82000	85955	32761	3959
食品、饮料及烟草制品批发	4463931	531253	177787	87958	8782
#米、面制品及食用油批发	1272405	248812	18194	8717	698
烟草制品批发	472919	20128	57443	37784	2598
纺织、服装及日用品批发	4333518	993382	185420	85218	8511
#服装批发	287598	48486	38624	20706	1971
文化、体育用品及器材批发	1934267	142823	68186	23607	2621
医药及医疗器材批发	5221360	811662	312242	148410	20773
矿产品、建材及化工产品批发	7514238	612036	253851	87142	14442
#煤炭及制品批发	494289	8669	32741	7896	1200
石油及制品批发	289097	39188	43853	19001	2901
金属及金属矿批发	3602851	305325	31610	16403	2114
建材批发	1860920	90675	68973	21477	4418
化肥批发	509770	64130	28994	10668	1301
机械设备、五金交电及电子产品批发	13472153	674992	947505	389288	81079
#汽车及零配件批发	5906422	284335	766886	306923	66702
五金产品批发	73296	4949	4933	1742	370
电气设备批发	169317	26944	10995	5101	1104
计算机、软件及辅助设备批发	5839455	190508	25797	12805	3890
贸易经纪与代理	2734	577	335	215	1
其他批发业	1255378	24742	30027	17497	1988

单位：万元

资产合计	负债合计	实收资本	营业收入	营业成本	营业税金及附加	其他业务利润	销售费用	管理费用	财务费用
58640773	**45223096**	**19332660**	**89721319**	**82891655**	**379405**	**109926**	**4244676**	**1547406**	**257736**
49447302	**38499493**	**17159007**	**71746809**	**66962660**	**327945**	**51389**	**2843364**	**1111754**	**185378**
20791046	13754674	3489334	25143518	23780330	217707	16268	434959	225915	93471
40294642	29545076	15138276	57985195	53851241	299164	45076	1950784	876684	259089
6693491	6246844	1939223	10237253	10366125	17386	66	177661	173080	-46600
2455019	2706713	78320	3522724	2743672	11395	6248	714919	61950	-27110
1373080	873692	240276	1293042	1239366	1420	270	22578	18453	7315
5474263	3680057	892911	6852964	6113845	184798	14023	201828	144069	-9909
1367423	1177689	146359	2660820	2600905	3136	5715	26743	18100	7730
497926	43849	769	1301621	896708	175603		16612	50697	-17447
4693583	4550383	213649	11439742	9896331	26961	13493	1314127	132013	-23902
336036	233114	32109	546069	479736	1132	3582	35774	17844	561
2494470	1439151	236777	1676633	1580879	3285	2968	52876	28155	-23974
5835458	4460150	604901	8034619	6649533	44879	7179	728172	346450	57927
13398246	8763184	2675218	20603827	20134050	24175	7045	168270	127269	105304
4039662	1324167	1379926	3039357	3001445	3375	152	803	17746	28823
990729	524692	69505	1879860	1829989	1872	567	36583	11216	4158
4116344	4038756	373681	8304815	8157102	8742	2524	50407	37169	53261
2457175	1629448	607483	4018396	3902859	6790	147	20802	25469	14758
909511	535497	144315	998932	974188	1105	1302	12851	11468	2466
14834799	13447678	12251433	20323082	19858347	31777	3421	346926	303729	60849
6966048	6514592	11927446	10801935	10891214	18100	1704	192924	182458	-44478
78293	57957	7770	128527	115467	193		4264	4800	597
177888	138049	15621	407905	372264	414		14464	12034	1094
5865665	5394515	79833	6383254	6119776	8187	195	46830	52767	91981
2854	1588	224	13453	11977	8		457	716	25
1340549	1283611	43618	1509447	1478334	10643	2991	8130	10902	11742

15—3 续表1

单位：万元

项　　目	营业利润	营业外收入	利润总额	所得税费用	本年应付职工薪酬	本年应交增值税
合　　计	**872134**	**137394**	**970841**	**230021**	**1829671**	**960636**
批发业	**747701**	**109430**	**832710**	**183666**	**1125054**	**779278**
#国有控股	768324	24679	780367	102750	390030	282490
按登记注册类型分						
内资企业	1192339	87315	1256643	175966	889521	656302
港、澳、台商投资企业	-451253	21781	-430622	335	116776	43677
外商投资企业	6642	334	6715	7365	118701	79298
按批发行业小类分						
农、林、牧产品批发	28825	9264	37360	1163	19737	2001
食品、饮料及烟草制品批发	244035	5012	244601	60817	175604	127534
#米、面制品及食用油批发	4283	488	4377	1621	25182	47881
烟草制品批发	179505	1	179185	48283	64990	52355
纺织、服装及日用品批发	77523	6652	83106	20695	267798	178553
#服装批发	12793	622	13296	4228	21300	30279
文化、体育用品及器材批发	80657	509	80400	578	29514	11748
医药及医疗器材批发	246745	36090	274060	50783	196685	196357
矿产品、建材及化工产品批发	379177	13509	386122	23629	149690	69342
#煤炭及制品批发	265168	17	265124	4584	13812	8680
石油及制品批发	-322	244	-128	-239	18471	6644
金属及金属矿批发	-16485	4983	-11941	3500	38869	18701
建材批发	66340	6929	67488	9356	38701	23411
化肥批发	46611	44	46599	2773	11463	3652
机械设备、五金交电及电子产品批发	-298994	32584	-268292	23929	275127	103109
#汽车及零配件批发	-436674	23689	-414383	4444	128495	47471
五金产品批发	3205	119	3215	161	3018	1233
电气设备批发	6540	835	7319	693	12272	2588
计算机、软件及辅助设备批发	66834	865	67821	8674	37662	17786
贸易经纪与代理	270	34	302	11	423	5
其他批发业	-10537	5776	-4948	2061	10477	90629

15—3 续表2

单位：万元

项目	流动资产合计	#存货	固定资产原价	累计折旧	#本年折旧
零售业	**6288922**	**1442204**	**1346201**	**637717**	**126082**
#国有控股	1245430	174996	520460	265569	37077
按登记注册类型分					
内资企业	5854022	1363386	1118661	527664	108769
港、澳、台商投资企业	325535	38982	68385	40172	6423
外商投资企业	109365	39836	159155	69881	10890
按零售行业小类分					
综合零售	1647627	165966	639303	318441	70903
#百货零售	879460	59740	379868	168109	22577
超级市场零售	575994	99520	249597	144653	46803
食品、饮料及烟草制品专门零售	272888	54147	51908	27706	5371
纺织、服装及日用品专门零售	242789	105888	28536	11141	2408
#服装零售	147006	71735	22208	8382	1421
文化、体育用品及器材专门零售	136022	44921	19218	6538	753
医药及医疗器材专门零售	240920	68846	17602	9996	1849
#西药零售	112783	38099	10566	6065	1081
中药零售	122272	30716	6730	3845	766
汽车、摩托车、燃料及零配件专门零售	2237887	727617	510193	229775	36562
#汽车新车零售	1930097	674748	304985	131896	26176
家用电器及电子产品专门零售	764780	96237	12024	7786	1865
#家用视听设备零售	353507	18996	3100	2634	914
日用家电设备零售	259486	26461	4288	2495	489
计算机、软件及辅助设备零售	35047	10074	1674	1292	190
通讯设备零售	63856	20430	1618	815	159
五金、家具及室内装修材料专门零售	45133	9374	28502	11595	3713
货摊、无店铺及其他零售业	700875	169208	38916	14738	2657

15—3 续表3

项目	资产合计	负债合计	实收资本	营业收入	营业成本	营业税金及附加
零售业	**9193471**	**6723603**	**2173653**	**17974510**	**15928995**	**51459**
#国有控股	2622599	919237	275139	4092109	3677250	13141
按登记注册类型分						
内资企业	8207463	6328821	2032122	15146951	13377177	43355
港、澳、台商投资企业	487296	350978	83555	1198809	1062310	6043
外商投资企业	498712	43804	57975	1628751	1489508	2061
按零售行业小类分						
综合零售	2941179	2494362	379882	2607029	2091042	15661
#百货零售	1717886	1227029	120086	1107500	893620	11448
超级市场零售	1017090	1074600	241713	1416936	1136714	3671
食品、饮料及烟草制品专门零售	328565	227009	58161	623221	520732	1003
纺织、服装及日用品专门零售	339724	265692	1056865	496102	378026	1918
#服装零售	234271	197559	1046094	334190	250208	1511
文化、体育用品及器材专门零售	168434	106889	22435	188165	150563	1261
医药及医疗器材专门零售	446659	374473	43486	465137	332966	1224
#西药零售	221106	190342	25086	266878	198624	455
中药零售	219548	181709	18400	192831	129919	758
汽车、摩托车、燃料及零配件专门零售	3240624	1710631	425318	9653189	9083991	22745
#汽车新车零售	2278305	1960702	267483	6470088	6120506	18432
家用电器及电子产品专门零售	841262	774932	49688	1155469	1044920	2167
#家用视听设备零售	401806	365808	20243	410053	376004	1089
日用家电设备零售	281338	271070	14234	269655	241410	416
计算机、软件及辅助设备零售	35780	25431	3902	100129	90591	132
通讯设备零售	65896	61856	7422	242193	219924	367
五金、家具及室内装修材料专门零售	117303	97268	29607	81255	52095	602
货摊、无店铺及其他零售业	769722	672347	108212	2704945	2274660	4879

单位：万元

其他业务利　润	销售费用	管理费用	财务费用	营业利润	营业外收入	利润总额	所得税费用	本年应付职工薪酬	本年应交增 值 税
58537	**1401312**	**435652**	**72358**	**124433**	**27964**	**138131**	**46355**	**704617**	**181358**
4127	211455	87599	10597	128261	3127	125148	15362	126765	37418
53326	1251460	384368	60960	70352	22881	81328	38970	621191	154355
4908	77916	35119	2411	11998	1867	12882	5554	48590	14558
303	71937	16165	8988	42083	3216	43922	1830	34836	12445
20332	330184	140564	32494	34220	8409	37297	9696	196188	39296
4382	82955	86422	12958	45636	1674	45619	7981	63504	16699
12071	230727	47303	19213	-9486	6435	-6403	1684	123928	21307
1616	80128	20464	1908	-3668	2416	-2739	3043	43534	4357
813	85621	21699	5147	3524	1231	4435	2176	51857	10999
565	70388	12233	4259	-4795	957	-3983	221	42154	8308
37	19206	13079	1076	4946	165	4578	261	18334	1396
51	106634	13782	3167	8322	406	8533	3183	58048	8856
51	56653	8815	1500	1423	382	1659	1511	31825	3701
	49870	4641	1667	6523	22	6495	1657	26086	5049
31087	356224	124039	20706	49343	9710	52995	16055	212403	55093
31087	244936	107319	20165	-41147	8106	-34685	8071	163648	31735
4508	76537	32056	4506	-6095	1662	-4800	423	53443	10234
1719	30987	6834	2053	-6116	238	-5938	272	17872	4098
447	18302	8835	1362	-1294	610	-752	71	16480	2392
211	3581	4278	158	683	297	930	7	4739	869
2130	11350	8622	892	1000	186	1004	111	12153	1509
79	22691	11008	1590	-7250	65	-7310	52	14378	2168
14	324089	58962	1763	41091	3900	45142	11467	56432	48960

15—4 限额以上住宿和餐饮业企业财务状况（2023年）

项目	企业数（个）	流动资产合计	#存货	固定资产原价	累计折旧	#本年折旧	资产合计	负债合计	实收资本
合计	**534**	**1112984**	**47519**	**1067668**	**508563**	**52953**	**2499358**	**1811285**	**1163896**
住宿业	**153**	**408326**	**18698**	**738869**	**382518**	**28525**	**1107274**	**906020**	**460738**
#国有控股	18	222206	7894	194747	99375	6187	463638	225191	279728
按登记注册类型分									
内资企业	150	397099	18413	593590	294033	22566	949542	686628	378150
港、澳、台商投资企业	3	11227	285	145279	88485	5959	157733	219392	82588
外商投资企业									
按住宿行业小类分									
旅游饭店	72	359841	15835	673962	359531	24576	989254	769474	434760
经济型连锁酒店	41	17372	522	17188	7223	1259	38731	43364	9923
其他一般旅馆	34	27499	2226	47535	15717	2664	75126	88349	14684
其他住宿服务	3	2400	91	146	34	18	2512	2860	550
餐饮业	**381**	**704658**	**28821**	**328799**	**126045**	**24428**	**1392083**	**905265**	**703158**
#国有控股	5	17768	587	22154	1763	591	44494	46969	1550
按登记注册类型分									
内资企业	376	697698	27708	316962	123933	23278	1354661	875670	694466
集体企业	1	240	6	279	278		242	710	
有限责任公司	363	411990	19933	213731	88836	17293	681554	551039	628934
股份有限公司	4	283262	7555	99795	33543	5850	667404	322536	65000
私营企业	302	540793	23190	278169	107899	19805	1130358	697361	683853
其他企业	65	154459	4298	35356	14480	3339	218601	176213	10081
港、澳、台商投资企业	4	6698	1017	11488	1914	1042	36321	28985	6292
外商投资企业	1	261	96	348	198	109	1101	610	2400
按餐饮行业小类分									
正餐服务	315	364111	18170	193955	73917	14825	790990	518067	652017
快餐服务	36	226659	9251	107051	41315	6616	456416	282601	44654
饮料及冷饮服务业	16	11468	325	4647	1728	878	27068	16626	1950
餐饮配送及外卖送餐服务	9	99442	544	17188	5022	1634	112519	84063	4074
其他餐饮服务	5	2979	531	5958	4063	475	5091	3908	464

单位：万元

营业收入	营业成本	营业税金及附加	其他业务利润	销售费用	管理费用	财务费用	营业利润	营业外收入	利润总额	所得税费用	本年应付职工薪酬
2045685	**1191889**	**6927**	**7723**	**548810**	**246913**	**20396**	**42542**	**10993**	**50484**	**13778**	**442675**
385886	**173682**	**3628**	**623**	**112778**	**92642**	**11652**	**-7244**	**5270**	**-3505**	**1604**	**118532**
151463	65741	1148	265	63313	23398	2587	-4127	829	-3949	382	56274
360286	165745	3541	623	107906	78363	9531	-3558	5177	97	1604	109582
25600	7937	86		4872	14279	2120	-3686	94	-3602		8950
319123	141578	3271	330	95100	73343	11246	-4171	4713	-814	1482	101315
35628	14699	132	21	10742	11121	335	-1323	248	-1213	11	8888
25265	14120	217	52	5296	6383	136	-942	144	-812	105	5952
4325	2594	5		1410	570	-64	-206	47	-169	4	1395
1659799	**1018208**	**3300**	**7100**	**436033**	**154271**	**8744**	**49786**	**5723**	**53988**	**12174**	**324143**
31379	28408	41		1466	4793	1044	-3992	73	-3922	20	10792
1607510	990494	3153	7100	423715	145227	8507	47024	5635	51190	11635	308248
605	271	1		343	157	2	-111	3	-108		317
1048810	628611	2319	7100	284116	104716	6827	22719	4540	26167	6751	194304
553416	358456	803		138369	39817	1659	24333	1046	25001	4869	112330
1205573	744359	2670	7100	309766	122230	6922	29530	4000	32337	6098	251968
396653	242708	452		112719	22303	1564	17522	1586	18831	5523	54667
50068	26840	144		10704	8919	193	3156	67	3198	539	15367
2221	874	2		1614	125	44	-394	21	-399		528
682889	403104	2144	-50	162067	90811	6507	25307	3249	27767	6286	160660
636380	412775	796	241	171100	42750	1568	10474	1321	11353	2296	117419
75768	38945	107	2	22871	7486	252	6307	146	6284	1570	17537
261286	161739	243	6907	78205	13013	406	7889	996	8765	2039	27291
3476	1645	9		1791	211	12	-190	11	-180	-17	1236

15—5 限额以上住宿和餐饮业情况（2023年）

项　　目	法人企业数（个）	年末从业人员数（人）	营业额（万元）	客房数（间）	餐位数（个）	年末餐饮营业面积（平方米）
合　　计	**534**	**66403**	**2155097**	**33248**	**542836**	**2905415**
住宿业	**153**	**14981**	**405770**	**26906**	**86837**	**1183102**
#国有控股	18	6519	162543	4402	37667	296352
按登记注册类型分						
内资企业	150	14039	378577	25717	83319	1165568
港、澳、台商投资企业	3	942	27194	1189	3518	17534
外商投资企业		1		3	4	5
按住宿行业小类分						
旅游饭店	72	12409	335568	16907	79673	854299
经济型连锁酒店	41	1397	36881	6091	1882	203123
其他一般旅馆	34	910	26794	3246	3120	101284
其他住宿业	3	164	4893	535	1642	22136
餐饮业	**381**	**51422**	**1749326**	**6342**	**455999**	**1722313**
#国有控股	5	1531	33016	411	9330	80731
按登记注册类型分						
内资企业	376	47134	1694427	6002	445226	1624243
集体企业	1	45	641		200	1000
有限责任公司	363	31101	1094553	5802	309707	1356320
股份有限公司	4	15742	594403		131197	244093
私营企业	302	38663	1283789	4562	363086	1312760
其他企业	65	8180	405167	1240	77818	287653
港、澳、台商投资企业	4	4213	52548	340	9573	97110
外商投资企业	1	75	2351		1200	960
按餐饮行业小类分						
正餐服务	315	24780	719105	6292	280292	1279004
快餐服务	36	19618	679895		133160	294339
饮料及冷饮服务	16	2173	80196		2566	80478
餐饮配送及外卖送餐服务	9	4640	266603		39346	59900
其他餐饮服务	5	211	3528	50	635	8592

15—6 限额以上批发和零售业销售类值（2023年）

单位：万元

类别	销售总额	批发额	零售额
合计	**97161990**	**76863214**	**20298776**
粮油、食品类	6513229	4590931	1922298
#粮油类	3057277	2771498	285779
肉禽蛋类	654546	406344	248202
水产品类	100017	41386	58631
蔬菜类	245593	87702	157891
干鲜果品类	485061	168420	316641
饮料类	859188	529247	329940
烟酒类	2947205	2310120	637085
服装、鞋帽、针纺织品类	2123043	1055255	1067788
服装类	1367839	511414	856425
鞋帽类	351488	207971	143517
针、纺织品类	403716	335870	67846
化妆品类	1117045	755660	361385
金银珠宝类	978642	742395	236247
日用品类	2769789	1902574	867215
可穿戴智能设备	36620	3677	32944
五金、电料类	240185	206798	33387
体育、娱乐用品类	275393	33913	241480
#照相器材类	35374	4002	31372
书报杂志类	860411	643214	217196
电子出版物及音像制品类	26286	6124	20162
家用电器和音像器材类	9717066	7364662	2352404
中西药品类	8312344	7834915	477429
#西药类	5496086	5095590	400496
中草药及中成药类	830272	799395	30877
文化办公用品类	7334951	6810974	523977
计算机及其配套产品	6585100	6318846	266254
家具类	124711	40088	84623
通讯器材类	1693070	838265	854806
煤炭及制品类	3904148	3904148	
木材及制品类	271461	271461	
石油及制品类	5593050	2417156	3175895
化工材料及制品类	3560259	3560259	
#化肥类	1379214	1379214	
金属材料类	6406040	6406040	
建筑及装潢材料类	4583231	4515088	68143
机电产品及设备类	1575387	1537761	37626
#农机类	41470	41470	
汽车类	18363487	11755305	6608182
种子饲料类	489701	489701	
棉麻类	380146	380146	
其他类	6142522	5961015	181508

15—7 限额以上批发和零售业连锁经营情况（2023年）

指标		全市	直营店	加盟店
门店总数	（个）	5833	5037	796
从业人数	（人）	40121	38879	1242
营业面积	（平方米）	4622705	4556533	66172
连锁门店商品购进额	（万元）	8806442	8689238	117204
#统一配送商品购进额		8535492	8422372	113120
#自有配送中心配送商品购进额		2033396	2007847	25549
非自有配送中心配送商品购进额		174476	165912	8564
连锁门店商品销售额	（万元）	9886561	9756964	129597
#零售额		9460069	9356029	104040

15—8 限额以上住宿和餐饮业连锁经营情况（2023年）

指标		全市	直营店	加盟店
门店总数	（个）	1120	1068	52
从业人数	（人）	21384	21239	145
营业面积	（平方米）	331617	309117	22500
餐位数	（位）	150657	147907	2750
连锁门店商品购进额	（万元）	357545	346537	11008
#统一配送商品购进额		343023	343023	
#自有配送中心配送商品购进额		14523	14523	
非自有配送中心配送商品购进额		267542	267542	
连锁门店营业额	（万元）	703354	699194	4160
#餐费收入		565655	561495	4160
商品销售额		101770	101770	

15—9 各县（市）区社会消费品零售总额（2023年）

单位：万元

地区	社会消费品零售总额	城镇	乡村
合计	**52708287**	**49709187**	**2999100**
瑶海区	4620197	4620197	
庐阳区	8561369	8460494	100875
蜀山区	6735823	6672331	63492
包河区	11557713	11529052	28661
高新区	3077584	3077584	
经开区	2076189	2075493	695
新站区	1380179	1380179	
安巢经开区	394107	375533	18574
长丰县	3543720	3037531	506189
肥东县	3259899	2566790	693108
肥西县	2840809	2206094	634715
庐江县	2377887	1797921	579965
巢湖市	2282811	1909986	372825

15—10 亿元以上商品交易市场情况（2023年）

项目	市场个数（个）	年末总摊位数（个）	总成交额（万元）
合计	**22**	**31654**	**4685985**
综合市场	**6**	**17268**	**3467684**
工业消费品综合市场	1	1200	83620
农产品综合市场	3	3759	3159997
其他综合市场	2	12309	224067
专业市场	**16**	**14386**	**1218301**
建材市场	1	600	21550
金属材料市场	1	145	179180
蔬菜市场	1	298	12129
干鲜果品市场	1	1131	17050
其他农产品市场	2	694	26411
茶叶市场	1	650	75500
烟酒市场	1	565	152652
服装市场	1	3002	400000
家电市场	1	3902	10705
家具市场	1	241	24071
装饰材料市场	2	879	148390
五金材料市场	1	270	10300
机动车零配件市场	1	689	121015
花卉市场	1	1320	19348

15—11　亿元以上商品交易市场摊位分类情况（2023年）

类　　别	年末出租摊位数（个）	总成交额（万元）
合　计	**17425**	**4685985**
粮油、食品类	4121	3289760
饮料类	581	120537
烟酒类	374	119084
服装鞋帽、针、纺织品类	4045	416952
化妆品类	13	179
日用品类	795	22601
五金、电料类	1267	93148
体育、娱乐用品类	186	641
书报杂志类	162	796
家用电器和音像器材类	621	17540
中西药品类	6	1714
文化办公用品类	475	1851
家具类	392	28459
通讯器材类	5	695
木材及制品类	63	27779
化工材料及制品类	7	1888
金属材料类	178	185565
建筑及装潢材料类	1748	202841
机电产品及设备类	327	4491
汽车类	681	123652
棉麻类	256	2987
其他类	1122	22825

主要统计指标解释

社会消费品零售总额

指国民经济各行业直接售给城乡居民和社会集团的消费品总额。它是反映各行业通过多种商品流通渠道向居民和社会集团供应的生活消费品总量，是研究国内零售市场变动情况、反映经济景气程度的重要指标。

社会消费品零售总额包括：⑴售给城乡居民作为生活用的商品和修建房屋用的建筑材料；⑵售给社会集团的各种办公用品和公用消费品；⑶售给机关、团体、学校、部队、企业、事业单位的职工食堂和旅店（招待所）附设专门供本店旅客食用，不对外营业的食堂的各种食品、燃料；企业、单位和国有农场直接售给本单位职工和职工食堂的自己生产的产品；⑷售给部队干部、战士生活用的粮食、副食品、衣着品、日用品、燃料；⑸售给来华的外国人、华侨、港澳台同胞的消费品；⑹居民自费购买的中、西药品、中药材及医疗用品；⑺报社、出版社直接售给居民和社会集团的报纸、图书、杂志，集邮公司出售的新、旧纪念邮票、特种邮票、首日封、集邮册、集邮工具等；⑻旧货寄售商店自购、自销部分的商品；⑼煤气公司、液化石油气站售给居民和社会集团的煤气灶具和罐装液化石油气；⑽农民售给非农业居民和社会集团的商品。不包括售给国民经济各部门企业、事业单位（包括国有经济的农场）生产经营用的各种原材料、燃料、设备、工具等和售给批发零售贸易业、餐饮业作为转卖用的商品，旧货寄售商店受托寄售卖出的商品，服务业的营业收入，邮局出售邮票的收入，自来水、电力、煤气生产（供应）单位的产品供应收入，也不包括农民之间的商品销售。

批发零售业商品购进、销售、库存总额

指各种登记注册类型的批发、零售业（不包括个体）企业（单位）以本企业（单位）为总体的商品购进、销售、库存总额。

商品购进总额

指从本企业（单位）以外的单位和个人购进（包括从境外直接进口）作为转卖或加工后转卖的商品总额。它反映批发零售业从国内、国外市场上购进商品的总量。商品购进总额包括：⑴从工农业生产者购进的商品；⑵从出版社、报社的出版发行部门购进的图书、杂志和报纸；⑶从各种登记注册类型的批发零售贸易企业（单位）购进的商品；⑷从其他单位购进的商品，如从机关、团体、企业等单位购进的剩余物资，从餐饮业、服务业购进的商品，从海关、市场管理部门购进的缉私和没收的商品，从居民手中收购的废旧商品等；⑸从国（境）外直接进口的商品。不包括企业（单位）为自身经营用和未通过买卖行为而收入的商品以及销售退回、商品升溢等。

商品销售总额

指对本企业（单位）以外的单位和个人出售（包括对境外直接出口）的商品总额。它反映批发零售业在国内市场上销售商品以及出口商品的总量。商品销售总额包括：⑴售给城乡居民和社会集团消费用的商品；⑵售给工业、农业、建筑业、运输邮电业、批发零售业、餐饮业、服务业等作为生产、经

营使用的商品；⑶售给批发零售业作为转卖或加工后转卖的商品；⑷对国（境）外直接出口的商品。不包括出售本企业（单位）自用的废旧包装用品；未通过买卖行为付出的商品；经本单位介绍，由买卖双方直接结算，本单位只收取手续费的业务；购货退出的商品以及商品损耗和损失等。

批发零售业库存

指报告期末各种登记注册类型的批发零售企业（单位）已取得所有权的商品。它反映批发零售企业（单位）的商品库存情况和对市场商品供应的保证程度。期末库存包括：⑴存放在批发零售贸易业经营单位（如门市部、批发站、经营处）仓库、货场、货柜和货架中的商品；⑵挑选、整理、包装中的商品；⑶已记入购进而尚未运到本单位的商品，即发货单或银行承兑凭证已到而货未到的部分；⑷寄放他处的商品，如因购货方拒绝承付而暂时存放在购货方的商品和已办完加工成品收回手续而未提回的商品；⑸委托其他单位代销（未作销售或调出）尚未售出的商品；⑹代其他单位购进尚未交付的商品。不包括所有权不属于本单位的商品、拨付除批发零售贸易业以外的其他行业所属独立核算加工厂等加工生产尚未收回成品的商品、代国家物资储备部门保管的商品等。

库存总额采用的计算价格是：农副产品采购单位按购进价计算；批发单位按进货价计算；零售单位按核算价格计算，即按什么价格核算就按什么价格计算。

第十六篇

对外经济贸易和旅游业

简要说明

旅游业发展情况：入境国际旅游（外国人、华侨、港澳同胞和台湾同胞）人数、不同经济类型的涉外饭店数量及规模情况及国内旅游，资料来源于市文旅局。

进出口及利用外资数据来源于市商务局。

16—1 主要年份进出口总额

单位：万美元

指　　标	2010年	2015年	2018年	2019年	2020年	2021年	2022年	2023年
进出口总额	**995755**	**2033784**	**3081266**	**3220976**	**3748680**	**5146039**	**5428072**	**5090829**
市　属	645552	1532214	2543726	2686274				
省　属	350203	501570	537540	534702				
出口总额	**562568**	**1370861**	**1824609**	**2019895**	**2279599**	**3141250**	**3452284**	**3306124**
市　属	319818	1072808	1599693	1806440				
省　属	242750	298053	224916	213455				
进口总额	**433187**	**662923**	**1256657**	**1201081**	**1469081**	**2004789**	**1975787**	**1784705**
市　属	325734	459406	944033	879834				
省　属	107453	203517	312624	321247				

16—2 主要年份实际利用外资

单位：万美元

指　　标	2010年	2015年	2018年	2019年	2020年	2021年	2022年	2023年
新成立外资企业　（户）	72	116	140	127	167	175	140	205
新批合同外资	74306	80397	161930			394769		
实际利用外资	143016	252644	323000	339150	359500			
外商直接投资（FDI）*	109584	250678	323000	339150	359500	115313	120517	103200
对外借款	14223							
外商其他投资	19209	1966						

注：2021年起数据调整为商务部口径外商直接投资（FDI），以前年度数据仍为老口径。

16—3 对外承包工程和劳务合作

年份	对外承包工程合同数（份）	对外承包工程合同金额（万美元）	对外承包工程完成营业额（万美元）
2010	33	143294	155698
2015	89	209035	188541
2016	31	166355	223013
2017	76	304267	244484
2018	116	367245	169156
2019	220	126021	219215
2020	52	223595	175649
2021	68	333810	161958
2022	84	40456	17074
2023	65	342026	178317

年份	对外劳务合作本年派出人数（个）	对外劳务合作期末在外人数（个）
2010	8168	
2015	5774	
2016	3541	
2017	3100	
2018	3780	
2019	6175	
2020	5473	7041
2021	5077	8832
2022	2656	4490
2023	4410	5696

16—4 主要年份旅游业发展情况

指　　标		2010年	2015年	2020年	2022年	2023年
旅行社总数	(个)	158	285	374	435	573
组团社		11	35	44	43	44
国内旅行社		147	250	330	392	529
旅行社职工人数	(人)	7900	7125	3316	2466	2902
组团社		550	1225	1535	945	983
国内旅行社		7350	5900	1781	1521	1919
入境旅游人数	(万人次)	24.28	41.31	1.64	1.11	6.21
外 国 人		18.94	30.67	1.35	0.70	4.20
港澳和台湾同胞		5.35	10.64	0.29	0.41	2.01
国内旅游人数	(万人次)	2670.00	7784	8108	8177	13886
旅游收入	(亿元)	247.20	975.07	976.78	1006.51	1870.72
国际旅游外汇收入	(万美元)	15000	33100	1200	779	5771
国内旅游收入	(亿元)	237.00	953.22	975.97	1005.97	1866.68
星级宾馆	(个)	49	68	46	43	37

16—5 主要年份旅游星级宾馆

指　　标		2010年	2015年	2020年	2022年	2023年
旅游星级宾馆	(个)	49	68	46	43	37
五星级		5	11	10	10	10
四星级		13	21	19	18	16
三星级		20	29	14	13	10
二星级		11	7	2	2	1
旅游涉外或星级宾馆						
客　房	(间)	7856	12095	9551	8870	8110
床　位	(张)	13340	19574	14745	13717	12248
客房出租率	(%)	68.0	56.0	43.5	45.1	55.7
经营情况						
营业收入	(亿元)	13	16	12	11	14
利润总额	(万元)	22498	-28841	-57672	-9286	3694

16—6 省级文物保护单位

名　　称	地　址	年　代	公布时间	级　别
古遗址				
银山智人遗址	巢湖市	旧石器时代	2013年3月	全国重点文物保护单位
合肥曹魏新城遗址	合肥市	三国	2019年10月	全国重点文物保护单位
大城头遗址	肥东县	新石器时代	1981年9月	
大陈墩遗址	肥东县	新石器时代	1981年9月	
龙城遗址	肥东县	汉	1981年9月	
教弩台旧址	合肥市	清	1981年9月	
古埂遗址	肥西县	新石器时代	1998年5月	
汤池果树窑址	庐江县	宋	2004年10月	
三官殿遗址	庐江县	新石器时代、周	2019年3月	
城池村古城址	庐江县	汉	2019年3月	
慕容城遗址	庐江县	商周、汉、东晋	2019年3月	
古城宣遗址	肥东县	商周	2019年3月	
古墓葬				
吴复墓	肥东县	明	2019年10月	全国重点文物保护单位
周瑜墓	庐江县	三国	1989年5月	
放王岗古墓群	巢湖市	汉	1998年5月	
何堿墓	庐江县	唐	2004年10月	
孝子墩古墓	长丰县	清	2004年10月	
舒王墩汉墓	肥西县	汉	2019年3月	
古建筑				
姥山塔	巢湖市	明清	2019年10月	全国重点文物保护单位
包公祠	合肥市	清	1981年9月	
中庙	巢湖市	清	1998年5月	
武壮公祠	庐江县	清	1998年5月	
振湖塔	肥东县	清	1998年5月	
包氏宗祠	肥东县	清	1998年5月	
庐州府城隍庙	合肥市	清	2004年10月	
大孔祠堂	合肥市	清	2004年10月	
唐五房圩转心楼	肥西县	清	2004年10月	
父子进士祠堂	肥东县	清	2004年10月	
柘皋李氏当铺	巢湖市	清	2019年3月	
烔炀李氏当铺	巢湖市	清	2019年3月	
吴公祠	庐江县	清	2019年3月	
吴氏旧居	肥东县	清	2019年3月	
石窟寺及石刻				
王乔洞石窟造像	巢湖市	宋-明	1981年9月	
近现代重要史迹及代表性建筑				
渡江战役总前委旧址	肥东县	1949年	1996年11月	全国重点文物保护单位
刘铭传旧居	肥西县	清	2006年5月	全国重点文物保护单位
冯玉祥旧居	巢湖市	1936-1937年	2006年5月	全国重点文物保护单位
安徽省博物馆陈列展览大楼	合肥市	1956年	2013年3月	全国重点文物保护单位
李氏家族旧宅	合肥市	清	2013年3月	全国重点文物保护单位
张治中故居	巢湖市	1890年	2019年10月	全国重点文物保护单位
李鸿章享堂	合肥市	清	2004年10月	
李克农故居	巢湖市	清	2004年10月	
三河大捷遗迹及古民居	肥西县	清、近代	2004年10月	
江淮大戏院主体建筑	合肥市	1956年	2007年8月	
孙立人故居	庐江县	清末民国	2012年6月	
巢湖李家大院	巢湖市	1929年	2012年6月	
安徽农业大学主教学楼	合肥市	1953年	2012年6月	
安徽省地质博物馆陈列大楼	合肥市	1954年	2012年6月	
安徽大学龙河校区教学主楼	合肥市	1958年	2012年6月	
合肥工业大学屯溪路校区主教学楼	合肥市	1958年	2012年6月	
安徽省图书馆主楼	合肥市	1958年	2012年6月	
普仁医院旧址	巢湖市	1936年	2012年6月	

主要统计指标解释

进出口总额

指实际进出我国国境的货物总金额。包括对外贸易实际进出口货物，来料加工装配进出口货物，国家间、联合国及国际组织无偿援助物资和赠送品，华侨、港澳台同胞和外籍华人捐赠品，租赁期满归承租人所有的租赁货物，进料加工进出口货物，边境地方贸易及边境地区小额贸易进出口货物（边民互市贸易除外），中外合资企业、中外合作经营企业、外商独资经营企业进出口货物和公用物品，到、离岸价格在规定限额以上的进出口货样和广告品（无商业价值、无使用价值和免费提供出口的除外），从保税仓库提取在中国境内销售的进口货物，以及其他进出口货物。进出口总额用以观察一个国家在对外贸易方面的总规模。我国规定出口货物按离岸价格统计，进口货物按到岸价格统计。

利用外资

指我国各级政府、部门、企业和其他经济组织通过对外借款、吸收外商直接投资以及用其他方式筹措的境外现汇、设备、技术等。

外商直接投资

指外国企业和经济组织或个人（包括华侨、港澳台胞以及我国在境外注册的企业）按我国有关政策、法规，用现汇、实物、技术等在我国境内开办外商独资企业、与我国境内的企业或经济组织共同举办中外合资经营企业、合作经营企业或合作开发资源的投资（包括外商投资收益的再投资），以及经政府有关部门批准的项目投资总额内企业从境外借入的资金。

对外借款

是我国利用外资的重要部分。指通过对外正式签订借款协议，从境外筹措的资金，包括外国政府贷款、国际金融组织贷款、外国银行商业贷款、出口信贷以及对外发行债券等。1996 年及以前还包括对外发行股票。

外商其他投资

指除对外借款和外商直接投资以外的各种利用外资的形式。包括企业在境内外股票市场公开发行的以外币计价的股票（目前主要是在香港证券市场发行的 H 股和在境内证券市场发行的 B 股）发行价总额，国际租赁进口设备的应付款，补偿贸易中外商提供的进口设备、技术、物料的价款，加工装配贸易中外商提供的进口设备、物料的价款。

对外承包工程

指各对外承包公司以招标议标承包方式承揽的下列业务：⑴承包国外工程建设项目，⑵承包我国对外经援项目，⑶承包我国驻外机构的工程建设项目，⑷承包我国境内利用外资进行建设的工程项目，⑸与外国承包公司合营或联合承包工程项目时我国公司分包部分，⑹对外承包兼营的房屋开发业务。对外承包工程的营业额是以货币表现的本期内完成的对外承包工程的工作量，包括以前年度签订的合同和本年度新签订的合同在报告期内完成的工作量。

对外劳务合作

指以收取工资的形式向业主或承包商提供技术和劳动服务的活动。我国对外承包公司在境外开办的合营企业，中国公司同时又提供劳务的，其劳务部分也纳入劳务合作统计。劳务合作营业额按报告期内向雇主提交的结算数（包括工资、加班费和奖金等）统计。

对外设计咨询

指以服务成果向业主收费的技术服务项目。包括承担地形地貌测绘，地质资源勘探与普查，建设区域规划，提供设计文件、图纸、生产工艺技术资料和工程技术经济咨询，工程项目的可行性考察、研究和评估，进行技术指导和培训人员等；也包括承担国（境）内利用外资进行建设的工程项目的上述规定的设计咨询项目的收取外币部分。

旅游人数

包括入境国际旅游人数、出境居民人数和国内旅游人数。

⑴入境国际旅游人数：指来中国参观、访问、旅行、探亲、访友、休养、考察、参加会议和从事经济、科技、文化、教育、宗教等活动的外国人、华侨、港澳同胞和台湾同胞的人数。不包括外国在我国的常驻机构，如使领馆、通讯社、企业办事处的工作人员；来我国常住的外国专家、留学生以及在岸逗留不过夜人员。

⑵出境居民人数：指大陆居民因公务活动或私人事务短期出境的人数。公务活动出境居民人数包括在国际交通工具上的中国服务员工，因私出境居民人数不包括在国际交通工具上的中国服务员工。

⑶国内旅游人数：指我国大陆居民和在我国常住 1 年以上的外国人、华侨、港澳台同胞离开常住地在境内其他地方的旅游设施内至少停留一夜，最长不超过 6 个月的人数。

国际旅游（外汇）收入

指入境旅游的外国人、华侨、港澳同胞和台湾同胞在中国大陆旅游过程中发生的一切旅游支出，对于国家来说就是国际旅游（外汇）收入。

第十七篇

教育、科技

简要说明

一、本篇反映我市的教育事业的发展情况和科技活动基本情况。

二、教育部分包括高等教育、中等教育、初等教育、幼儿教育、特殊教育和成人教育等，主要指标有各类学校数、在校生数、招生数、毕业生数、教职工数、专职教师数等。教育统计资料主要由市教育局提供，技工学校的资料由市人社局提供。

三、科技活动部分主要包括我市规模以上工业科技活动发展状况的资料，反映规模以上工业企业科技活动机构数、人员数和研发经费收支等情况。

四、全市专利申请量和授权量，由市市场监督管理局提供。

17—1 主要年份教育事业基本情况

指 标		2010年	2015年	2020年	2022年	2023年
学校数	**(所)**	**1538**	**1973**	**2229**	**2490**	**2470**
普通高等学校		44	50	54	54	54
成人高等院校		4	4	4	4	4
中等学校		333	435	392	366	363
#普通中等专业学校		38	34	52	49	48
成人中等专业学校		10	9			
普通中学		246	360	340	317	315
职业中学		39	32			
技工学校		28	28	26	26	26
小 学		663	584	481	470	441
幼儿园		460	866	1266	1563	1573
特殊教育		4	6	6	7	9
专任教师数	**(人)**	**67222**	**95162**	**120406**	**139787**	**143799**
普通高等学校		20294	25639	28111	33342	35771
成人高等院校		647	651	527	223	206
中等学校		23102	32722	37730	40607	40566
#普通中等专业学校		2216	2575	4233	5678	5134
成人中等专业学校		195	102			
普通中学		19596	29246	33497	34929	35432
职业中学		1095	799			
技工学校		1462	1158	2121	3923	3866
小 学		16876	24620	32613	36493	38139
幼儿园		4699	10188	19030	24917	24910
特殊教育		142	184	274	282	341
在校学生数	**(人)**	**1367342**	**1834875**	**2282727**	**2534318**	**2598046**
普通高等学校		372576	615356	759670	876480	922026
成人高等院校		72560	32758	14823	19596	23218
中等学校		469566	477109	545546	551936	538162
#普通中等专业学校		80819	79509	115919	111176	89508
成人中等专业学校		10349	16653			

注：1．2018年起成人中等专业学校和职业中学合并到普通中等专业学校统计，后续各表同上。
2．普通高校包含4所转设独立学院。

17—1 续表

指标	2010年	2015年	2020年	2022年	2023年
普通中学	330244	364642	429627	440760	448654
职业中学	48154	16305			
技工学校	28581	14259	63258	85016	81752
小　学	327880	463662	572838	638097	691058
幼儿园	95103	230637	324760	361241	339776
特殊教育	1076	1094	1832	1952	2054
招生数　（人）	**415644**	**546127**	**724309**	**760364**	**778829**
普通高等学校	118572	205605	270264	288335	310076
成人高等院校	34615	6702	3689	9208	9907
中等学校	148942	152752	186178	188009	182573
#普通中等专业学校	25315	24161	42585	36885	30098
成人中等专业学校	4919	4830			
普通中学	107389	118857	143593	151124	152475
职业中学	11319	4904			
技工学校	9845	6857	28401	32810	26192
小　学	57888	82177	104430	120285	143058
幼儿园	45580	91831	131078	121404	106603
特殊教育	202	203	269	313	420
毕业生数　（人）	**391949**	**491003**	**565810**	**661963**	**711653**
普通高等学校	96853	165024	187675	241065	264660
成人高等院校	32229	7924	5000	5256	6199
中等学校	152792	168410	170448	192950	189736
#普通中等专业学校	25714	20910	36975	43723	45879
成人中等专业学校	3878	9391			
普通中学	98523	126529	133473	149227	143857
职业中学	24677	11580			
技工学校	12348	4982	15410	17891	19941
小　学	65271	66257	84749	87208	92799
幼儿园	32340	78262	102292	117258	137928
特殊教育	116	144	236	335	390

17—2 各类学校数

单位：所

年 份	普 通 高等院校	普通中等专业学校	技工学校	普通中学	职业中学	小 学	特殊教育
1980	10	26	4	249	12	2197	1
1985	10	36	22	252	21	1968	1
1990	11	45	12	251	46	1933	1
1994	10	48	24	259	75	1826	2
1995	10	55	23	245	72	1760	1
1996	10	53	24	252	73	1717	4
1997	9	49	24	256	73	1687	5
1998	9	52	34	246	66	1627	5
1999	9	55	23	244	62	1582	5
2000	8	47	22	245	57	1564	5
2001	16	45	22	247	48	1459	6
2002	24	45	22	262	52	1393	5
2003	29	31	17	264	52	1340	6
2004	36	23	24	261	49	1178	5
2005	36	23	25	267	50	1097	4
2006	37	23	25	270	49	915	4
2007	41	21	25	267	54	885	4
2008	42	28	28	261	50	816	4
2009	43	32	28	256	48	730	4
2010	44	38	28	246	39	663	4
2011	48	34	27	361	50	1051	6
2012	50	32	24	363	45	964	6
2013	50	35	15	367	40	894	6
2014	50	33	28	362	36	613	6
2015	50	34	28	360	32	584	6
2016	50	33	31	358	17	551	6
2017	50	33	32	353	16	542	6
2018	50	54	23	350		515	6
2019	51	53	24	340		510	6
2020	54	52	26	340		481	6
2021	54	50	25	339		466	7
2022	54	49	26	317		470	7
2023	54	48	26	315		441	9

17—3 各类学校在校学生数

单位：人

年 份	普 通 高等院校	普通中等 专业学校	技工学校	普通中学	职业中学	小 学	特殊教育
1980	16938	7571	2235	189743	3144	520828	151
1985	24412	13368	4713	167503	7476	456310	188
1990	25583	22506	3807	173592	14320	415220	413
1994	34904	36814	12912	197312	23219	382890	443
1995	35709	44705	13286	218859	28331	393240	560
1996	37108	45711	14960	228977	34909	407548	1376
1997	39311	50874	14206	228398	40868	426808	1944
1998	49187	53728	17000	228591	40442	442400	2211
1999	48017	68215	14900	238294	38138	441144	2438
2000	58897	64046	11294	258138	33194	432103	2316
2001	84159	53646	10826	285474	30593	431815	1924
2002	127248	45192	10628	313007	39629	418510	1925
2003	152502	41163	15700	326587	51456	404124	1689
2004	205059	47211	14475	314275	59644	383347	1502
2005	242120	56412	18428	308990	63361	376111	1340
2006	272855	74364	23727	302903	70301	370343	1326
2007	295819	78501	26422	296340	76136	366524	1363
2008	325358	81521	34477	307959	79527	349033	1170
2009	352091	78102	34477	320227	69770	334192	1102
2010	372576	80819	28581	330244	48154	327880	1076
2011	433054	75804	23415	427960	64125	435430	888
2012	458363	72780	18451	394744	51082	406715	964
2013	557227	74003	15549	379263	44458	426911	1002
2014	578569	76577	13272	367012	24296	442453	1032
2015	615356	79509	14259	364642	16305	463662	1094
2016	621244	76309	18310	369100	14860	482860	1172
2017	616018	74053	32542	380336	8720	501527	1303
2018	622290	107444	44828	393556		531505	1427
2019	684754	113405	53520	418363		548744	1727
2020	759670	115919	63258	429627		572838	1832
2021	836618	122377	76817	440632		601925	1922
2022	876480	111176	85016	440760		638097	1952
2023	922026	89508	81752	448654		691058	2054

17—4 各类学校毕业生数

单位：人

年 份	普 通 高等院校	普通中等 专业学校	技工学校	普通中学	职业中学	小 学	特殊教育
1980	1647	1821	700	68617		64867	16
1985	5231	3892	1000	43430	1442	69376	29
1990	7548	5436	1593	50682	4457	67609	30
1994	7093	9058	2845	50757	6175	69979	80
1995	9802	12275	4019	54644	6412	71696	78
1996	9772	16192	4558	62512	9640	69388	55
1997	8993	14662	5637	70985	8796	67370	65
1998	9868	15281	4500	74212	10749	69681	51
1999	9341	17798	5463	72091	13317	74730	153
2000	9368	18993	6657	70931	13858	80757	81
2001	10484	20906	3516	74048	11247	85443	321
2002	13563	21617	3177	81068	19736	82830	299
2003	21214	16735	3023	91135	9748	81323	168
2004	33506	12386	3714	97609	11734	65363	159
2005	47908	11936	4627	105290	18729	60424	113
2006	58349	15209	5501	102912	19333	61643	131
2007	76426	19893	8627	100580	21602	59482	126
2008	81131	25422	10660	96987	25914	73198	155
2009	83940	26964	10660	95474	29178	68263	128
2010	96853	25714	12348	98523	24677	65271	116
2011	118556	32133	12728	146453	27760	77932	98
2012	122347	24499	9815	143314	23184	74458	132
2013	150052	24242	7412	130599	14365	68542	106
2014	165024	21368	5280	130483	18342	66335	168
2015	165024	20910	4982	126529	11580	66257	144
2016	189293	26669	4300	123346	6323	71773	170
2017	185618	24970	4570	121295	4691	74277	173
2018	191515	30224	6889	122451		75977	200
2019	184688	38248	10846	127114		89689	223
2020	187675	36975	15410	133473		84749	236
2021	201480	35705	15748	133525		86785	311
2022	241065	43723	17891	149227		87208	335
2023	264660	45879	19941	143857		92799	390

17—5 各级各类学校教育情况（2023年）

指　　标	全　市	市　区	长丰县	肥东县	肥西县	庐江县	巢湖市
学校数　（所）	**2470**	**1250**	**260**	**220**	**267**	**285**	**188**
普通高等院校	54	40	2	1	8		3
成人高等院校	4	4					
普通中等专业学校	48	30	7	5	3	2	1
普通中学	315	130	37	28	29	50	41
初　中	216	89	26	16	20	36	29
高　中	99	41	11	12	9	14	12
完　中	38	8	5	6	9	7	3
一贯制学校	84	37	9	10	3	15	10
技工学校	26	26					
小　学	441	179	53	41	50	75	43
幼儿园	1573	838	159	144	176	157	99
特殊教育学校	9	3	2	1	1	1	1
教职工总数　（人）	**187796**	**120657**	**13130**	**14591**	**18241**	**9789**	**11388**
普通高等院校	46840	35927	1205	735	6328		2645
成人高等院校	394	394					
普通中等专业学校	5794	3082	951	1179	291	155	136
普通中学	44844	22810	4431	6181	3507	4234	3681
技工学校	4937	4937					
小　学	34195	20350	2387	3023	3402	2844	2189
幼儿园	50436	32967	4139	3439	4652	2536	2703
特殊教育学校	356	190	17	34	61	20	34

注：根据省教育厅提供的数据，普通高等院校中不含部队院校；在肥4所独立学院转设为普通高校。

17—5 续表1

指　　标	全　市	市　区	长丰县	肥东县	肥西县	庐江县	巢湖市
专任教师数　（人）	**143799**	**90824**	**10489**	**11358**	**13801**	**8127**	**9200**
普通高等院校	35771	26790	1093	582	5008		2298
成人高等院校	206	206					
普通中等专业学校	5134	2913	749	951	265	141	115
普通中学	35432	17845	3407	4647	2825	3640	3068
初　中	21702	11509	1987	2388	1732	2226	1860
高　中	13730	6336	1420	2259	1093	1414	1208
技工学校	3866	3866					
小　学	38139	22993	3060	3402	3346	2948	2390
幼儿园	24910	16034	2163	1743	2296	1379	1295
特殊教育学校	341	177	17	33	61	19	34
在校学生数　（人）	**2598046**	**1715667**	**173436**	**163617**	**266277**	**128630**	**150419**
普通高等院校	922026	679689	27831	15752	145506		53248
#研究生	82484	82484					
成人高等院校	23218	23218					
普通中等专业学校	89508	56121	9479	16058	2775	2428	2647
普通中学	448654	230609	42627	54836	32557	50484	37541
初　中	273593	148398	25672	28890	19553	30010	21070
高　中	175061	82211	16955	25946	13004	20474	16471
技工学校	81752	81752					
小　学	691058	428868	62709	53780	50723	54708	40270
幼儿园	339776	214172	30673	23012	34496	20890	16533
特殊教育学校	2054	1238	117	179	220	120	180

17—5 续表2

指标	全市	市区	长丰县	肥东县	肥西县	庐江县	巢湖市
招生数 （人）	**778829**	**520001**	**47737**	**45596**	**89226**	**33457**	**42812**
普通高等院校	310076	223635	9910	4957	53805		17769
#研究生	27692	27692					
成人高等院校	9907	9907					
普通中等专业学校	30098	20683	1944	4776	1033	781	881
普通中学	152475	79736	14615	17502	11677	16620	12325
初　中	93404	51695	8704	9033	7179	9831	6962
高　中	59071	28041	5911	8469	4498	6789	5363
技工学校	26192	26192					
小　学	143058	91839	12680	10516	11086	9809	7128
幼儿园	106603	67728	8551	7831	11565	6241	4687
特殊教育学校	420	281	37	14	60	6	22
毕业生数 （人）	**711653**	**447341**	**47600**	**54701**	**79754**	**37961**	**44296**
普通高等院校	264660	184194	9580	7283	47205		16398
#研究生	20191	20191					
成人高等院校	6199	6199					
普通中等专业学校	45879	30029	4616	7354	1239	1870	771
普通中学	143857	70522	13336	20962	9798	16296	12943
初　中	88445	44681	8413	11869	5723	10071	7688
高　中	55412	25841	4923	9093	4075	6225	5255
技工学校	19941	19941					
小　学	92799	51510	8968	8325	7163	9835	6998
幼儿园	137928	84704	11063	10735	14300	9959	7167
特殊教育学校	390	242	37	42	49	1	19

17—6 研究生数

单位：人

年 份	在校学生数	硕 士	招 生 数	硕 士	毕 业 生 数	硕 士
2010	29377	25273	10569	9311	7095	6043
2015	37925	32397	13184	11485	11264	10028
2016	38598	32567	13527	11689	11709	10436
2017	43145	35712	16219	14101	12085	10772
2018	47269	38970	17196	14751	12677	11138
2019	51594	42296	18287	15507	13300	11765
2020	60242	49408	23562	20471	12999	11587
2021	70032	57448	25364	21879	14071	12150
2022	78165	64070	26606	22850	16183	14008
2023	82484	67532	27692	23684	20191	17744

17—7 技工学校基本情况

年 份	学 校 数（所）	在校学生数（人）	招 生 数（人）	毕业生数（人）	教职工数（人）
2010	28	28581	9845	12348	1827
2015	28	14259	6857	4982	1274
2016	31	18310	8700	4300	1685
2017	32	32542	19014	4570	1927
2018	23	44828	20832	6889	2340
2019	24	53520	23220	10846	2366
2020	26	63258	28401	15410	2801
2021	25	76817	35275	15748	3600
2022	26	85016	32810	17891	4546
2023	26	81752	26192	19941	4937

17—8 初中毕业生和小学毕业生升学率及小学学龄儿童入学率

单位：人

年 份	初中毕业生升学率			小学毕业生升学率			小学学龄儿童入学率		
	初 中 毕业生数	高 中 招 生 数	升 学 率 (%)	小 学 毕业生数	初 中 招 生 数	升 学 率 (%)	学 龄 儿 童 数	已入学学龄儿童数	入 学 率 (%)
2010	61862	79132	127.92	65271	69810	106.95	317229	317218	100.00
2015	73840	83369	112.90	66257	69383	104.72	446130	453588	101.67
2016	72202	86654	120.02	71773	74920	104.38	458994	473355	103.13
2017	70420	88817	126.12	74277	79556	107.11	469461	490998	104.59
2018	71435	97314	136.23	75977	80338	105.74	499457	521019	104.32
2019	76843	103189	134.29	89689	94829	105.73	506618	538908	106.37
2020	80392	98507	122.53	84749	87671	103.45	522407	564724	108.10
2021	80561	100708	125.01	86785	89925	103.62	549978	592284	107.69
2022	92887	98486	106.03	87208	89523	102.65	580143	627818	108.22
2023	88445	89169	100.82	92799	93404	100.65	632133	679758	107.53

17—9 高等院校研究生基本情况（2023年）

单位：人

院 校	在校生数	博士生	硕士生	招生数	博士生	硕士生	毕 业 生 数	博士生	硕士生
合 计	**82484**	**14952**	**67532**	**27692**	**4008**	**23684**	**20191**	**2447**	**17744**
安徽大学	14198	829	13369	4977	235	4742	3671	134	3537
中国科学技术大学	29941	10457	19484	9732	2821	6911	6074	1828	4246
合肥工业大学	15716	2265	13451	4694	494	4200	3940	232	3708
安徽农业大学	6588	440	6148	2556	109	2447	2179	84	2095
安徽医科大学	8109	759	7350	2849	257	2592	2081	143	1938
安徽中医药大学	3479	196	3283	1215	86	1129	1007	26	981
安徽建筑大学	2750	6	2744	944	6	938	725		725
合肥学院	1210		1210	465		465	285		285
合肥师范学院	493		493	260		260	229		229

17—10 本科院校基本情况一览表（2023年）

单位：人

名称	本专科			教职工人数	
	在校生数	招生数	毕业生数	合计	专任教师
全市	**404274**	**125627**	**106570**	**28755**	**20466**
安徽大学	42068	12374	9454	3362	2429
中国科学技术大学	7951	1951	1813	4232	2274
合肥工业大学	44797	12740	12449	3890	2522
安徽农业大学	39320	15366	11090	2175	1376
安徽医科大学	30712	9766	7615	1649	1202
安徽中医药大学	34055	8905	11342	1849	1452
安徽建筑大学	21725	6369	5357	1541	1247
巢湖学院	17368	4641	4442	1127	909
安徽三联学院	20924	7837	5399	1084	765
合肥学院	20197	3087	5935	1155	1043
安徽新华学院	33710	12205	7211	1352	984
安徽文达信息工程学院	13597	4451	4592	811	523
安徽外国语学院	13158	4284	3948	785	634
合肥师范学院	19337	6540	4533	1253	1089
安徽艺术学院	6082	2339	1466	356	230
合肥城市学院	12835	4523	3433	552	475
合肥经济学院	15795	5710	4025	762	705
安徽大学江淮学院	3333		1239	264	166
安徽医科大学临床医学院	7310	2539	1227	556	441

17—11　高职院校基本情况一览表（2023年）

单位：人

名　　称	本专科			教职工人数	
	在校生数	招生数	毕业生数	合　计	专任教师
全　市	**435268**	**156757**	**137899**	**18085**	**15305**
安徽职业技术学院	21311	6482	7765	1226	1131
安徽水利水电职业技术学院	15752	4957	7283	735	582
万博科技职业学院	10564	2404	3296	238	195
安徽警官职业学院	9519	2850	3378	584	480
安徽工业经济职业技术学院	16103	6310	5047	662	575
合肥通用职业技术学院	6924	2209	3526	393	322
合肥经济技术职业学院	18014	6060	3745	393	327
安徽交通职业技术学院	11138	4398	3631	502	318
安徽体育运动职业技术学院	5747	2086	1708	292	281
安徽医学高等专科学校	14636	5814	5337	752	634
合肥职业技术学院	20085	7418	7931	756	684
安徽广播影视职业技术学院	5727	2088	2466	262	208
合肥滨湖职业技术学院	27626	10374	4461	577	487
安徽电气工程职业技术学院	2180	635	919	268	128
安徽城市管理职业学院	21100	7571	7029	1030	839
安徽工商职业学院	12783	4152	4922	497	465
安徽中澳科技职业学院	7934	3257	2070	365	350
安徽艺术职业学院	4316	1489	1435	447	280
安徽财贸职业学院	20853	7488	7994	1121	1034
安徽国际商务职业学院	15048	5758	4658	708	628
安徽公安职业学院	3414	1279	1015	233	192
安徽林业职业技术学院	5291	2000	1356	337	301
安徽审计职业学院	8703	3138	2708	349	342
安徽新闻出版职业技术学院	8225	2593	2558	392	340
安徽邮电职业技术学院	4396	1103	1027	302	221
合肥财经职业学院	33253	14249	14829	839	695
安徽涉外经济职业学院	89	3	81	18	15
安徽绿海商务职业学院	18043	5521	2706	519	425
合肥共达职业技术学院	12824	5943	1739	167	148
徽商职业学院	6943	2569	1968	300	281
合肥信息技术职业学院	20542	5890	5605	650	567
安徽汽车职业技术学院	6776	2365	2863	404	362
合肥幼儿师范高等专科学校	12474	5985	3144	500	443
安徽粮食工程职业学院	8200	2913	1930	398	374
合肥科技职业学院	18735	7406	5769	869	651

17—12　各县（市）区普通中学教育情况（2023年）

单位：人

地　区	学校数（所）			在校学生数			招生数			毕业生数		
	合计	高中	初中	合计	高中	初中	合计	高中	初中	合计	高中	初中
合　计	**315**	**99**	**216**	**448654**	**175061**	**273593**	**152475**	**59071**	**93404**	**143857**	**55412**	**88445**
市　属	12	12		49902	49639	263	17210	17120	90	15009	14920	89
瑶海区	17	4	13	32676	6499	26177	10922	1689	9233	10309	2569	7740
庐阳区	13	2	11	27324	4251	23073	9667	1406	8261	8188	1525	6663
蜀山区	23	6	17	32556	4851	27705	11321	1674	9647	10395	1625	8770
包河区	28	8	20	41589	7128	34461	14583	2395	12188	13377	2652	10725
高新区	9	1	8	6290	112	6178	2019	44	1975	1747		1747
经开区	14	4	10	21047	3672	17375	7297	1517	5780	5917	930	4987
新站区	14	4	10	19225	6059	13166	6717	2196	4521	5580	1620	3960
长丰县	37	11	26	42627	16955	25672	14615	5911	8704	13336	4923	8413
肥东县	28	12	16	54836	25946	28890	17502	8469	9033	20962	9093	11869
肥西县	29	9	20	32557	13004	19553	11677	4498	7179	9798	4075	5723
庐江县	50	14	36	50484	20474	30010	16620	6789	9831	16296	6225	10071
巢湖市	41	12	29	37541	16471	21070	12325	5363	6962	12943	5255	7688

17—13　各县（市）区职业学校基本情况（2023年）

单位：人

地　区	学校数（所）	教职工数	专任教师	在校学生数	招生数	毕业生数
合　计	**48**	**5794**	**5134**	**89508**	**30098**	**45879**
市　属	3	901	824	15674	5242	4965
瑶海区	3	414	450	4918	1959	1902
庐阳区	2	72	122	570		248
蜀山区	6	496	53	7666	1826	2188
包河区	8	393	399	16322	9792	15550
高新区	1	254	236	2824		1676
经开区	4	411	540	5811	1864	1270
新站区	3	141	289	2336		2230
长丰县	7	951	749	9479	1944	4616
肥东县	5	1179	951	16058	4776	7354
肥西县	3	291	265	2775	1033	1239
庐江县	2	155	141	2428	781	1870
巢湖市	1	136	115	2647	881	771

17—14 各县（市）区小学基本情况（2023年）

单位：人

地　　区	学校数（所）	教职工数	专任教师	在校学生数	招生数	毕业生数
合　　计	**441**	**34195**	**38139**	**691058**	**143058**	**92799**
瑶海区	32	3640	3727	68847	13448	9774
庐阳区	27	3763	1772	69144	14390	8305
蜀山区	39	4165	3724	81344	16975	9620
包河区	31	4704	4441	100937	22323	12203
高新区	16	1060	1187	20607	5176	1998
经开区	11	1373	5381	52563	11545	6015
新站区	23	1645	2761	35426	7982	3595
长丰县	53	2387	3060	62709	12680	8968
肥东县	41	3023	3402	53780	10516	8325
肥西县	50	3402	3346	50723	11086	7163
庐江县	75	2844	2948	54708	9809	9835
巢湖市	43	2189	2390	40270	7128	6998

注：教职工数未含一贯制学校教师和教辅人员。

17—15 各县（市）区幼儿园基本情况（2023年）

单位：人

地　　区	园数（所）	教职工数	教　师	幼儿数	招生数	毕业生数
合　　计	**441**	**50436**	**24910**	**339776**	**106603**	**137928**
瑶海区	32	5027	2421	31237	9987	12877
庐阳区	27	4639	1768	30753	10083	12134
蜀山区	39	6007	2299	37990	10107	16159
包河区	31	8097	2910	52639	15991	20929
高新区	16	2157	1028	13713	4181	5084
经开区	11	3542	3844	24285	7975	10229
新站区	23	3498	1764	23555	9404	7292
长丰县	53	4139	2163	30673	8551	11063
肥东县	41	3439	1743	23012	7831	10735
肥西县	50	4652	2296	34496	11565	14300
庐江县	75	2536	1379	20890	6241	9959
巢湖市	43	2703	1295	16533	4687	7167

17—16 主要年份科技活动基本情况

指　　标		2015年	2020年	2022年	2023年
科技活动					
研究与试验发展人员	（人）	72837	96712	131528	
研究与试验发展经费支出	（亿元）	174.87	353.48	469.48	506.41
#基础研究		18.38	48.35	78.76	
应用研究		21.74	45.89	56.53	
试验发展		134.75	259.24	334.18	
#政府资金		58.73	94.99	117.98	
企业资金		110.82	239.91	334.19	
#相当于GDP比例	（%）	3.24	3.52	3.91	4.00
输出技术合同成交额	**（亿元）**	**104.93**	**230.69**	**647.44**	**694.60**
专　利					
专利申请授权量	（件）	17070	41054	59340	58992
发　明		3413	7593	12734	15431
实用新型		11277	29535	42076	39597
外观设计		2380	3926	4530	3964

17—17 主要年份规上工业企业科技活动基本情况

指　　标		2015年	2020年	2022年	2023年
有科技活动的企业	（个）			1756	1982
有科技活动的企业占全部企业的比重	（%）			69.13	74.26
R&D人员	（人）	42880	46455	64280	63156
研究与试验发展折合全时人员	（人年）	30253	35781	47093	50162
开发新产品经费支出	（亿元）	126.56	221.50	352.09	392.37
研究与试验发展经费支出	（亿元）	104.10	192.23	254.98	292.88
#政府资金		8.75	6.58	6.61	7.74
企业资金		94.74	182.83	248.27	280.59
研究与试验发展经费支出占主营业务收入的比重	（%）	1.08	2.06		
研究与试验发展经费支出占营业收入的比重	（%）		2.00	1.98	2.03
引进境外技术经费支出	（亿元）	0.69	1.19	0.79	
引进境外技术的消化吸收经费支出	（亿元）	0.46	0.07	0.11	
购买境内技术经费支出	（亿元）	3.04	7.89	2.89	
专利申请数	（件）	15186	18982	28599	26861
#发明专利数		6490	8834	14181	13907
拥有发明专利数	（件）	7996	24647	31957	37392

17—18 规模以上工业企业科技活动人员情况（2023年）

项　　　目	企 业 数（个）	有科技活动企业数（个）	R&D人员合计（人）	R&D人员折合全时当量（人年）
合　　计	**2669**	**1982**	**63156**	**50161.70**
按企业规模分				
大型企业	77	74	32685	27214.77
中型企业	271	249	14939	11296.04
小型企业	2143	1587	15389	11532.01
微型企业	178	72	143	118.88
按行业分				
黑色金属矿采选业	3	3	69	18.75
有色金属矿采选业	2	1	13	10.22
非金属矿采选业	5	1	41	30.75
农副食品加工业	102	55	325	234.63
食品制造业	59	47	302	187.23
酒、饮料和精制茶制造业	8	5	74	12.49
烟草制品业	2	2	213	144.75
纺织业	41	23	105	88.72
纺织服装、服饰业	32	13	116	94.49
皮革、毛皮、羽毛及其制品和制鞋业	20	3		
木材加工和木、竹、藤、棕、草制品业	9	6	48	36.45
家具制造业	37	27	554	438.12
造纸和纸制品业	42	26	182	153.01
印刷和记录媒介复制业	42	25	151	123.61
文教、工美、体育和娱乐用品制造业	11	5	73	40.49
石油、煤炭及其他燃料加工业	3	1	14	14.00
化学原料和化学制品制造业	109	82	1700	1351.36
医药制造业	49	45	1767	1400.30
化学纤维制造业	6	5	519	474.74
橡胶和塑料制品业	192	141	2727	2181.77

17—18 续表

项目	企业数（个）	有科技活动企业数（个）	R&D人员合计（人）	R&D人员折合全时当量（人年）
非金属矿物制品业	257	127	1278	783.41
黑色金属冶炼和压延加工业	13	11	128	68.34
有色金属冶炼和压延加工业	25	22	322	236.77
金属制品业	188	142	2684	2102.45
通用设备制造业	229	194	4712	3647.78
专用设备制造业	210	191	3146	2292.35
汽车制造业	200	155	8335	6331.21
铁路、船舶、航空航天和其他运输设备制造业	14	13	283	218.45
电气机械和器材制造业	338	287	13246	9820.70
计算机、通信和其他电子设备制造业	253	222	16232	14788.27
仪器仪表制造业	71	67	1913	1305.19
其他制造业	13	11	214	152.24
废弃资源综合利用业	15	7	125	27.64
金属制品、机械和设备制造业	3	2	148	116.13
电力、热力生产和供应业	33	11	1366	1208.63
燃气生产和供应业	15	3	31	26.27
水的生产和供应业	18	1	0	0.00
按地区分				
瑶 海 区	27	17	51	42.97
庐 阳 区	72	54	1025	742.92
蜀 山 区	102	82	1642	1261.23
包 河 区	91	62	3368	2793.61
高 新 区	231	215	11288	8860.93
经 开 区	322	249	14362	11045.60
新 站 区	181	146	11572	9910.04
长 丰 县	376	276	7169	5861.43
肥 东 县	288	169	2077	1439.72
肥 西 县	511	407	6431	5175.80
庐 江 县	204	133	1225	880.38
巢 湖 市	264	172	2946	2147.07

注：分县区数据按照一套表行政区划代码汇总，巢湖市含安巢经开区（后表同）。

17—19 规模以上工业企业研究与试验发展（R&D）情况（2023年）

单位：万元

项目	R&D经费内部支出	经常费支出	资产性支出	R&D经费外部支出
合计	**2928779.6**	**2674375.8**	**254403.8**	**314648.4**
按企业规模分组				
#大型企业	2015560.7	1833170.9	182389.8	207609.7
中型企业	495505.3	452761.3	42744.0	58834.0
按行业分				
黑色金属矿采选业	6340.3	2853.7	3486.6	904.5
有色金属矿采选业	727.8	715.9	11.9	401.7
农副食品加工业	8412.2	8217.8	194.4	73.1
食品制造业	3003.0	2764.6	238.4	9.0
酒、饮料和精制茶制造业	835.6	112.4	723.2	
烟草制品业	13980.2	10951.9	3028.3	1174.6
纺织业	732.1	567.3	164.8	6.0
纺织服装、服饰业	1108.7	1098.4	10.3	0.0
木材加工和木、竹、藤、棕、草制品业	881.7	621.7	260.0	0.4
家具制造业	17924.1	16435.2	1488.9	461.0
造纸和纸制品业	3163.4	2853.0	310.4	24.0
印刷和记录媒介复制业	3415.8	2924.8	491.0	446.5
文教、工美、体育和娱乐用品制造业	835.1	724.0	111.1	
石油、煤炭及其他燃料加工业	274.9	274.9		
化学原料和化学制品制造业	64153.5	59855.2	4298.3	2764.3
医药制造业	108478.2	99724.7	8753.5	8146.0
化学纤维制造业	18642.3	17398.3	1244.0	1044.9
橡胶和塑料制品业	76591.8	73008.6	3583.2	910.7
非金属矿物制品业	32903.6	31085.9	1817.7	43.2
黑色金属冶炼和压延加工业	5435.9	3801.2	1634.7	0.0

17—19 续表

单位：万元

项目	R&D经费内部支出	经常费支出	资产性支出	R&D经费外部支出
有色金属冶炼及压延加工业	7539.7	5267.6	2272.1	87.0
金属制品业	79669.6	75297.2	4372.4	655.8
通用设备制造业	171919.5	163452.5	8467.0	8964.5
专用设备制造业	77397.8	74618.7	2779.1	1286.3
汽车制造业	331191.8	280526.3	50665.5	100849.7
铁路、船舶、航空航天和其他运输设备制造业	16716.8	15290.8	1426.0	76.4
电气机械及器材制造业	709362.8	683833.4	25529.4	46052.9
计算机、通信和其他电子设备制造业	1106559.5	998115.5	108444.0	90289.7
仪器仪表制造业	44570.1	42467.1	2103.0	2223.0
其他制造业	3821.3	3603.0	218.3	78.2
废弃资源综合利用业	1991.6	1991.6		
金属制品、机械和设备修理业	3216.9	3197.2	19.7	
电力、热力的生产和供应业	4919.0	3456.9	1462.1	47648.7
燃气生产和供应业	1305.9	1260.4	45.5	26.3
水的生产和供应业				
按地区分				
瑶 海 区	1189.5	970.1	219.4	33.9
庐 阳 区	36119.0	35503.5	615.5	250.3
蜀 山 区	49900.5	44254.0	5646.5	6701.6
包 河 区	62994.6	56847.1	6147.5	50787.4
高 新 区	592688.7	552629.1	40059.6	72282.7
经 开 区	985804.6	942912.3	42892.3	63059.6
新 站 区	543879.2	479844.2	64035.0	29160.1
长 丰 县	246169.4	182164.3	64005.1	56364.2
肥 东 县	78024.8	73156.3	4868.5	4198.6
肥 西 县	225468.8	214189.2	11279.6	26521.1
庐 江 县	29734.4	23444.6	6289.8	2550.4
巢 湖 市	76806.1	68461.1	8345.0	2738.5

17—20 规模以上工业企业R&D经费内部支出来源构成（2023年）

单位：万元

项目	R&D经费内部支出合计	政府资金	企业资金	境外资金
合计	**2928779.6**	**77350.4**	**2805882.9**	**45546.3**
按企业规模分				
大型企业	2015560.7	40695.2	1929482.6	45382.9
中型企业	495505.3	25736.0	469605.9	163.4
按行业分				
黑色金属矿采选业	6340.3		6340.3	
有色金属矿采选业	727.8		727.8	
农副食品加工业	8412.2	165.9	8246.3	
食品制造业	3003.0		3003.0	
酒、饮料和精制茶制造业	835.6		835.6	
烟草制品业	13980.2		13980.2	
纺织业	732.1	60.0	672.1	
纺织服装、服饰业	1108.7	20.0	1088.7	
木材加工和木、竹、藤、棕、草制品业	881.7	10.2	871.5	
家具制造业	17924.1		17924.1	
造纸和纸制品业	3163.4		3163.4	
印刷和记录媒介复制业	3415.8	3.5	3412.3	
文教、工美、体育和娱乐用品制造业	835.1		835.1	
石油、煤炭及其他燃料加工业	274.9		274.9	
化学原料和化学制品制造业	64153.5	1098.1	63055.4	
医药制造业	108478.2	4823.4	103491.4	163.4
化学纤维制造业	18642.3	2036.0	16606.3	
橡胶和塑料制品业	76591.8	2367.7	74224.1	
非金属矿物制品业	32903.6	155.3	32748.3	
黑色金属冶炼和压延加工业	5435.9		5435.9	

17—20 续表

单位：万元

项　　目	R&D经费内部支出合计	政府资金	企业资金	境外资金
有色金属冶炼及压延加工业	7539.7		7539.7	
金属制品业	79669.6	2519.3	77150.3	
通用设备制造业	171919.5	4084.6	167834.9	
专用设备制造业	77397.8	4527.1	72742.4	128.3
汽车制造业	331191.8	3204.2	327987.6	
铁路、船舶、航空航天和其他运输设备制造业	16716.8	116.0	16600.8	
电气机械及器材制造业	709362.8	8550.2	700812.6	
计算机、通信和其他电子设备制造业	1106559.5	35612.7	1025692.2	45254.6
仪器仪表制造业	44570.1	5363.3	39206.8	
其他制造业	3821.3	1609.0	2212.3	
废弃资源综合利用业	1991.6	682.4	1309.2	
金属制品、机械和设备修理业	3216.9		3216.9	
电力、热力的生产和供应业	4919.0	341.5	4577.5	
燃气生产和供应业	1305.9		1305.9	
水的生产和供应业				
按地区分				
瑶 海 区	1189.5		1189.5	
庐 阳 区	36119.0	1880.8	34238.2	
蜀 山 区	49900.5	3227.7	46672.8	
包 河 区	62994.6	1897.3	61097.3	
高 新 区	592688.7	26452.8	566072.5	163.4
经 开 区	985804.6	6749.5	956299.5	22755.6
新 站 区	543879.2	27246.6	516632.6	
长 丰 县	246169.4	695.9	245473.5	
肥 东 县	78024.8	244.7	77780.1	
肥 西 县	225468.8	5631.4	197210.1	22627.3
庐 江 县	29734.4	1131.5	28602.9	
巢 湖 市	76806.1	2192.2	74613.9	

17—21　规模以上工业企业政府相关政策落实情况（2023年）

单位：万元

项　　目	研究开发费用加计扣除减免税	高新技术企业减免税
合　　计	**491377.0**	**253294.6**
按企业规模分		
大型企业	234421.2	130782.8
中型企业	105341.0	67996.7
按行业分		
黑色金属矿采选业	81.0	6275.3
农副食品加工业	1439.7	80.7
食品制造业	936.9	612.6
酒、饮料和精制茶制造业	114.6	36.3
烟草制品业	177.4	
纺织业	912.0	70.5
纺织服装、服饰业	479.9	
木材加工和木、竹、藤、棕、草制品业	139.4	16.1
家具制造业	5938.5	5643.8
造纸和纸制品业	1217.5	1585.5
印刷和记录媒介复制业	799.5	2066.5
文教、工美、体育和娱乐用品制造业	170.3	21.4
石油、煤炭及其他燃料加工业		
化学原料和化学制品制造业	14325.5	7454.3
医药制造业	21513.1	7486.8
化学纤维制造业	1003.8	1533.3
橡胶和塑料制品业	11884.9	11685.4
非金属矿物制品业	11721.9	3851.0
黑色金属冶炼和压延加工业	957.3	279.0

17—21 续表

单位：万元

项　　　目	研究开发费用加计扣除减免税	高新技术企业减免税
有色金属冶炼和压延加工业	2897.5	2891.6
金属制品业	9924.9	6601.5
通用设备制造业	32329.9	35801.9
专用设备制造业	30634.9	23869.1
汽车制造业	33150.6	5366.4
铁路、船舶、航空航天和其他运输设备制造业	619.1	1561.1
电气机械及器材制造业	109269.9	93619.4
计算机、通信和其他电子设备制造业	171366.9	27563.5
仪器仪表制造业	14123.2	5373.6
其他制造业	1821.0	197.8
废弃资源综合利用业	3711.9	11.4
金属制品、机械和设备修理业	740.6	1379.5
电力、热力的生产和供应业	6049.4	359.3
燃气生产和供应业	197.1	
按地区分		
瑶 海 区	891.5	385.4
庐 阳 区	6230.3	1793.7
蜀 山 区	7950.8	4657.7
包 河 区	16098.1	4665.4
高 新 区	127436.0	106112.2
经 开 区	99621.2	39316.2
新 站 区	95133.6	14027.4
长 丰 县	29798.7	15272.3
肥 东 县	29244.8	7241.8
肥 西 县	53711.9	42105.5
庐 江 县	11260.8	10451.7
巢 湖 市	13999.4	7265.3

17—22 规模以上工业企业新产品和专利情况（2023年）

项目	新产品销售收入（万元）	专利申请数（件）	发明专利	有效发明专利数（件）
合计	**56860009.4**	**26861**	**13907**	**37392**
按企业规模分				
大型企业	40931772.2	12852	8342	20686
中型企业	8908076.8	4467	2167	5627
按行业分				
黑色金属矿采选业	150286.8	56	24	22
有色金属矿采选业	0.0	10	6	8
农副食品加工业	171430.2	217	85	322
食品制造业	133243.4	134	29	187
酒、饮料和精制茶制造业	5581.9	3		12
烟草制品业	7201.0	284	63	324
纺织业	39373.8	82	20	101
纺织服装、服饰业	34170.7	16	1	38
皮革、毛皮、羽毛及其制品和制鞋业	12735.9	8	1	
木材加工和木、竹、藤、棕、草制品业	27582.2	38	10	23
家具制造业	647507.5	163	43	124
造纸和纸制品业	154865.2	94	12	102
印刷和记录媒介复制业	101410.7	169	39	151
文教、工美、体育和娱乐用品制造业	24493.6	23	5	17
石油、煤炭及其他燃料加工业				
化学原料和化学制品制造业	1185431.0	429	231	939
医药制造业	517199.3	183	75	490
化学纤维制造业	373898.8	51	25	69
橡胶和塑料制品业	1813699.4	920	313	1396
非金属矿物制品业	850861.3	511	128	487
黑色金属冶炼和压延加工业	603308.3	51	10	93

17—22 续表

项目	新产品销售收入(万元)	专利申请数(件)	发明专利	有效发明专利数(件)
有色金属冶炼和压延加工业	267285.9	134	63	165
金属制品业	1658013.8	890	333	1400
通用设备制造业	2907550.0	2442	1046	2198
专用设备制造业	1333239.8	1633	655	2455
汽车制造业	11458475.2	1963	1018	4724
铁路、船舶、航空航天和其他运输设备制造业	131706.2	170	48	129
电气机械和器材制造业	21104146.8	6617	2761	8906
计算机、通信和其他电子设备制造业	10384626.0	6853	5217	8948
仪器仪表制造业	543304.0	1268	585	953
其他制造业	45077.5	183	33	503
废弃资源综合利用业	50401.9	26	7	31
金属制品、机械和设备修理业	47487.9	1	1	2
电力、热力生产和供应业	38782.4	1215	1015	2060
燃气生产和供应业	35631.0	11	2	9
水的生产和供应业		13	3	4
按地区分				
瑶 海 区	56480.5	87	35	103
庐 阳 区	837939.3	384	128	299
蜀 山 区	2745306.9	704	301	1259
包 河 区	947937.2	1886	1325	3391
高 新 区	13126545.8	5369	2724	6448
经 开 区	11014699.3	6151	4061	10831
新 站 区	6595986.6	4533	2712	6854
长 丰 县	8377715.8	1654	462	1639
肥 东 县	3805257.2	834	271	1000
肥 西 县	7163881.1	3532	1238	4182
庐 江 县	860210.7	759	306	531
巢 湖 市	1328049.1	969	344	855

17—23　各县（市）区规模以上工业企业自主知识产权和技术情况（2023年）

地　　区	专利申请数（件）	发明专利	有效发明专利数（件）	发表科技论文（篇）	拥有注册商标数（件）	形成国家行业标准数（项）
合　　计	**26861**	**13907**	**37392**	**1555**	**14802**	**789**
瑶海区	87	35	103	14	77	2
庐阳区	384	128	299	8	233	9
蜀山区	704	301	1259	222	196	97
包河区	1886	1325	3391	528	620	22
高新区	5369	2724	6448	256	5936	193
经开区	6151	4061	10831	195	2836	107
新站区	4533	2712	6854	59	454	85
长丰县	1654	462	1639	50	867	80
肥东县	834	271	1000	71	1319	22
肥西县	3532	1238	4182	102	1568	117
庐江县	759	306	531	22	491	13
巢湖市(含安巢经开区)	969	344	855	29	205	43

17—24　主要年份专利授权量

单位：件

指　　标	2010年	2015年	2020年	2022年	2023年
专利授权量合计	**4007**	**17070**	**41054**	**59340**	**58992**
发　　明	485	3413	7593	12734	15431
实用新型	2091	11277	29535	42076	39597
外观设计	1431	2380	3926	4530	3964

主要统计指标解释

普通高等学校

指按国家规定的设置标准和审批程序批准举办的，通过国家普通高等教育招生考试，招收高中毕业生为主要培养对象，实施高等学历教育的全日制大学、独立设置的学院和高等专科学校、高等职业学校及其他普通高教机构。

成人高等学校

指按照国家规定的设置标准和审批程序批准举办的，指通过全国成人高等教育招生考试，招收具有高中毕业或同等学历的人员为主要培养对象，利用函授、业余、脱产等多种形式对其实施高等学历教育的学校。包括职工高等学校、农民高等学校、管理干部学院、教育学院、独立函授学院、广播电视大学、其他成人高教机构等。其他成人高教机构是承担国家成人招生计划任务不计校数的机构。

小学学龄儿童入学率即小学学龄儿童净入学率

指小学教育在校学龄人口数占小学教育国家规定年龄组人口总数的百分比。计算公式为：

小学净入学率＝小学在校学龄人口数/小学校内外学龄人口数×100%

财政性教育经费

包括财政预算内教育经费，各级政府征收用于教育的税费，企业办学校教育经费，校办产业、勤工俭学和社会服务收入用于教育的经费。

研究与试验发展（R&D）

指在科学技术领域，为增加知识总量，以及运用这些知识去创造新的应用进行的系统的创造性的活动，包括基础研究、应用研究、试验发展三类活动。国际上通常采用 R&D 活动的规模和强度指标反映一国的科技实力和核心竞争力。

基础研究

指为了获得关于现象和可观察事实的基本原理的新知识(揭示客观事物的本质、运动规律，获得新发现、新学说)而进行的实验性或理论性研究，它不以任何专门或特定的应用或使用为目的。其成果以科学论文和科学著作为主要形式。用来反映知识的原始创新能力。

应用研究

指为获得新知识而进行的创造性研究，主要针对某一特定的目的或目标。应用研究是为了确定基础研究成果可能的用途，或是为达到预定的目标探索应采取的新方法(原理性)或新途径。其成果形式以科学论文、专著、原理性模型或发明专利为主。用来反映对基础研究成果应用途径的探索。

试验发展

指利用从基础研究、应用研究和实际经验所获得的现有知识，为产生新的产品、材料和装置，建立新的工艺、系统和服务，以及对已产生和建立的上述各项作实质性的改进而进行的系统性工作。

R&D 人员

指参与研究与试验发展项目研究、管理和辅助工作的人员，包括项目（课题）组人员，企业科技行政管理人员和直接为项目（课题）活动提供服务的辅助人员。反映投入从事拥有自主知识产权的研究开发活动的人力规模。

R&D 人员全时当量

指全时人员数加非全时人员按工作量折算为全时人员数的总和。例如：有两个全时人员和三个非全时人员（工作时间分别为 20%、30%和 70%），则全时当量为 2+0.2+0.3+0.7＝3.2 人年。为国际上比较科技人力投入而制定的可比指标。

R&D 经费内部支出合计

指调查单位用于内部开展 R&D 活动（基础研究、应用研究和试验发展）的实际支出。包括用于 R&D 项目（课题）活动的直接支出，以及间接用于 R&D 活动的管理费、服务费、与 R&D 有关的基本建设支出以及外协加工费等。不包括生产性活动支出、归还贷款支出以及与外单位合作或委托外单位进行 R&D 活动而转拨给对方的经费支出。

R&D 经费内部支出中政府资金

指 R&D 经费内部支出中来自各级政府部门的各类资金，包括财政科学技术拨款、科学基金、教育等部门事业费以及政府部门预算外资金的实际支出。

R&D 经费内部支出中企业资金

指 R&D 经费内部支出中来自本企业的自有资金和接受其他企业委托而获得的经费，以及科研院所、高校等事业单位从企业获得的资金的实际支出。

新产品销售收入

指报告期企业销售新产品实现的销售收入。

发明（专利）

指对产品、方法或者其改进所提出的新的技术方案。是国际通行的反映拥有自主知识产权技术的核心指标。

实用新型（专利）

指对产品的形状、构造或者其结合所提出的适于实用的新的技术方案。反映具有一定技术含量的技术成果情况。

外观设计（专利）

指对产品的形状、图案、色彩或者其结合所作出的富有美感并适于工业上应用的新设计。反映拥有自主知识产权的外观设计成果情况。

第十八篇

文化、体育、卫生

简要说明

一、本篇主要反映我市文化、体育、卫生事业发展情况。

文化：主要包括艺术、图书馆、群众文化、文物、广播、电视、新闻出版等文化事业的机构、人员及业务活动情况。资料主要来自省文旅厅和市文旅局。

体育：主要内容有体育系统职工、运动员、教练员和裁判员等人数等。资料由市体育局提供。

卫生：主要内容为卫生机构、人员、床位数，医院诊疗人次及入院人数。资料由市卫健委提供。

二、上述资料根据相关部门统计报表制度进行统计、汇总整理。

18—1 文化馆业务活动及经费情况（2023年）

指 标		全 市	市 区	长丰县	肥东县	肥西县	庐江县	巢湖市
机构数	(个)	11	6	1	1	1	1	1
从业人员	(人)	167	105	16	12	9	6	19
#高级职称		18	13	3		2		
中级职称		67	43	6	6	4		8
组织品牌节庆活动	(个)	32	31		1			
组织文艺活动	(次)	507	288	12	55	54	83	15
举办训练班	(班次)	1449	1245	4	120	24	50	6
训练班培训人次	(人次)	38800	26600	200	3200	1500	6400	900
举办展览	(个)	134	86	6	12	7	18	5
组织公益性讲座	(次)	89	40	4	12	15	18	
本年收入合计	(千元)	68247	51674	2907	6700	800	773	5393
本年支出合计	(千元)	68214	51674	2907	6700	800	740	5393
固定资产净值	(千元)	27260	21388		4780		360	732
实际使用房屋建筑面积	(平方米)	62700	40900	1600	12600	2500	3500	1600

18—2 公共图书馆基本情况（2023年）

指标		全市	市区	长丰县	肥东县	肥西县	庐江县	巢湖市
图书馆个数	(个)	9	4	1	1	1	1	1
从业人员	(人)	324	260	8	11	20	5	20
#高级职称		59	53	3		1		2
中级职称		118	96	2	4	6	3	7
总藏书量	(册、件)	9928200	7907100	326500	671200	256500	333500	433400
图书	(册)	8569000	6941100	295500	396900	255700	305100	374700
古籍	(册)	360700	359700			600	100	300
报刊	(件)	705500	611600	3100	25200	200	19500	45900
视听文献、微缩制品	(件、套)	229500	19100		202100		400	7900
其他	(册)	63600	3500		47000		8500	4600
本年收入合计	(千元)	141739	123872	2250	3590	1100	3129	7798
本年支出合计	(千元)	140771	122904	2250	3590	1100	3129	7798
固定资产净值	(千元)	350510	321509	6360	7840	10201	4600	
实际使用公用房屋建筑面积	(平方米)	87400	59500	6000	2300	1500	4600	13500
#书库		11200	10000		500	100	200	400
阅览室		31500	19500	1800	1600	500	700	7400

注：总藏书量中其他项不含电子图书。

18—3 档案馆基本情况（2023年）

指标		国家综合档案馆		
		全市	市级	县区
馆藏档案				
全宗	(个)	1264	312	952
案卷	(卷)	2711337	366178	2345159
总排架长度（不含寄存）	(米)	34917	12741	22176
以件为保管单位的档案	(件)	3824690	588611	3236079
录音、录像、影片档案	(盘)	2133	1926	207
照片档案	(张)	24006	5557	18449
实物档案	(件)	6283	1965	4318
接收寄存档案	(卷（件）)	713001	713001	
当年移出寄存档案	(卷（件）)			
档案资料利用情况				
利用档案	(卷（件）次)	179977	86543	93434
利用档案	(人次)	20835	4211	16624
档案馆情况				
档案馆个数	(个)	10	1	9
总建筑面积	(平方米)	63796	14700	49096
#库房建筑面积		29018	7500	21518

注：根据国家档案局发布的《全国档案事业统计调查制度》，2023年底图类不再列入档案统计范畴，按实际情况新增实物档案类。

18—4 主要年份广播、电视事业发展情况

指 标		2020年	2022年	2023年
广播电台	(座)	5	5	5
＃县广播电台		4	4	4
广播人口覆盖率	(%)	99.9	99.9	99.9
电视台	(座)	5	5	5
＃县电视台		4	4	4
电视人口覆盖率	(%)	99.8	99.9	99.9

18—5 艺术表演团体（2023年）

指 标		全 市	市 级	县 区
剧团个数	(个)	188	1	187
职工人数	(个)	3837	215	3622
国内演出场次	(场)	15500	300	15200
全年收入	(万元)	25537.8	3392.8	22145

注：剧团个数含民营。

18—6 博物馆（2023年）

指 标		全 市	市 级	县 区
博物馆	(个)	27	12	15
职工人数	(人)	855	697	158
公用房屋面积	(平方米)	221200	165500	55700
藏 品	(件)	299963	287648	12315
陈列个数	(个)	87	44	43
展览个数	(个)	88	56	32
参观人次	(万人次)	653.45	563.83	89.62
全年收入	(万元)	24103.5	21952.4	2151.1
全年支出	(万元)	24585	22404.6	2180.4

18—7　文化及相关产业增加值

年　　份	文化产业增加值（亿元）	占GDP比重（%）
2015	286	4.82
2016	348	5.01
2017	398	5.40
2018	466	5.42
2019	514	5.48
2020	523	5.23
2021	633	5.55
2022	646	5.38

18—8　体育活动基本情况

指　　标	2020年	2022年	2023年
举办全民健身活动次数　（次）	268	1330	1926
参加全民健身活动人数　（人）	121518	865900	915000
等级运动员　（人）	388	524	274
在国内外比赛中获奖牌数　（枚）	1007	1337	1234
金　牌	373	540	420
银　牌	309	412	348
铜　牌	325	385	423
体育俱乐部　（个）	216	233	240
青少年体育俱乐部	32	29	26
社区体育健身俱乐部	179	199	209
其他体育俱乐部	5	5	5

18—9 体育系统职工人数（2023年）

单位：人

类别	全市	体育运动学校	业余学校	公共体育场馆	机关人员	其他事业单位
合计	**13584**	**4376**	**7493**	**16**	**23**	**1676**
公务员	21				21	
运动员	13394	4281	7437			1676
专职教练员	95	60	35			
专职文化教师	22	22				
管理人员	27	9	11	7		
其他	25	4	10	9	2	

18—10 等级运动员发展人数（2023年）

单位：人

项目	等级运动员	项目	等级运动员
合计	**274**	乒乓球	2
#田径	94	手球	2
游泳	91	击剑	4
中国式摔跤	1	围棋	4
跆拳道	6	射箭	2
赛艇	6	武术散打	7
皮划艇	4	武术套路	15
篮球	20	马术	7
排球	7	轮滑	2

注：运动员等级依据当年比赛项目、成绩计算。

18—11 卫生事业基本情况（2023年）

指　　标		全　市	瑶海区	庐阳区	蜀山区	包河区
医疗卫生机构数	（个）	**4013**	**507**	**341**	**629**	**412**
医院		229	42	29	48	31
综合医院		86	9	7	12	11
中医医院		22	4	3	4	4
中西医结合医院		10	2	2	3	
专科医院		89	20	13	25	14
护理院		22	7	4	4	2
基层医疗卫生机构		3650	455	293	538	362
社区卫生服务中心		72	14	10	21	13
社区卫生服务站		105	10	15	24	17
街道卫生院						
乡镇卫生院		84	2	1	2	1
村卫生室		1125	34	6	15	9
门诊部		683	112	71	193	155
诊所、卫生所、医务室、护理站		1581	283	190	283	167
专业公共卫生机构		58	4	6	11	10
疾病预防控制中心		15	2	1	4	2
专科疾病防治院(所、站)		10		1	3	2
妇幼保健机构		12	1	3	1	2
急救中心(站)		6			1	1
采供血机构		4			1	
卫生监督所		11	1	1	1	3
其他机构		76	6	13	32	9
康复医疗机构		8		2	2	1
医学科研机构		4		4		
医学在职培训机构		4			1	
其他		60	6	7	29	8
卫生机构床位	（张）	**78390**	**12618**	**12508**	**20318**	**7125**
医院、社区卫生服务中心（站）、乡镇卫生院		75646	12554	10995	20054	7005
医　院		68740	12268	10588	19376	6615
社区卫生服务中心(站)		1779	247	389	548	360
卫生院（乡镇、街道）		5127	39	18	130	30
妇幼保健机构		539	64	40	230	120
妇幼保健院		20			20	
专科疾病防治院(所、站)		1678		1430		
门诊部		1473		1425		
康复医疗机构		503		43	10	
卫生工作人员（含村卫生室）	（人）	**111695**	**16597**	**17917**	**30968**	**15969**
村室人员		2682	141	9	45	31
合计（不含村卫生室）		109013	16456	17908	30923	15938
#卫生技术人员		96675	14680	15632	26529	13967
执业（助理）医师		36104	5371	5808	9699	5197
执业医师		33175	5031	5607	9351	4967
执业助理医师		2929	340	201	348	230
注册护士		47683	7375	7974	13112	6850
药师（士）		4605	751	611	1177	655
技师（士）		5889	911	1006	1748	882
其他卫生技术人员		2394	272	233	793	383

注：安徽省妇幼保健院重复计入医院和妇幼保健院。

18—11 续表

指标		长丰县	肥东县	肥西县	庐江县	巢湖市
医疗卫生机构数	**(个)**	**486**	**459**	**391**	**414**	**374**
医院		17	11	11	17	23
综合医院		11	6	5	8	17
中医医院		4	1	1	1	
中西医结合医院		1		1	1	
专科医院		1	3	2	5	6
护理院			1	2	2	
基层医疗卫生机构		460	439	370	392	341
社区卫生服务中心		2	1		4	7
社区卫生服务站		15	1		13	10
街道卫生院						
乡镇卫生院		13	23	12	18	12
村卫生室		247	246	196	214	158
门诊部		33	31	61	21	6
诊所、卫生所、医务室、护理站		150	137	101	122	148
专业公共卫生机构		7	6	4	4	6
疾病预防控制中心		1	2	1	1	1
专科疾病防治院(所、站)		3				1
妇幼保健机构		1	1	1	1	1
急救中心(站)		1	1	1		1
采供血机构			1		1	1
卫生监督所		1	1	1	1	1
其他机构		2	3	6	1	4
康复医疗机构				1		2
医学科研机构						
医学在职培训机构		1	1	1		
其他		1	2	4	1	2
卫生机构床位	**(张)**	**6669**	**4078**	**4979**	**5111**	**4984**
医院、社区卫生服务中心（站）、乡镇卫生院		6658	4003	4722	5103	4552
医　院		5276	2799	3738	4098	3982
社区卫生服务中心(站)		20	18		58	139
卫生院（乡镇、街道）		1362	1186	984	947	431
妇幼保健机构		11	27	37	8	2
妇幼保健院						
专科疾病防治院(所、站)			48	200		
门诊部			48			
康复医疗机构				20		430
卫生工作人员（含村卫生室）	**(人)**	**5441**	**4957**	**6289**	**6195**	**7362**
村室人员		412	521	452	664	407
合计（不含村卫生室）		5029	4436	5837	5531	6955
#卫生技术人员		4712	4166	5792	4936	6261
执业（助理）医师		1988	1720	2173	1998	2150
执业医师		1553	1435	1744	1659	1828
执业助理医师		435	285	429	339	322
注册护士		2102	1912	2805	2242	3311
药师（士）		265	195	476	252	223
技师（士）		221	213	237	261	410
其他卫生技术人员		136	126	101	183	167

18—12　主要年份医院床位使用情况

指　　标		2010年	2015年	2020年	2022年	2023年
实有床位	(张)	21009	43516	60848	70891	78390
出院人数	(人)	565132	1198495	1464320	1751465	2116084
病床周转次数	(次)	27.28	28.96	27.10	27.40	32.60
病床工作日	(日)	305.50	315.30	266.30	256.00	292.30
病床使用率	(%)	83.69	86.39	72.77	70.14	80.08
出院者平均住院日	(日)	10.87	10.86	9.50	8.70	8.70

18—13　主要年份重大传染病救治情况

指　　标		2010年	2015年	2020年	2022年	2023年
重大传染病救治财政投入	**(万元)**	**77.57**	**277.30**	**286.10**	**285.60**	**281.60**
艾滋病		31.07	157.51	201.89	206.55	196.80
结核病		46.50	107.29	84.21	79.05	84.80
其　他			12.50			
重大传染病免费救治	**(人)**	**750**	**1881**	**1750**	**1790**	**1330**
艾滋病		27	455	796	891	877
结核病		723	1401	954	899	453
其　他			25			

18—14 各县（市）区卫生机构数、床位数（2023年）

地　　区	机构合计（个）	医　　院	基层医疗卫生机构	专业公共卫生机构	其　　他卫生机构	床位合计（张）
合　　计	**4013**	**229**	**3650**	**58**	**76**	**78390**
瑶 海 区	507	42	455	4	6	12618
庐 阳 区	341	29	293	6	13	12508
蜀 山 区	629	48	538	11	32	20318
包 河 区	412	31	362	10	9	7125
长 丰 县	486	17	460	7	2	6669
肥 东 县	459	11	439	6	3	4078
肥 西 县	391	11	370	4	6	4979
庐 江 县	414	17	392	4	1	5111
巢 湖 市	374	23	341	6	4	4984

注：安徽省妇幼保健院重复计入医院和妇幼保健院。

18—15 各县（市）区医院床位使用情况（2023年）

地　　区	实有床位（张）	出院人数（人）	病　　床周转次数（次）	病床工作日（日）	病床使用率（%）
合　　计	**68740**	**1955117**	**33.3**	**306.6**	**84.00**
瑶 海 区	12268	285219	26.4	266.8	73.09
庐 阳 区	10588	376604	41.1	346.0	94.78
蜀 山 区	19376	683005	38.7	343.7	94.16
包 河 区	6615	200847	34.6	260.0	71.22
长 丰 县	5276	50517	14.3	236.1	64.69
肥 东 县	2799	77659	29.9	341.6	93.60
肥 西 县	3738	45552	22.7	241.4	66.15
庐 江 县	4098	128051	35.5	342.6	93.87
巢 湖 市	3982	107663	30.0	263.2	72.12

注：安徽省妇幼保健院纳入庐阳区实有床位数统计。

主要统计指标解释

文化及相关产业

文化及相关产业是指为社会公众提供文化产品和文化相关产品的生产活动的集合。范围包括：

1. 以文化为核心内容，为直接满足人们的精神需要而进行的创作、制造、传播、展示等文化产品（包括货物和服务）的生产活动。具体包括新闻信息服务、内容创作生产、创意设计服务、文化传播渠道、文化投资运营和文化娱乐休闲服务等活动。

2. 为实现文化产品的生产活动所需的文化辅助生产和中介服务、文化装备生产和文化消费终端生产（包括制造和销售）等活动。

艺术表演团体

指由文化部门主办或实行行业管理（经文化市场行政部门审批或已申报登记并领取相关许可证），专门从事表演艺术等活动的各类专业艺术表演团体，含民间职业剧团。如话剧团、方言话剧团、滑稽剧团、儿童剧团、歌剧团、木偶团、皮影团等以及由若干剧种组成的综合性专业艺术表演团体。不包括群众业余文艺表演团体。

艺术表演场所

指由文化部门主办或实行行业管理（经文化市场行政部门审批或已申报登记并领取相关许可证），有观众席、舞台、灯光设备、公开售票、专供文艺团体演出的文化活动场所。附属于文化部门机构内非独立核算的剧场、排演场、公开营业的也应单独统计。

广播电视节目综合人口覆盖率

指根据国家广电总局制定的《广播电视人口覆盖率统计技术标准和方法》进行统计调查的，在对象区内采用无线、有线、微波、卫星等技术手段能够收听到包括中央、省、地市、县广播电视节目其中任意一套的人口数占全省总人口数的百分比。

等级运动员人数

指经考核正式批准授予等级运动员称号的人数。运动员等级分为国际级运动健将、运动健将、一级运动员、二级运动员、三级运动员、少年级运动员。

体育场

指有400米跑道（中心含足球场），有固定道牙，跑道6条以上，并有固定看台的室外田径场地。体育场按看台容纳观众人数分为：甲级25000人以上，乙级15000-25000人，丙级5000-15000人，丁级5000人以下。

体育馆

指有固定看台，可供篮球、排球、羽毛球、乒乓球、体操等项目训练比赛活动用的室内运动场地。体育馆按看台容纳观众人数分为：甲级6000人以上，乙级4000-6000人，丙级2000-4000人，丁级2000人以下。

医疗卫生机构

指从卫生（卫生健康）行政部门取得《医疗机构执业许可证》《中医诊所备案证》《计划生育技术服务许可证》或从民政、工商行政、机构编制管理部门取得法人单位登记证书，为社会提供医疗服务、公共卫生服务或从事医学科研和在职培训等工作的单位。

统计范围：医疗卫生机构包括医院、基层医疗卫生机构、专业公共卫生机构、其他医疗卫生机构。

①医院包括综合医院、中医医院、中西医结合医院、民族医医院、各类专科医院和护理院，不包括专科疾病防治院、妇幼保健院和疗养院，包括医学院校附属医院。公立医院：包括登记注册类型为国有和集体的医院。民营医院：指除登记注册类型为国有和集体以外的医院，包括私营、联营、股份合作(有限)、台港澳合资合作、中外合资合作等医院。

②基层医疗卫生机构包括社区卫生服务中心(站)、乡镇（街道）卫生院、村卫生室、门诊部、诊所(医务室)。政府办基层医疗卫生机构：主要指卫生(卫生健康）行政部门、街道办事处等行政机关举办的社区卫生服务中心(站)、乡镇（街道）卫生院。政府办社区卫生服务中心(站):指卫生（卫生健康）行政部门、街道办事处、新疆生产建设兵团、林业局、农垦局等机关举办的社区卫生服务中心(站)，不包括公立医院举办的社区卫生服务中心和社区卫生服务站（属事业单位举办）。非政府办乡镇卫生院和社区卫生服务中心(站):指政府办以外（如国有及民营企业、事业单位、个人、其他社会组织举办）的乡镇(街道)卫生院和社区卫生服务中心(站)。

③专业公共卫生机构包括疾病预防控制中心、专科疾病防治机构、妇幼保健机构（含妇幼保健计划生育服务中心)、健康教育机构、急救中心(站)、采供血机构、卫生监督机构、取得《医疗机构执业许可证》或《计划生育技术服务许可证》的计划生育技术服务机构。

④其他医疗卫生机构包括疗养院、临床检验中心、医学科研机构、医学在职教育机构、卫生监督（监测、检测）机构、医学考试中心、农村改水中心、人才交流中心、统计信息中心等卫生事业单位。

卫生在岗职工

指在医疗卫生机构工作并由单位支付工资的人员。包括在编及合同制人员、派遣人员、返聘和临聘本单位半年以上人员（如护士、医师等)，不包括离退休人员、退职人员、离开本单位仍保留劳动关系人员、返聘和临聘本单位不足半年人员。多点执业医师一律计入第 1 执业单位在岗职工数，不再计入第 2、3 执业单位在岗职工数。

卫生技术人员

包括执业医师、执业助理医师、注册护士、药师(士)、检验及影像技师(士)、卫生监督员和见习医（药、护、技）师(士）等卫生专业人员，包括从事临床、或监督工作并同时从事管理工作的人员（如院长、书记等)。

执业(助理）医师、注册护士、卫生监督员一律按取得医师、护士、卫生监督员执业证书且实际从事临床或监督工作的人数统计，包括从事临床或监督工作并同时从事管理工作的人员（如院长、书记）等。

第 十九 篇

社会服务、公共管理和其他

简要说明

一、本篇主要反映我市社会福利和其他事业发展情况。

社会福利：主要包括社会福利事业的机构人员、社会福利救济、婚姻状况等情况。资料来自市民政局。

其他：主要包括司法、法院、监察、公安、消防、工会、团委、妇联、人社、卫生保健、残疾人事业等内容。资料来自各相关部门。

二、上述资料根据相关部门统计报表制度进行统计、汇总整理。

19—1　主要年份工会组织情况

指　　标		2010年	2015年	2020年	2022年	2023年
工会基层组织数	（个）	4888	12021	13673	16807	18146
职工人数	（人）	692008	1347817	1691843	1925005	2078120
#女职工		232571	495196	696431	780494	824974
#农民工		199056	514708	673968	735068	765932
会员人数	（人）	637384	1304813	1559244	1826278	1951626
#女会员		219124	483926	640998	737867	783176
#农民工		173133	498262	606609	705919	736523
工会专职工作人员人数	（人）		3497	5022	5415	5650

19—2　共青团组织情况（2023年）

单位：个、人

指　　标	数　　量	指　　标	数　　量
团组织数	**22415**	**团员数**	**309653**
基层团委	637	学校领域	111650
		机关事业单位	14316
基层团工委	83	国有企业	12383
		非公企业	18523
团总支	862	社会组织	7870
		城市社区	57933
团支部	20833	农　村	86978
		其　他	

19—3 妇联组织情况（2023年）

单位：个

指　　标	数　量	指　　标	数　量
妇联组织		**机关事业单位妇女组织**	
市妇联数	1	部门机关妇委会（妇工委）	95
县（区）妇联数	13		
乡（镇）妇联数	86	**民主党派妇女组织**	
街道妇联数	64	民主党派妇委会	7
社区妇联数	609		
村妇联	1135	**团体会员**	
非公有制经济组织中的妇女组织		工会女职工委员会	1
个体劳动者协会中的妇女组织	122	民政部门登记注册的妇女社团	12
私营企业中的妇女组织	1714		

19—4 妇联工作情况（2023年）

指　　标		数　量	指　　标		数　量
双学双比活动			妇联自（联）办农业基地数	（亩）	
科技培训		156	“妇字号”巾帼创新创业基地		
接受技术培训的妇女人数	（人）	11260	基地个数	（个）	40
农村妇女劳动力转移			基地亩数	（亩）	22400
接受劳动力转移培训的妇女人数	（人）	13900	**巾帼建功活动**		
培训后实现转移就业的妇女人数	（人）	2865	下岗失业妇女再就业	（人）	4002
建立各类农业科技指导合作性组织数		12	妇女就业服务机构数	（个）	31
农村妇女专业技术协会、科技指导中心或农村妇女专业合作社	（个）	96	从事家政服务人数	（人）	3115
			妇联牵头的专场招聘会	（个）	139

19—4 续表

指　　标		数　量	指　　标		数　量
妇女创业就业培训人数	（人）	19800	维权队伍建设情况		
帮助妇女创业就业人数	（人）	2900	妇联维权专职干部人数	（人）	133
小额贷款资助妇女就业			维权基金（专项经费）	（万元）	27
小额贷款资金总数	（万元）	57000	**普法工作**		
受益妇女人数	（人）	1106	妇联干部普法培训人数	（人）	1896
政府拨、贷款	（万元）		妇女法制宣传教育普及妇女人数	（万人次）	831
妇联组织评选表彰情况			**禁毒工作**		
三八红旗手	（人）	120	妇女禁毒宣传普及妇女人数	（人）	47482
三八红旗集体	（个）	30	**来信、来访情况**		
最美家庭	（户）	100	有关女职工劳动保护信访案件	（件）	44
巾帼建功标兵	（人）	6	有关侵犯妇女财产权利信访案件	（件）	114
巾帼文明岗	（个）	26	**家庭教育情况**		
五好文明家庭户数	（户）		家长学校	（个）	1585
维护妇女合法权益			家庭教育讲师团数	（个）	2
为妇女提供维权服务情况			家庭教育专家和志愿者	（名）	2500
由妇联创办的维权服务机构数	（个）	27	培训家庭教育工作骨干数	（人）	300
维权服务志愿者人数	（人）	1653			

19—5 主要年份妇女卫生保健状况

指　　标		2010年	2015年	2020年	2021年	2022年	2023年
农村无害化卫生厕所普及率	(%)		66.4	92.0	95.3		
农村卫生厕所覆盖率	(%)		87.76	94.20	94.79		
妇幼保健机构病床数	(张)	435	458	1702	1356	1503	1678
妇幼保健机构医生数	(人)	279	360	655	623	746	763
孕产妇系统管理率	(%)	83.98	93.05	92.84	94.33	94.63	94.85
住院分娩率	(%)	99.96	100.00	99.99	100.00	100.00	100.00
孕产妇死亡率	(1/10万)	6.96	13.87	8.02	3.68	4.42	7.08
婚前医学检查率	(%)	88.21	99.19	95.23	97.12	95.90	95.38

19—6 主要年份儿童卫生保健状况

指　　标		2010年	2015年	2020年	2021年	2022年	2023年
婴儿死亡率	(‰)	6.92	4.89	2.71	2.23	2.50	2.54
5岁以下儿童死亡率	(‰)	9.03	6.38	3.64	3.53	3.86	3.63
住院分娩出生缺陷发生率	(‰)	14.39	10.41	23.18	27.64	33.50	33.87
四苗全程免疫接种率	(%)	99.95	99.77	99.64	99.66	98.31	96.46
#卡介苗接种率		99.94	99.90	99.75	99.68	98.41	98.96
脊髓灰质炎疫苗接种率		100.00	99.77	99.62	99.66	98.31	95.88
百白破疫苗接种率		99.96	99.83	99.65	99.64	98.30	96.48
麻疹疫苗接种率		99.95	99.83	99.63	99.67	98.30	96.33
乙肝疫苗接种率	(%)	99.90	99.83	99.73	99.64	98.41	97.73
7岁以下儿童保健管理率	(%)	84.07	94.79	94.28	94.50	93.55	93.12
新生儿访视率	(%)	88.45	94.91	95.39	97.15	97.76	97.06

19—7 残疾人事业基本情况

指　　标		2020年	2022年	2023年
康　　复				
视力康复				
白内障复明手术				
贫困白内障复明手术	（万例）	0.07	0.10	0.10
人工晶体植入率	（%）	100	100	100
低视力配用助视器	（人）			
聋儿康复				
年收训聋儿	（人）	344	290	373
聋儿入普幼普小率	（%）	80	76	101
培训家长	（人）	344	290	315
精神病防治康复				
开展工作市县数	（个）	12	12	12
综合防治康复精神病人数	（万人）	1.3	1.3	1.4
康复训练与服务	（人）	4521	5341	7189
肢体残疾康复训练数		1860	4358	3846
智残儿童康复训练数		1486	1163	2057
脑瘫儿童康复训练数		1175	352	1286
就　　业				
城镇残疾人就业状况				
当年安排就业人员	（人）	2995	2905	3160
#按比例就业		1812	1654	2210
残疾人就业服务机构	（个）	10	10	2
市		1	1	1
县		5	5	1
市辖区		4	4	0

注：县、区级机构改革，各撤销了4家残疾人就业服务机构。

19—8 主要年份婚姻登记和离婚情况

指标		2010年	2015年	2020年	2022年	2023年
内地居民登记结婚	**（对）**	**66437**	**88522**	**61231**	**50362**	**59588**
初婚	（人）	78345	139596	83337	71579	85475
再婚	（人）	54529	37448	39125	29145	33701
#女性		27066	19013	20301	15339	17824
#恢复结婚	（对）	1573	6336	9690	6303	6801
登记离婚	**（对）**	**9580**	**22605**	**34592**	**16807**	**22230**
离婚率	**（‰）**	**3.87**	**6.32**	**8.92**	**4.22**	**5.51**

19—9 各县（市）区婚姻登记和离婚情况（2023年）

地区	内地居民登记结婚（对）	初婚（人）	再婚（人）	登记离婚（对）	离婚率（按户籍人口）（‰）
合计	**59588**	**85475**	**33701**	**22230**	**5.51**
瑶海区	5802	8698	2906	2048	8.12
庐阳区	5977	7947	4007	2198	8.01
蜀山区	7587	11192	3982	2727	7.77
包河区	11002	15290	6714	4157	10.47
高新区	2911	4898	924	568	7.14
经开区	1756	2395	1117	732	4.86
新站区	2602	4144	1060	692	6.12
长丰县	4521	6498	2544	1926	4.72
肥东县	5588	8374	2802	2041	3.76
肥西县	4696	5746	3646	1936	4.51
庐江县	3858	5495	2221	1724	2.90
巢湖市	3288	4798	1778	1481	3.50

19—10　法律服务情况

指　　标		2020年	2022年	2023年
律师工作				
律师事务所	(个)	243	293	324
律师人数	(人)	5735	7720	8831
#专　职		5068	6634	7589
聘请担任常年法律顾问的单位	(处)	6138	8421	8539
民事、经济诉讼代理	(件)	70969	118619	115909
刑事诉讼辩护及代理	(件)	7085	10899	13917
行政诉讼代理	(件)	2664	3707	4023
非诉讼法律事务	(件)	9391	18262	6047
公证工作				
公证机构	(个)	8	8	8
公证人员	(人)	150	151	149
#公证员		44	55	57
公证员助理		59	53	52
办理公证文书	(件)	26724	26796	32061
涉外及港澳台公证文书	(件)	5333	6085	775
司法鉴定				
司法鉴定机构	(个)	20	23	23
司法鉴定人员	(人)	497	630	664
办理司法鉴定事项	(件)	67250	69070	78951
基层法律服务				
基层法律服务所	(个)	31	29	29
基层法律服务工作者	(人)	149	132	136
代理民事、行政诉讼事务	(件)	2952	2856	3845
代理非诉讼事务	(件)	983	562	638
法律援助工作				
法律援助机构数（不含律师行）	(个)	10	10	10
得到法律援助机构援助的妇女数	(人)	2880	2734	2202
得到法律援助机构援助的未成年人数	(人)	1257	1035	954
办理法律援助案件	(件)	12288	12411	12129

19—11 劳动争议仲裁委员会受理及处理案件情况（2023年）

单位：件

案件类别	全市	国有企业	城镇集体企业	外商投资及港澳台投资企业	私营企业	其他
上期未结案件数	**259**				**259**	
案件受理情况						
案件数	20273	91		89	19745	311
#集体争议案件数	8				8	
劳动者当事人数（人）	20306	91		89	19769	311
#集体争议劳动者当事人数	131				131	
案件处理情况						
结案件数	20388	91		89	19861	310
处理方式						
仲裁调解	14548	54		63	14167	238
仲裁裁决	5495	27		26	5373	68
其他方式	345	10			321	4
处理结果						
用人单位胜诉	1850	25		22	1770	56
劳动者胜诉	9309	19		30	9115	123
双方部分胜诉	9160	47		37	8925	131
本期未结案数	**144**					

19—12 人民法院行政一审案件收结案情况（2023年）

单位：件

项目	收案	结案	判决	不予立案	驳回起诉	撤诉	其他
合计	**2639**	**2105**	**1109**	**40**	**407**	**499**	**50**
公安	206	189	105	9	23	51	1
资源	185	146	90	2	35	18	1
城建	712	443	193	3	110	117	20
工商	169	135	59	5	29	36	6
卫生	3	3	2			1	
环保	16	14	5		2	3	4
交通	11	9	5		4		
税务	5	3	2			1	
其他	1332	1163	648	21	204	272	18

19—13　人民法院民事一审案件收结案情况（2023年）

单位：件

项　目	收　案	结　案					
			判　决	准予撤诉	按撤诉处理	调　解	其　他
合　计	**154672**	**144963**	**71924**	**20077**	**16653**	**31874**	**4435**
人格权纠纷	1252	1158	613	161	108	231	45
婚姻家庭继承纠纷	10127	9727	3280	980	740	4384	343
物权纠纷	1886	1772	791	351	172	249	209
合同、无因管理、不当得利纠纷	112972	106339	56068	14410	10791	22199	2871
知识产权与竞争纠纷	5480	4520	1034	1435	1586	343	122
海事海商纠纷	1	1				1	
劳动争议、人事争议	4434	4029	2284	422	137	909	277
与公司、证券、保险、票据等有关的民事纠纷	9153	8729	3506	1398	2531	860	434
侵权责任纠纷	8948	8304	4096	886	555	2660	107
适用特殊程序案件案由	419	384	252	34	33	38	27

19—14　纪检监察立案审查调查及处分人员情况（2023年）

单位：人次

指　标	职务违法犯罪行为						
	小　计	贪污贿赂	滥用职权	玩忽职守	徇私舞弊	重大责任事故	其　他
处分人员小计	**240**	**108**	**7**	**8**	**1**	**1**	**178**
党纪处分	169	93	6	2	1	1	124
警　告	15	1		1			14
严重警告	45	9		1			39
撤销党内职务	4					1	4
留党察看	29	17	1				18
开除党籍	76	66	5		1		49
政务处分	158	60	4	7	1	1	130
警　告	31			3			28
记　过	12			2			10
记大过	15	2	1	1			11
降　级	16	2	1				15
撤　职	39	16		1		1	34
开　除	45	40	2		1		32
其中受双重处分人数	87	45	3	1	1	1	76
免予处分	3	1					
党　纪	1	1					
政　务	2						2
组织措施	**56**	**38**	**2**	**2**			**30**
移送检察	**92**	**89**	**4**				**44**
刑事处理	**77**	**73**	**5**	**1**	**3**		**33**

19—15 主要年份刑事案件批捕及起诉

指标		2010年	2015年	2020年	2022年	2023年
受理刑事案件批捕总数	（件）	2711	3978	2638	2406	4372
#批捕数		2298	2813	2137	1736	2855
受理刑事案件批捕总数	（人）	4416	5804	4167	3635	6459
#批捕数		3738	3915	3146	2398	3862
受理刑事案件起诉免诉总数	（件）	3609	6324	8897	9867	11376
起　诉		2921	5016	7475	8190	8506
不　诉		85	143	1080	2074	2038
受理刑事案件起诉免诉总数	（人）	6504	9279	14494	16116	17005
起　诉		5154	7077	12011	12686	12538
不　诉		141	207	1669	3497	2785

19—16 检察机关处理申诉案件情况（2023年）

单位：件

案件类别	受　理	立案复查	立案复查结果
合　计	**136**	**7**	**9**
不服检察机关处理决定小计	**18**	**4**	**3**
不服不批捕			
不服不起诉	18	4	3
不服撤案			
不服免于起诉			
其　他			
不服法院刑事判决裁定小计	**118**	**3**	**6**
刑罚执行中被害人申诉	29		1
刑罚执行中被告人申诉	53	1	2
刑罚执行完毕后被害人申诉	6		
刑罚执行完毕后被告人申诉	27	2	2
其　他	3		1

19—17 主要年份交通事故发生情况

指　　标	2010年	2015年	2020年	2022年	2023年
交通事故发生数　　（起）	**961**	**2385**	**1695**	**1348**	**1389**
一次性死亡三人以上事故	6	3	4		
一般亡人事故	366	345	415	403	375
一般伤人、财损事故	589	2037	1276	945	1014
交通事故损失　　（万元）	**376.2**	**1209.9**	**1639.7**	**1318.4**	**631.9**
一次性死亡三人以上事故	21.0	10.6	16.0		
一般亡人事故	228.4	331.1	944.7	611.6	261.5
一般伤人、财损事故	126.8	868.2	679.0	706.8	370.4

19—18 交通事故情况（2023年）

项　　目	发生数（起）	死亡人数（人）	受伤人数（人）	损失折款（万元）
合　　计	**1389**	**379**	**1328**	**631.9**
#一次性死亡三人以上事故				
一般亡人事故	375	379	115	261.5
机 动 车	922	329	808	507.9
汽　车	745	293	626	475.2
摩托车	97	10	109	16.7
拖拉机	9	1	12	1.4
农业运输车	61	20	49	11.6
其他机动车	10	5	12	3.0
非机动车	436	38	494	108.3
自行车（仅人力）	39	5	39	12.2
其他非机动车	397	33	455	96.1
行人、乘车人	31	12	26	15.7

19—19 各县区交通事故情况（2023年）

地　区	发生数（起）	死亡人数（人）	受伤人数（人）	损失折款（万元）
合　计	**1389**	**379**	**1328**	**631.9**
瑶海区	88	11	81	10.7
庐阳区	64	12	64	20.3
蜀山区	128	17	141	27.1
政务区	8	3	6	24.2
包河区	148	19	161	19.3
滨湖区	53	11	55	22.4
高新区	74	11	68	19.6
经开区	31	12	28	25.6
新站区	82	14	84	26.7
长丰县	88	37	78	60.2
肥东县	136	69	84	10.5
肥西县	92	38	64	40.6
庐江县	215	33	235	43.0
巢湖市	102	46	77	26.6
高　架	16	5	17	7.4
高速公路	64	41	85	247.7

19—20 主要年份火灾事故情况

指　标	2010年	2015年	2020年	2022年	2023年
发生数（起）	1251	2904	2275	4578	5551
死亡人数（人）	4	9	11	8	16
受伤人数（人）		14	1	8	10
直接经济损失（万元）	553.0	795.2	10972.7	7269.5	3553.9

19—21 火灾事故发生情况（2023年）

指标	全市	特别重大	重大	较大	一般
发生 (起)	5551			2	5549
死亡 (人)	16			6	10
受伤 (人)	10			1	9
损失折款 (万元)	3537.0			42.8	3494.2
平均每起事故损失 (元)	6372			214000	6297

19—22 各县（市）区火灾事故情况（2023年）

地区	发生数（起）	死亡人数（人）	受伤人数（人）	直接经济损失（万元）
合计	**5551**	**16**	**10**	**3553.9**
瑶海区	614			239.7
庐阳区	518			213.4
蜀山区	633	2		416.4
包河区	780	4	2	487.1
高新区	157			125.2
经开区	326	2		163.9
新站区	483			105.8
长丰县	261	2	7	650.3
肥东县	600	3	1	615.2
肥西县	655			238.2
庐江县	344	3		172.4
巢湖市	112			99.8
安巢经开区	68			26.5

19—23 民政行业单位基本情况

项目	单位数（个）		职工人数（人）	
	2022年	2023年	2022年	2023年
民政行政机关	**10**	**10**	**283**	**288**
社会工作服务机构	**3552**	**4391**	**19620**	**10644**
提供住宿的社会服务机构	180	178	4309	3548
养老机构	172	172	4104	3351
社会福利院	4	4	45	46
特困人员供养机构	108	102	1166	1111
养老公寓等其他养老机构	60	66	2893	2194
儿童福利和救助机构	2	2	140	136
儿童福利机构	2	2	140	136
其他提供住宿机构	6	4	65	61
救助管理站	6	4	65	61
不提供住宿的社会工作机构和设施	3372	3857	15311	14832
其他社会服务机构	**15**	**15**	**599**	**464**
殡葬服务机构	15	15	559	464
社会组织	**5007**	**4893**	**76964**	**52864**
社会团体	1928	1973	17104	13982
基金会	6	6	14	12
民办非企业单位	2919	2914	59846	38870
慈善组织				
自治组织	**1765**	**1774**	**16433**	
社区居委会	606	628	8067	
村民委员会	1159	1146	8366	

19—24　主要年份享受补助、救济人员情况

指　　标		2010年	2015年	2019年	2020年	2022年	2023年
城乡居民最低生活保障人数	（人）	**155552**	**199568**	**180842**	**177563**	**145009**	**145025**
城镇居民最低生活保障人数		46031	38365	26456	23609	19731	18962
农村居民最低生活保障人数		109521	161203	154386	153954	125278	126063
农村特困人员救助供养人数	（人）	**29899**	**39228**	**33155**	**31579**	**28402**	**28003**
农村分散供养人数		19516	20159	28128	26904	24292	23109
农村集中供养人数		10383	19069	5027	4675	4110	4894

19—25　退役军人事务行业单位基本情况

项　　目	单位数　（个）		职工人数　（人）	
	2022年	2023年	2022年	2023年
军队离退休干部休养所	9	9	86	86
军供站	2	2	10	10
烈士陵园管理处	5	5	47	44
退役军人服务管理中心	13	13	87	82
军休保健办	1	1	3	3
光荣院	1	1	5	4
军队离退休干部服务站	1	1	3	3

19—26 优抚对象、社会救济、最低生活保障情况（2023年）

指 标		全 市	市 区	长丰县	肥东县	肥西县	庐江县	巢湖市
优抚对象优待抚恤情况								
抚恤、补助优抚对象总人数	（人）	41771	7684	6413	7256	5610	9057	5751
享受定期抚恤人数		4872	2301	421	493	440	707	510
烈 属		92	21	9	10	26	18	8
因公牺牲军人家属		112	27	11	14	7	20	33
病故军人家属		194	57	25	32	30	28	22
享受定期补助人数		36899	5383	5992	6763	5170	8350	5241
在乡复员军人		322	34	44	110	25	67	42
带病回乡退伍军人		8389	640	632	1236	1177	2801	1903
60岁以上农村籍退伍军人		24851	4139	4862	4895	3260	4836	2859
烈士老年子女		409	41	47	83	20	153	65
其 他		2928	529	407	439	688	493	372
伤残人员合计		4474	2196	376	437	377	641	447
优待总金额	（万元）	11639	6304	520	1154	1779	944	938
抚恤补助金额	（万元）	59141	22676	4512	8580	7385	7610	8379
退役安置补助金额	（万元）	82256	70898	1083	2385	1402	2440	4048
社会救济情况								
城市居民最低生活保障人数	（人）	18962	18962					
#女 性		7869	7869					
#残疾人		7501	7501					
城市居民最低生活保障户数	（户）	11680	11680					
农村居民最低生活保障人数	（人）	126063		24757	25874	23923	34623	16886
#女 性		58749		11824	12099	11335	15957	7534
#残疾人		42994		6166	8167	9703	12159	6799
农村居民最低生活保障户数	（户）	78959		15493	16138	15463	21536	10329
城市特困人员救助供养	（人）	1474	1474					
集中供养人数		365	365					
分散供养人数		1109	1109					
农村特困人员救助供养	（人）	28003		4770	6567	4903	7463	4300
集中供养人数		4894		756	1154	1343	1006	635
分散供养人数		23109		4014	5413	3560	6457	3665
传统救济	（人次）	517						
临时救助	（人次）	8748	3272	1456	1691	602	893	834

19—27　各县（市）区城乡居民最低生活保障和社会保障网络基本情况（2023年）

地　　区	社区综合服务机构和设施总数（个）	城乡居民最低生活保障			
		城镇低保人数（人）	保障金额（万元）	农村低保人数（人）	保障金额（万元）
合　　计	**1746**	**18962**	**16871**	**126063**	**103657**
瑶 海 区	81	3734	3360		
庐 阳 区	67	2751	2540		
蜀 山 区	82	2755	2669		
包 河 区	91	3153	2718		
高 新 区	9	1566	1312		
经 开 区	64	3181	2740		
新 站 区	90	1822	1534		
长 丰 县	279			24757	19843
肥 东 县	250			25874	21716
肥 西 县	298			23923	21099
庐 江 县	243			34623	26704
巢 湖 市	192			16886	14295

19—28 社会福利救济主要费用情况（2023年）

单位：万元

指标	全市	市区	长丰县	肥东县	肥西县	庐江县	巢湖市
社会福利支出金额	157477	54968	16167	31259	16472	24054	14557
社会救助支出金额	165791	22059	26480	31323	28095	37427	20408
最低生活保障金额	120539	16882	19843	21716	21099	26704	14295
临时救助合计金额	2944	1282	589	386	210	213	263
特困人员供养金额	48709	3766	6863	11058	8076	12043	6903
其他社会救助金额	599	138	102			359	
其他民政事业费支出金额	23406	12900	3131	467	3785	1567	1556

19—29 提供住宿的社会服务机构情况（2023年）

指标		全市	市区	长丰县	肥东县	肥西县	庐江县	巢湖市
养老公寓等各类养老机构	（个）	164	54	22	21	22	19	26
年末职工人数	（人）	3298	1823	280	288	385	197	325
年末床位数	（张）	31178	11421	4218	4332	3982	3221	4004
年末在院人数	（人）	14656	5012	2113	2822	2042	1396	1271
特困人员救助供养机构	（个）	102	9	19	18	17	25	14
年末职工人数	（人）	1111	167	224	219	236	125	140
年末床位数	（张）	18682	1967	3928	3380	3354	3480	2573
年末在院人数	（人）	8223	594	1958	2224	1591	1122	734
儿童(社会)福利院数	（个）	6	1	1	1	1	1	1
年末职工人数	（人）	187	122	5	15	17	10	18
年末床位数	（张）	802	600	30	40	70	30	32
年末在院人数	（人）	621	537	1	21	47	3	12
救助管理站数	（个）	6	1	1	1	1	1	1
年末职工人数	（人）	77	44	4	10	6	3	10
年末床位数	（张）	312	200	30	30	12	30	10
本年在站救助人次数	（人次）	2159	1539	15	97	111	79	318

19—30 城乡居民基本养老保险情况

指 标		2020年	2022年	2023年
参（续）保人数	（万人）	296.3	291.2	290.5
本年领取养老金人数	（万人）	89.7	91.6	98.5
本年保险资金收入	（万元）	281828.3	422287.8	480085.4
本年保费收入		264066.8	388497.9	452323.1
个人缴费		88321.2	149827.1	194699.2
政府补贴		175745.6	238670.8	257623.9
本年基金运营收益		7253.0	1029.4	10316.5
转移收入		10238.8	32268.8	16526.9
其他收入		269.7	491.7	918.9
本年保险金支出	（万元）	168906.8	238940.3	274530.7
养老金支出		165610.1	233983.7	268299.1
年末基金滚存结余	（万元）	642801.8	959969.2	1165523.9

19—31 主要年份城乡居民参加基本医疗保险情况

年 份	参保人数（万人）			基金收支情况（万元）		
				基金收入		
	城乡居民	原城镇居民	原新农合	城乡居民	原城镇居民	原新农合
2010		121.9	226.7		24227	33986
2015		158.7	409.9		70509	202782
2020	564			524339		
2021	555			496923		
2022	553			523876		
2023	552.0			583159		

年 份	基金收支情况（万元）					
	基金支出			累计结余		
	城乡居民	原城镇居民	原新农合	城乡居民	原城镇居民	原新农合
2010		13035	31378		39897	5792
2015		55431	177987		91419	62640
2020	494121			208091		
2021	515398			189616		
2022	567301			146190		
2023	615638			113712		

注：2019年起原城镇居民和原新农合医保整合为城乡居民基本医疗保险，不再单独区分。

19—32 职工基本养老、基本医疗和失业、生育、工伤保险情况（2023年）

指标		全市	市区	长丰县	肥东县	肥西县	庐江县	巢湖市
基本养老保险（企业）								
参保职工年末数	（人）	3822036	3347016	129513	105924	107333	52808	79442
离休、退休、退职人员年末人数	（人）	464396	324171	12449	25770	22316	30618	49072
基金收入	（万元）	5628370	5007627	224306	222427	210082	180936	299276
基金支出	（万元）	5620589	4999787	224268	222526	210087	180935	299271
累计结余	（万元）	11362	10853	195	23	52	234	5
基本医疗保险								
参保职工年末数	（人）	2935798	2275116	145415	142663	132371	99252	140981
基金收入	（万元）	1516384	1233192	72493	59985	58602	38629	53483
基金支出	（万元）	960020	699783	46016	58416	48344	42626	64834
累计结余	（万元）	3052056	2695464	134300	44994	115602	36393	25304
失业保险								
年末参保人数	（人）	2384065	1985427	107703	87282	86808	43842	73003
领取失业保险金人数	（人）	75850	60980	3266	4063	3562	1743	2236
基金收入	（万元）	186358	158979	7574	5408	5654	3768	4975
基金支出	（万元）	172243	140935	7438	7756	7275	3627	5212
累计结余	（万元）	1804	183	4	3	95	1500	19
生育保险								
年末参保人数	（人）	2460037	1948254	130374	113830	110957	66877	89745
基金支出	（万元）	137969	118922	4799	4641	5525	1541	2542
工伤保险								
年末参保人数	（人）	2852653	2181387	137921	152717	209323	92254	79051
农民工人数	（人）	1098069	778910	11971	81520	131855	55100	38713
享受伤残待遇人数	（人）	12885	9145	881	801	940	321	797
因工死亡人数	（人）	196	141	11	10	12	12	10
供养亲属人数	（人）	1651	1295	80	63	82	65	66
基金收入	（万元）	108907	80394	7256	6147	7890	3896	3324
基金支出	（万元）	113943	84114	7188	6623	7628	3729	4661
累计结余	（万元）	94562	75000	2433	1602	8234	4298	2995

注：生育险基金收入2018年起并入基本医疗保险基金收入中。

19—33 人力资源服务机构综合情况（2023年）

项目	服务机构数（个）	从业人员人数（人）
合计	**1113**	**24518**
综合性公共就业和人才服务机构	10	237
公共就业服务机构	2	18
人才公共服务机构	2	17
行政所属服务机构（事业单位）	2	20
国有性质的服务企业	24	2476
民营性质的服务企业	1057	21640
外资性质的服务企业	4	101
民办非企业等其他性质的服务机构	12	9

主要统计指标解释

社会福利企业单位

指以安置城镇有一定劳动能力的盲、聋、哑和肢体残疾人员就业为目的，享受国家减免税待遇的国有或集体企业。包括福利工厂、福利商业和服务业、假肢厂和安置农场等单位。

律师

指依法取得律师执业证书，接受委托或者指定，为当事人提供法律服务的执业人员。

公证机构

是依法设立，不以营利为目的，依法独立行使公证职能、承担民事责任的证明机构。

公证人员

指在国家公证机关依法办理公证事务的司法人员，包括公证员、助理公证员和在公证处工作的其他人员。

办理公证文书

指公证处在一定时期内办结的公证文书件数。公证文书按司法部规定或批准的格式制作，包括国内公证和涉外公证两部分。国内公证分为经济合同公证和民事法律关系公证两大类。

特别重大火灾

指造成 30 人以上死亡，或者 100 人以上重伤，或者 1 亿元以上直接财产损失的火灾。

重大火灾

指造成 10 人以上 30 人以下死亡，或者 50 人以上 100 人以下重伤，或者 5000 万元以上 1 亿元以下直接财产损失的火灾。

较大火灾

是指造成 3 人以上 10 人以下死亡，或者 10 人以上 50 人以下重伤，或者 1000 万元以上 5000 万元以下直接财产损失的火灾。

一般火灾

指造成 3 人以下死亡，或者 10 人以下重伤，或者 1000 万元以下直接财产损失的火灾。

立案（纪检监察）

指监察机关对犯罪线索进行初步调查后，认为存在职务犯罪事实并需要追究刑事责任时，依法决定作为刑事案件进行侦查的诉讼活动，是追究犯罪的开始。

离休、退休、退职人员

指正式办理了离休、退休、退职手续，并享受相应的离休、退休、退职待遇的人员。

城乡居民医疗保险

是整合城镇居民基本医疗保险（简称城镇居民医保）和新型农村合作医疗（简称新农合）两项制度，建立统一的城乡居民基本医疗保险（简称城乡居民医保）。

第二十篇

城市比较

简要说明

一、本篇包括长三角、“万亿俱乐部”、省会、省内、合肥都市圈、皖江城市带承接产业转移示范区城市主要经济指标。

二、本篇地区生产总值数据为初步核算数。

三、资料来源：安徽省统计局有关统计资料、各城市交流资料及统计公报。

四、本篇由市统计局国民经济综合统计处收集、整理。

20—1 长三角城市主要经济指标（2023年）

单位：亿元

城市	生产总值	一般公共预算收入	规模以上工业增加值增长(%)	固定资产投资增长(%)	社会消费品零售总额	进出口总额	城镇居民人均可支配收入(元)	农村居民人均可支配收入(元)
合肥	**12673.8**	**929.60**	**10.6**	**3.0**	**5270.83**	**3588.13**	**59609**	**31140**
上海	47218.7	8312.50	1.5	13.8	18515.50	42121.61	89477	42988
南京	17421.4	1620.00	3.6	-1.9	8201.07	5659.94	79858	36789
杭州	20059.0	2616.80	2.4	2.8	7670.57	8029.72	80587	48180
宁波	16452.8	1785.90	6.6	7.5	5212.56	12779.33	80144	48350
无锡	15456.2	1195.40	7.8	8.3	3567.55	7065.32	76644	44617
常州	10116.4	680.30	8.8	2.5	3050.13	3183.63	71744	40401
苏州	24653.4	2456.80	3.6	5.0	9582.92	24514.10	82989	46385
南通	11813.3	680.20	8.8	2.6	4215.14	3500.29	62512	32977
盐城	7403.9	482.70	8.1	9.2	2872.53	1452.35	48526	29744
扬州	7423.3	347.60	7.2	10.5	1660.64	1055.77	56781	31488
镇江	5264.1	320.70	7.0	3.0	1481.74	986.41	64602	35466
泰州	6731.7	439.70	7.1	9.4	1709.71	1344.39	59604	31810
嘉兴	7062.5	632.00	7.6	7.4	2513.46	4409.94	75909	49643
湖州	4015.1	410.50	4.6	10.4	1707.92	1618.79	74400	47455
绍兴	7791.1	578.70	10.8	10.0	2820.35	4224.71	80392	48825
金华	6011.3	525.80	4.4	18.5	3141.76	7697.52	73639	38136
舟山	2100.8	193.50	16.6	8.1	617.84	3578.57	76435	49379
台州	6240.7	494.30	-0.3	-7.4	2766.23	2744.48	73879	40153
温州	8730.6	622.70	9.4	7.4	4257.08	2821.90	77973	41622
芜湖	4741.1	414.30	6.5	-0.7	2091.77	1274.75	54189	31517
马鞍山	2590.6	208.40	5.7	7.5	1047.66	435.52	62510	32670
铜陵	1229.8	112.10	4.5	8.2	433.03	793.36	48767	21865
安庆	2878.3	193.50	6.2	10.2	1409.14	358.45	43609	19526
滁州	3782.0	298.20	9.0	9.5	1694.35	409.39	43423	20176
池州	1112.2	92.10	9.2	13.8	486.25	137.69	43440	22415
宣城	1951.9	197.90	6.2	6.9	851.72	212.67	51318	23979

20—2 "万亿俱乐部"城市主要经济指标（2023年）

单位：亿元

城　　市	生产总值	一般公共预算收入	规模以上工业增加值增长(%)	固定资产投资增长(%)	社会消费品零售总额	进出口总额	城镇居民人均可支配收入(元)	农村居民人均可支配收入(元)
合　肥	**12673.8**	**929.60**	**10.6**	**3.0**	**5270.83**	**3588.13**	**59609**	**31140**
上　海	47218.7	8312.50	1.5	13.8	18515.50	42121.61	89477	42988
北　京	43760.7	6181.10	0.4	4.9	14462.70	36466.32	88650	37358
深　圳	34606.4	4112.80	6.2	11.0	10486.19	38710.70	76910	
重　庆	30145.8	2440.70	6.6	4.3	15130.25	7137.39	47435	20820
广　州	30355.7	1944.20	1.4	3.6	11012.62	10914.28	80501	38607
苏　州	24653.4	2456.80	3.6	5.0	9582.92	24514.10	82989	46385
成　都	22074.7	1929.30	4.1	2.0	10001.60	7475.53		
武　汉	20011.7	1601.20	4.6	0.3	7531.90	3606.17	61693	31560
杭　州	20059.0	2616.80	2.4	2.8	7670.57	8029.72	80587	48180
南　京	17421.4	1620.00	3.6	-1.9	8201.07	5659.94	79858	36789
天　津	16737.3	2027.30	3.7	-16.4	3820.67	8004.74	55355	30851
宁　波	16452.8	1785.90	6.6	7.5	5212.56	12779.33	80144	48350
青　岛	15760.3	1337.80	5.8	5.0	6318.90	8759.73	65751	29736
无　锡	15456.2	1195.40	7.8	8.3	3567.55	7065.32	76644	44617
长　沙	14332.0	1227.10	6.8	-6.8	5561.67	2628.48	67276	43200
郑　州	13617.8	1165.80	12.8	6.8	5623.10	5522.34	48740	30383
佛　山	13276.1	800.50	6.6	-9.9	3734.48	5965.80	68643	41423
福　州	12928.5	754.10	3.3	3.2	4963.76	3435.27	58009	28636
泉　州	12172.3	580.80	3.3	11.5	6271.34	2599.29	60697	29596
济　南	12757.4	1060.80	12.4	2.1	5199.00	2161.00	62506	25587
西　安	12010.8	951.60	9.0	0.1	4811.60	3597.59	51178	19826
南　通	11813.3	680.20	8.8	2.6	4215.14	3500.29	62512	32977
东　莞	11438.1	804.80	-1.9	2.7	4408.12	12823.60	67286	46865
烟　台	10162.5	673.90	11.7	5.8	3545.66	4568.50	59126	28349
常　州	10116.4	680.30	8.8	2.5	3050.13	3183.63	71744	40401

注：2023年GDP过万亿城市26个，烟台、常州为新晋城市。

20—3 全国省会城市主要经济指标（2023年）

单位：亿元

城市	生产总值	一般公共预算收入	规模以上工业增加值增长(%)	固定资产投资增长(%)	社会消费品零售总额	进出口总额	城镇居民人均可支配收入(元)	农村居民人均可支配收入(元)
合肥	**12673.8**	**929.60**	**10.6**	**3.0**	**5270.83**	**3588.13**	**59609**	**31140**
武汉	20011.7	1601.20	4.6	0.3	7531.90	3606.17	61693	31560
长沙	14332.0	1227.10	6.8	-6.8	5561.67	2628.48	67276	43200
郑州	13617.8	1165.80	12.8	6.8	5623.10	5522.34	48740	30383
南昌						1112.91		
太原	5573.7	449.20	1.7	-18.3	1912.88	1349.71	45835	24488
西安	12010.8	951.60	9.0	0.1	4811.60	3597.59	51178	19826
福州	12928.5	754.10	3.3	3.2	4963.76	3435.27	58009	28636
石家庄	7534.2	737.90	8.5	7.6	2751.20	1237.13	47564	21242
沈阳	8122.1	800.90	6.2	1.5	4210.40	1469.35	53650	24197
哈尔滨	5576.3	313.10	-0.4	-24.7	2384.00	495.32	45784	23647
长春	7002.1	576.50	9.3	4.2	2109.80	1225.92	45480	20443
南京	17421.4	1620.00	3.6	-1.9	8201.07	5659.94	79858	36789
杭州	20059.0	2616.80	2.4	2.8	7670.57	8029.72	80587	48180
济南	12757.4	1060.80	12.4	2.1	5199.00	2161.00	62506	25587
南宁	5469.1	400.90	8.3	-23.7	2424.80	1259.06	44469	20369
成都	22074.7	1929.30	4.1	2.0	10001.60	7475.53		
贵阳	5154.8	446.20	9.6	-10.3	2526.77	471.69	48364	23640
昆明	7864.8	558.00	6.6	-24.9	3574.28	1346.29	55501	22144
兰州	3487.3	255.30	0.2	-7.4	1796.30	117.44	48039	18604
西宁	1801.1	144.10	22.9	-6.6	624.80	38.83	41917	17076
银川	2685.6	197.80	15.7	8.5	806.46	130.20	46893	20859
海口	2358.4	266.90	13.8	4.7	1088.83	790.09	46321	22203
广州	30355.7	1944.20	1.4	3.6	11012.62	10914.28	80501	38607
乌鲁木齐	4168.5	369.80	-2.0	12.6	1175.72	700.12	49033	28290
呼和浩特	3801.6	237.80	16.1	25.5	1202.59	194.36	57085	25518

20—4 全省各市主要经济指标（2023年）

城　　市	生产总值（亿元）	第一产业	第二产业	第三产业	规模以上工业增加值增长（%）
合　　肥	**12673.8**	**377.2**	**4642.2**	**7654.4**	**10.6**
淮　　北	1365.5	89.7	584.9	690.9	6.6
亳　　州	2215.8	286.4	772.2	1157.2	8.1
宿　　州	2291.5	338.4	739.2	1213.9	4.4
蚌　　埠	2115.9	280.4	682.8	1152.7	5.4
阜　　阳	3323.7	433.1	1169.1	1721.5	7.5
淮　　南	1601.6	152.5	657.6	791.5	4.0
滁　　州	3782.0	295.1	1862.5	1624.4	9.0
六　　安	2113.4	272.2	824.5	1016.7	7.8
马 鞍 山	2590.6	109.1	1205.2	1276.3	5.7
芜　　湖	4741.1	183.0	2181.2	2376.9	6.5
宣　　城	1951.9	179.9	906.4	865.6	6.2
铜　　陵	1229.8	63.5	569.2	597.1	4.5
池　　州	1112.2	97.3	488.9	526.0	9.2
安　　庆	2878.3	256.5	1224.2	1397.6	6.2
黄　　山	1046.3	79.9	359.8	606.6	4.4

城　　市	社会消费品零售总额（亿元）	固定资产投资增长（%）	一般公共预算收入（亿元）	城镇居民人均可支配收入（元）	农村居民人均可支配收入（元）
合　　肥	**5270.83**	**3.0**	**929.60**	**59609**	**31140**
淮　　北	524.61	3.0	104.80	43786	18807
亳　　州	1301.57	10.5	160.00	41726	19391
宿　　州	1312.38	8.0	161.80	40895	18282
蚌　　埠	1347.63	7.2	179.70	46796	22334
阜　　阳	2502.13	-14.3	194.70	41359	18232
淮　　南	922.66	7.2	130.50	45477	19105
滁　　州	1694.35	9.5	298.20	43423	20176
六　　安	1283.92	9.0	173.60	41279	18696
马 鞍 山	1047.66	7.5	208.40	62510	32670
芜　　湖	2091.77	-0.7	414.30	54189	31517
宣　　城	851.72	6.9	197.90	51318	23979
铜　　陵	433.03	8.2	112.10	48767	21865
池　　州	486.25	13.8	92.10	43440	22415
安　　庆	1409.14	10.2	193.50	43609	19526
黄　　山	528.60	-10.1	84.30	45859	23465

20—5 合肥都市圈主要指标（2023年）

地 区	土地面积（平方公里）	年末常住人口（万人）	地区生产总值（亿元）				
				第一产业	第二产业		
						工 业	建筑业
合肥市	11445.1	985.3	12673.8	377.2	4642.2	2813.3	1833.5
蚌埠市	5950.7	326.2	2115.9	280.4	682.8	547.5	135.8
马鞍山市	4044.0	219.1	2590.6	109.1	1205.2	962.5	244.5
芜湖市	6009.0	375.6	4741.1	183.0	2181.2	1722.1	477.2
淮南市	5532.0	301.6	1601.6	152.5	657.6	578.1	79.9
六安市	15451.0	434.3	2113.4	272.2	824.5	582.4	242.4
滁州市	13516.0	405.5	3782.0	295.1	1862.5	1493.6	369.7
桐城市	1552.7	58.5	467.4	37.3	229.3	185.7	44.2

地 区	第三产业	一般公共预算收入（亿元）	固定资产投资增长（%）	工业投资增长（%）	规模以上工业增加值增长（%）	战略性新兴产业产值增长（%）	社会消费品零售总额（亿元）
合肥市	7654.4	929.60	3.0	16.7	10.6	11.1	5270.83
蚌埠市	1152.7	179.70	7.2	17.6	5.4	5.2	1347.63
马鞍山市	1276.3	208.40	7.5	24.6	5.7	10.8	1047.66
芜湖市	2376.9	414.30	-0.7	7.6	6.5	16.7	2091.77
淮南市	791.5	130.50	7.2	41.6	4.0	9.4	922.66
六安市	1016.7	173.60	9.0	31.5	7.8	7.5	1283.92
滁州市	1624.4	298.20	9.5	40.0	9.0		1694.35
桐城市	200.8	23.70	9.7	24.1	-2.8	13.8	173.28

地 区	进出口总额（亿元）		外商直接投资（亿元）	金融机构本外币各项存款余额（亿元）	金融机构本外币各项贷款余额（亿元）	城镇居民人均可支配收入（元）	农村居民人均可支配收入（元）
		出 口					
合肥市	3588.13	2327.07	72.31	25452.75	27748.03	59609	31140
蚌埠市	177.90	116.21	1.65	3433.58	3487.56	46796	22334
马鞍山市	435.52	222.75	12.28	3540.37	3356.28	62510	32670
芜湖市	1274.75	1034.73	18.35	6740.07	6078.53	54189	31517
淮南市	107.02	102.64	4.80	3330.40	2574.05	45477	19105
六安市	103.07	91.28	2.10	4258.51	3836.74	41279	18696
滁州市	409.39	345.89	13.21	4583.06	4754.94	43423	20176
桐城市				772.34	517.37	42791	23007

20—6 皖江城市带承接产业转移示范区各地区主要经济指标（2023年）

地 区	生产总值（亿元）	一般公共预算收入（亿元）	规模以上工业增加值增长（%）	固定资产投资增长（%）	社会消费品零售总额（亿元）	出口总额（亿元）
合肥市	**12673.8**	**929.60**	**10.6**	**3.0**	**5270.83**	**2327.07**
滁州市	3782.0	298.20	9.0	9.5	1694.35	345.89
马鞍山市	2590.6	208.40	5.7	7.5	1047.66	222.75
芜湖市	4741.1	414.30	6.5	-0.7	2091.77	1034.73
宣城市	1951.9	197.90	6.2	6.9	851.72	194.40
铜陵市	1229.8	112.10	4.5	8.2	433.03	84.81
池州市	1112.2	92.10	9.2	13.8	486.25	35.53
安庆市	2878.3	193.50	6.2	10.2	1409.14	270.12
金安区	365.7	15.90	5.1	16.3	278.33	
舒城县	389.2	23.40	7.9	17.6	189.14	